國家圖書館出版品預行編目資料

王陽明四句教之開展與衍化／蔡淑閔 著 — 初版 — 新北市：
花木蘭文化出版社，2012〔民 101〕
目 2+182 面：19×26 公分
（中國學術思想研究輯刊 十四編：第 22 冊）
ISBN：978-986-322-032-9（精裝）
1.（明）王守仁 2.學術思想 3.陽明學
030.8 101015388

ISBN-978-986-322-032-9

9 789863 220329

中國學術思想研究輯刊
十四編 第二二冊 ISBN：978-986-322-032-9

王陽明四句教之開展與衍化

作　　者 蔡淑閔
主　　編 林慶彰
總 編 輯 杜潔祥
出　　版 花木蘭文化出版社
發 行 所 花木蘭文化出版社
發 行 人 高小娟
聯絡地址 新北市永和區中正路五九五號七樓
　　　　 電話：02-2923-1455／傳眞：02-2923-1452
網　　址 http://www.huamulan.tw 信箱 sut81518@gmail.com
印　　刷 普羅文化出版廣告事業
封面設計 劉開工作室
初　　版 2012 年 9 月
定　　價 十四編 34 冊（精裝）新台幣 56,000 元

王陽明四句教之開展與衍化

蔡淑閔　著

作者簡介

蔡淑閔，台灣省彰化縣人。政治大學中國文學系學士、碩士、博士。曾擔任新店高中國文教師，中國技術學院、政治大學教師研習中心兼任講師以及中央研究院近代史研究所研究助理。現任銘傳大學應用中國文學系助理教授。學術專長為陽明學。

提　要

　　四句教在「天泉證道」正式被提出後，從明代中期，一直到晚明，甚至清初，引發了學者許多不同的討論。早期，四句教的討論僅限於王學內部，陽明第一代弟子因個人體悟的不同，以致對陽明學說，尤其是工夫論有不同的理解，這完全展現在四句教的爭論上。王畿「四無論」強調本體現成，錢德洪「四有論」重視工夫。四句教在王門弟子間流傳，第一代弟子或許能謹守師教，然在第二代，以至第三代、第四代弟子多有倡行無善無惡以為教法的。所以後期四句教的討論牽涉的學派、思想家更多，重要的有「南都講會」，非王門學者許孚遠著眼於世道重提性善論，反對王門學者周汝登所提之無善無惡論。以及「惠泉講會」，東林學者顧憲成以性善論反對王門學者管志道心體無善無惡論及三教合一論。非王門學者重提孟子性善論，反對以無善無惡論性體，甚至以性體來規範心體，來挽救無善無惡論所引起的弊病。同樣站在挽救時弊的角度上，劉宗周、黃宗羲不僅批評四句教，更從陽明學說的內部改造四句教，提出以意體取代良知，將工夫收攝在更內在的意根上。相同的，王門學者周汝登、管志道亦有見於王學末流的弊病，他們不像非王門學者否定四句教，而是站在肯定的立場，對容易引起爭議的「無善無惡心之體」，進行疏解，確定其意義，使學者真實了解，以防止因誤解而生的弊端。因此，我們可以說在晚明理學的發展中，為對治王學末流，在理學內部產生了一場四句教——道性善與無善無惡——的爭辯。其間性善論的重提、回歸性體的趨向，使陽明學說在後學極端玄虛的發展下，逐步轉向明清之際的實學思潮。

目

次

第一章　緒　論

第一節　研究動機與目的

　　儒家思想自孔、孟開其端緒以來，至漢代因法家、陰陽家思想之摻入而變質，魏晉以後，又受道家及佛學思想之衝擊，使儒家思想隱微不彰。中唐以後，韓愈（768～824）、李翱（774～836）等人開始攘闢佛、老，倡導孔孟之學，而使儒學逐漸有了興復之趨勢。至宋代，周敦頤（1017～1073）以下各家，繼承孔孟學說的傳統，更進一步發展心性理論。在人性論方面，基本上是採取孟子性善學說的路向，進一步討論惡的來源，並援入更多的心、性、理、氣、已發、未發、中和等概念來討論心性問題。理學的重心並不在人性是善是惡，而是在性善的基礎上，人如何成聖的問題。自周敦頤、張載（1020～1077）、程顥（1032～1085）、程頤（1033～1107）、朱熹（1130～1200）、陸九淵（1139～1193）、以至王守仁（1472～1529），開展出「性即理」及「心即理」二系之理學。〔註1〕

〔註1〕關於宋明理學的分系，前賢有許多不同的說法。「一系說」，由勞思光提出，他認爲「宋明儒爲一整體，把宋明儒的種種差異，安排在一整個過程中。」見《新編中國哲學史（三上）》（臺北：三民書局，1993），頁40～62。「二系說」，馮友蘭先生以理學、心學之名定位程朱及陸王二系學脈之旨，袁爾鉅於〈理學與心學考辨——兼論確認氣學〉（《甘肅社會科學院》第49期，1988年5月，頁29）一文指出：「把理學專指程朱學派，特別是明確把心學專指陸王學派，大概由馮友蘭先生開始」；並表示此說爲馮氏在1934年完成的《中國哲學史》所提出。然勞思光指出：以理學、心學二分，已略成形於明代以後；見氏著，前揭書，頁41。「三系說」之一：由牟宗三提出，他將宋明理學

　　陽明的學說中心在於「致良知」，他將孟子的良知意義擴大，成爲人的道德主體，甚至是宇宙的本體。而他晚年提出的四句教，更可說是「致良知」的縮影。自四句教提出後，引發後學許多爭議，對四句教的不同疏解更造成王門弟子分化的主要因素。除了親炙陽明的弟子，以及再傳弟子外，一直到明末的東林學派，甚至宗陽明學的劉宗周（1578～1645）、黃宗羲（1610～1695）都提出對四句教的看法。陽明學後來產生極大的流弊，有的思想家甚至將箭頭指向四句教，而指責陽明之學近禪。由此可見，四句教在明代理學發展上所佔的重要地位。

　　明代理學的發展是以王學爲中心，因此關於明代理學的研究大多集中在王學，其研究成果非常豐碩。以內容而言，大致可以分成以下幾個方向：一是關於陽明心學的理論核心，二是陽明心學與朱、陸、湛（若水，1466～1560）、禪的比較研究，三是陽明心學與日本、西方哲學的比較研究，四是關於陽明思想的基本評價，五是關於陽明後學的研究和評價。〔註 2〕前四者是以陽明爲中心的研究，第五類則是有關陽明思想傳承、王學分化及後學的思想。就研究成果而言，以前四者的研究最多，第五類的研究較少，近幾年則逐漸增加，而且多集中在浙中的王畿（1498～1583）、〔註 3〕江右的聶豹（1487～1563）、羅洪先（1504～1564）〔註 4〕以及泰州的王艮（1483～

分爲「五峰蕺山系」、「伊川朱子系」、「象山陽明系」，見《心體與性體》（臺北：正中書局，1990）第一冊，頁 42～60。「三系說」之二：張岱年在 1937年完成的《中國哲學大綱》中，將宋明理學「本根論」分爲陰陽太極論、理氣論、唯心論、氣論等多支。然因其中的陰陽太極論可入氣論，故最後只有三類型：唯理論、唯氣論、主觀唯心論。見《中國哲學大綱》（臺北：藍燈出版社，1992），頁 151。其後以氣學、理學、心學三系分梳宋明理學之發展及理論模型，幾乎成爲大陸學者的主流意見，如侯外廬《宋明理學史》（北京：人民出版社，1984）及蒙培元《理學的演變——從朱熹到王夫之、戴震》（臺北：文津出版社，1990）等皆採此分類法。而馮友蘭在後出的《中國哲學史新編》（北京：人民出版社，2001）中，已將宋明道學改分爲氣學、心學、理學三系。「四系說」，陳來將宋明儒學分爲四派：氣學、數學（邵雍）、理學、心學，《宋明理學》（臺北：洪葉出版社，1993），頁 12～13。
〔註 2〕 參考錢明，〈十年來陽明學研究的狀況和進展〉，《孔子研究》第 2 期（1989），頁 114～120。
〔註 3〕 如彭國翔，《良知學的展開：王龍溪與中晚明的陽明學》（臺北：臺灣學生書局，2003）。
〔註 4〕 如林月惠，《良知學的轉折：聶雙江與羅念菴思想之研究》（臺北：國立臺灣大學出版中心，2005）。張衛紅，《羅念庵的生命歷程與思想世界》（北京：生活・讀書・新知三聯書店，2009）。

1540）、〔註 5〕羅汝芳（1515～1588）〔註 6〕與耿定向（1524～1596）〔註 7〕等。除了王學以外，與王學相關的反王學的東林顧憲成（1550～1612）、高攀龍（1562～1626）〔註 8〕與修正王學的劉宗周，〔註 9〕或者是在陽明之前的陳獻章（1428～1500）、〔註 10〕與陽明同時的湛若水、〔註 11〕羅欽順（1465～1547）〔註 12〕等亦有不少的研究成果。大多數的著作皆針對一思想家做總體研究或針對一思想家之一觀念理論的探討，較少對一特定觀念或思想做縱貫式的溯源及發展研究。對一個觀念的產生、演變及發展的研究，由於牽涉不同思想家的思想，因此困難度較高，但是這樣的研究卻有助於我們了解在不同時代，此觀念的發展狀況，可以全面性的了解思想發展的脈絡。

　　筆者自踏入中國思想的領域，即醉心於孔孟心性之學，尤其對於發揚孔孟心性學說的宋明理學有極大的興趣，對於成聖可能的依據與工夫更是筆者關心的焦點，而陽明思想，更是理學中心學一派的精華。就四句教而言，它不只是成聖的依據，更是成聖的工夫。四句教與明代中、晚期理學發展之演變有密切的關係，再加上缺乏有關四句教的縱貫式研究，因此筆者以陽明四句教為主題，討論陽明學者及非陽明學者對它的看法，由各家在不同時期對四句教所提出的不同解釋，了解四句教在明代理學中的發展狀況，及其與明代理學發展之關係。

〔註 5〕 佐野公治，《王心齋》（東京：明德出版社，1994）。潘玉愛，《王心齋與中晚明儒學的轉折——兼論道德自我與社會人倫的衝突與和諧》，私立輔仁大學哲學研究所博士論文，2006。

〔註 6〕 吳震，《羅汝芳評傳》（南京：南京大學出版社，2005）。李慶龍，《羅汝芳思想研究》，國立臺灣大學歷史研究所博士論文，1999。

〔註 7〕 江宜芳，《明儒耿定向對王學的批評與修正研究》，國立中山大學中國文學研究所碩士論文，1993。

〔註 8〕 古清美，《顧涇陽、高景逸思想之比較研究》（臺北：大安出版社，2004，《慧菴存稿》二）。步近智、張安奇，《顧憲成高攀龍評傳》（南京：南京大學出版社，1998）。

〔註 9〕 何俊、尹曉寧，《劉宗周與蕺山學派》（北京：中國人民大學出版社，2009）。胡元玲，《劉宗周慎獨之學闡微》（臺北：臺灣學生書局，2009）。

〔註 10〕 張運華，《陳獻章學術思想研究》（北京：人民出版社，2010）。呂妙芬，《胡居仁與陳獻章》（臺北縣：花木蘭文化出版社，2009）。

〔註 11〕 潘振泰，《湛若水與明代心學》（臺北縣：花木蘭文化出版社，2009）。

〔註 12〕 劉又銘，《理在氣中：羅欽順、王廷相、顧炎武、戴震氣本論研究》（臺北：五南圖書公司，2000）。鄧克銘，《理氣與心性：明儒羅欽順研究》（臺北：里仁書局，2010）。

第二節 研究材料與方法

　　四句教由陽明提出後，一直引發學者許多不同的解釋與爭議。從《明儒學案》來考察，有浙中王門的錢德洪（1496～1574）、王畿、張元忭（1538～1588）、周汝登（1547～1629），〔註13〕江右王門的黃弘綱（1492～1561）、何廷仁（1486～1551）與王時槐（1522～1605），北方王門的楊東明（1548～1624），泰州學派的方學漸（1540～1615）與管志道（1536～1608），原本是鄒守益（1491～1562）弟子而修正「致良知」為「止修」的李材（1529～1607？），甘泉學派的許孚遠（1535～1596）與馮從吾（1556～1627），東林學派的顧憲成、高攀龍、顧允成（1554～1607）、史孟麟（1583年進士）與《明儒學案》的作者黃宗羲等，都對四句教的意義，提出解釋、批評或修正。

　　由這些人對四句教的看法而言，早期王門第一代弟子的爭論是在工夫論上，後來則以本體是否「無善無惡」為爭論焦點，而以其中的天泉證道——「四無」的王畿、「四有」的錢德洪；南都講會時，以四句教首句「無善無惡心之體」為主題的論辯——許孚遠的「九諦」與周汝登的「九解」；惠泉講會時，東林巨子顧憲成與泰州學者管志道對「無善無惡心之體」與儒、佛的論辯最為重要，亦可代表各階段思想家的討論重點。所以筆者的研究範圍以此六人為主，而旁及陽明對四句教的解釋以及黃宗羲對各家說法之衡定。

〔註13〕周汝登《明儒學案》列為泰州學派，黃宗羲言「供近溪像，節日必祭，事之終身」，故將之列入泰州學派。〈泰州學案五〉，《明儒學案》卷三十六，頁854～856。不過以周汝登以及當時學者的看法，皆以周汝登繼承王畿之學，周汝登亦屢次稱王畿為「先師」，如〈越中會語〉，《東越證學錄》（臺北：文海出版社，1970）卷四，頁317。而他的好友鄒元標更認為周汝登繼承王畿之學：「自王公沒後，紹興賴龍溪王子衍其傳，然海內疑信者過半。龍溪氏逝，予嘗以失傳為憂，乃天復挺生吾友嵊縣周子繼元，……周子蓋非特有功龍溪，實有功新建。」〈壽海門周公七十序〉，《願學集》（臺北：臺灣商務印書館，1983，《景印文淵閣四庫全書》）卷四，頁 158～159。另外陶望齡亦曰：「越自龍溪先生既沒，微言將隕，賴海門丈復起而續之。」〈與蕭若拙廣文〉，《陶文簡公集》（北京：北京出版社，2000，《四庫禁燬叢刊》）卷十三，頁561。因此黃宗羲將周汝登列入泰州學派實有相當大的問題。另外，方祖猷認為黃宗羲「供近溪像」一段話應是屬於楊起元的，但後人在抄錄中誤移至周汝登傳中。方祖猷，《王畿評傳》（南京：南京大學出版社，2001），頁426。關於周汝登的學派歸屬，可參考彭國翔，〈周海門的學派歸屬與《明儒學案》相關問題之檢討〉，《清華學報》31卷3期（2002年9月），頁339～373。

　　八位主要思想家的著作，筆者以近人的點校本為主，如無點校本，則以影印本為主。以下表格，即詳列各家之著作及筆者所採用之版本：

思想家	著　作	版　本	出版者
王守仁	《王陽明全集》	點校本	上海：上海古籍出版社
王　畿	《王畿集》	點校本	南京：鳳凰出版社
周汝登	《東越證學錄》	沈雲龍主編《明人文集叢刊》本	臺北：文海書局
許孚遠	《敬和堂集》	日本內閣文庫藏明萬曆間刊本	國家圖書館漢學中心藏影印本
許孚遠	《大學述與答問》	《中國子學名著集成》《大學彙函》本	臺北：中國子學名著集成編印基金會
管志道	《管子惕若齋集》	日本內閣文庫藏明萬曆二十四年序刊本	國家圖書館漢學中心藏影印本
管志道	《問辨牘》《續問辨牘》	據北京圖書館藏明萬曆刻本影印，收於《四庫全書存目叢書》	臺南：莊嚴出版社
管志道	《從先維俗議》	據天津圖書館藏明萬曆三十年徐文學刻本影印，收於《四庫全書存目叢書》	臺南：莊嚴出版社
顧憲成	《顧端文公遺書》	據中國科學院圖書館藏清光緒三年刻本影印，收於《四庫全書存目叢書》	臺南：莊嚴出版社
顧憲成	《涇皋藏稿》	《景印文淵閣四庫全書》本	臺北：臺灣商務印書館
顧憲成	《小心齋箚記》	光緒丁丑重刊本影印	臺北：廣文書局
黃宗羲	《明儒學案》	點校本	臺北：里仁書局

　　四句教不但包含本體論，亦包含成德的工夫，亦是陽明所提示成德的立教準則。以上我們說過，四句教的討論造成了王學的分化，後來更引發晚明學者對王學末流乃至陽明學說的質疑，並站在化成世界的儒家本懷下，反對四句教，而提出性善的學說理論。雖然筆者以有關四句教的三次辯論為論述的重心，然就四句教而言，其發展是有進程的，有階段性的。因此，在研究方法上，筆者主要以思想史的角度來討論明代思想史上有關四句教的三次辯論。所以筆者首先對各家思想有概括的了解，再由原典出發，整理出有關討論四句教的部分，以解析法〔註14〕仔細釐清各思想家對四句教相關概念的疏

〔註14〕解析研究法是「解析已往哲學家所用的詞語及論證的確切意義」。系統研究法

解及批判，並以系統研究法勾勒出其間的理論脈胳。而後以思想史的角度，將三次辯論貫串起來，探求各思想家對四句教不同疏解的原因所在，以及四句教與明代中、晚期理學發展的關係。藉著這些方法的運用，期能清楚展現四句教的發展概況，以及在思想史上的定位。

第三節　文獻考察

　　近人對於四句教的研究，依性質可分二類，一類是書籍，一類是期刊論文與學位論文。在書籍方面，沒有專門討論四句教的專著，大部分是在論及陽明或王畿思想時，對四句教做一大略的疏解，或是討論四無論與陽明思想的關係，如勞思光與唐君毅等人的著作。多數學者對陽明四句教之解釋，主要重在首句「無善無惡心之體」上，將看似矛盾的良知的「至善」義與心體的「無善無惡」義，加以疏通。〔註15〕他們不僅認為四句教不違背陽明學說要旨，更能由四句教來凸顯陽明學說的重要精神。

　　在期刊與學位論文中，又可分為二小類，一是對陽明四句教的研究，二是對後人疏解四句教的研究。前者如蔡仁厚的〈王陽明四句教與天泉證道〉〔註16〕及林久絡的臺大哲學所碩士論文《四句教與天泉證道研究》〔註17〕等。他們大都著重在四句教是否為陽明所提的問題上作考辨，並對四句教作義理上的疏解，用哲學方法來解析四句教，其看法大致與書籍類的觀點相似。第二小類為對後人疏解四句教的研究部分，以王畿的四無論較多，如林志欽的〈王龍溪四無說釋義〉、〔註18〕王財貴的師大國文所碩士論文《王龍溪良知四無說

〔註15〕　是「將所敘述的思想作系統的陳述的方法」。見勞思光，《新編中國哲學史（一）》，頁4～13。

〔註15〕　如唐君毅以為：「合以見良知之不可為善惡之概念所判斷之一對象，而只為能知善知惡為善去惡之超越的主體。然在後一層次上，良知之不自有其善，及良知之由知善知惡為善去惡而成為一切被判斷為善者之『源』，又實更所以見良知之至善者也。此即陽明之既言心之本體為無善無惡，又以至善為心之本體，合而說之故。」見氏著，《中國哲學原論——原性篇》（臺北：臺灣學生書局，1989，《唐君毅全集》），頁459。

〔註16〕　蔡仁厚，〈王陽明四句教與天泉證道〉，《哲學與文化》第5期（1974年7月），頁39～45。

〔註17〕　林久絡，《四句教與天泉證道研究》，國立臺灣大學哲學研究所碩士論文，1994。

〔註18〕　林志欽，〈王龍溪四無說釋義〉，《鵝湖》16卷4期（1990年10月），頁29～39。

析論》〔註 19〕等。他們皆針對天泉證道——四無與四有之辯，導出王畿的思想體系，並認為四無論符合陽明思想。另外，對其他思想家四句教疏解之研究較少，像陳熙遠的〈黃梨洲對陽明「心體無善無惡」說的疏解與其在思想史上的意涵〉〔註 20〕是針對黃宗羲的疏解，並以陽明思想來評斷，傅武光的〈顧涇陽高景逸對王陽明四句教之諍辨〉〔註 21〕亦以陽明思想來討論東林顧憲成及高攀龍對四句教的看法。

　　大陸學者在四句教的研究上，亦集中在天泉證道——四無與四有的爭辯。他們大都認為四句教是陽明心學的總綱領，陽明心學本身即存在著虛無與實有兩方面的矛盾，所以四句教乃至四無、四有之說都屬於陽明的思想體系，而反駁了四句教是王畿偽托的傳統看法。〔註 22〕其中最值得注意的一點是，大陸學者無論在研究陽明中心思想——致良知或是四句教問題上，皆抱持著「矛盾說」的態度，即認為陽明思想本身含有內在邏輯上的矛盾，才會引發王學的分化。〔註 23〕與臺灣學者相同，大陸學者在四句教的研究上大多著眼於陽明與四無、四有的部分，以及其與王學分化的關係。但有些學者已漸漸注意到四無、四有之外的四句教論辯，如步近智的〈明萬曆年間理學內部的一場論辯〉，注意到周汝登與許孚遠、顧憲成與管志道的「道性善」和心體為「無善無惡」說之間的一場論辯，〔註 24〕其討論主要在「道性善」一派，

〔註 19〕王財貴，《王龍溪良知四無說析論》，國立臺灣師範大學國文研究所碩士論文，1991。

〔註 20〕陳熙遠，〈黃梨洲對陽明「心體無善無惡」說的疏解與其在思想史上的意涵〉，《鵝湖》第 15 卷第 9 期（1990 年 3 月），頁 11～26。

〔註 21〕傅武光，〈顧涇陽高景逸對王陽明四句教之諍辨〉，《孔孟月刊》第 17 卷第 4 期（1978 年 12 月），頁 31～35。

〔註 22〕如龐萬里，〈王陽明「四句教法」及其後學之分化〉，《河北大學學報》（哲學社會科學版）第 4 期（1994），頁 100～106。及柯兆利，〈「天泉證道」考實〉，《廈門大學學報》（哲學社會科學版）第 4 期（1987），頁 68～73。

〔註 23〕如侯外廬、邱漢生、張豈之編的《宋明理學史》認為：「既然『性無不善，知無不良』，而且『人人之所同具』，則作為『心之本體』的『良知』就不會有『昏蔽于物欲』的可能；既然『體即良知之體，用即良知之用』，而『良知即是天理』，在邏輯上就不允許有與之對立的『人欲』干擾。這樣，不僅『心即理』的理論前提不擊自潰，而且『物欲』的客觀存在，也使自己的『良知』學說趨于破滅。」頁 223～224。他們又以為：「『天泉證道』充分暴露了王學的內在矛盾，并由此導致了王學的分化。大體說來，以錢德洪和王畿為兩個起點，分化出修補王學的一派（即所謂『得其傳』者）和流入狂禪的一派（即所謂『小人無忌憚』者）。」頁 236。

〔註 24〕步近智，〈明萬曆年間理學內部的一場論辯〉，《孔子研究》第 1 期（1987），

對於「無善無惡」派的探討較簡略。不過這篇文章在問題的提出上，給予筆者非常大的啟發。

　　綜合臺灣與大陸學者的四句教研究，仍然集中在陽明及王畿，以下各家只有少數零星篇章，對於四句教亦缺乏一系統縱貫式的研究。而且各家的研究大都以陽明思想來判準後人的疏解是否符合陽明本義，這樣的判準雖然可以看出後人對陽明思想的理解程度，以及釐清四句教的真正意涵，然而卻忽略了每一思想家的疏解或批評背後所代表的思想史意義。因此筆者除了以陽明思想來衡定外，主要在客觀的陳述各家之疏解，並以思想史的角度，理解各家之疏解所代表的意義，期能呈現出四句教在明代中、晚期的發展風貌。

頁 74～82。

第二章　四句教之提出與「四無」、「四有」之辯

　　四句教的首次論辯是發生在明世宗嘉靖六年（1527），陽明征思恩、田州之前，由於弟子錢德洪、王畿對四句教的意義，因各人理解之不同而產生相互的論難，後來就正陽明於天泉橋，這段經過稱爲「天泉證道」。

　　「天泉證道」的經過主要記載在《傳習錄下》、陽明《年譜三》五十六歲條下及《王畿集・天泉證道紀》。〔註 1〕這三條資料對於天泉證道之記錄大致相同，只是繁簡有別。《傳習錄》及《年譜》由錢德洪所編，對於王畿的觀點記載較簡略，而王畿弟子所編的《全集》，則對其觀點記錄詳細。首先在四句教問題的提出上，這三條資料的記載是：

> 丁亥年九月，先生起復征思、田。將命行時，德洪與汝中論學。汝中舉先生教言，曰：「無善無惡是心之體，有善有惡是意之動，知善知惡是良知，爲善去惡是格物。」（《王陽明全集・語錄三・傳習錄下》，以下簡稱《傳習錄下》）

> 是月初八日，德洪與畿訪張元沖舟中，因論爲學宗旨。畿曰：「先生說知善知惡是良知，爲善去惡是格物，……。」（《王陽明全集・年譜三》，以下簡稱陽明《年譜三》）

〔註 1〕除《傳習錄下》、《年譜三》、《王畿集・天泉證道紀》三處載有「天泉證道」的經過外，尚有龍溪爲錢德洪所寫的行狀，以及鄒守益文集的〈青原贈處〉等。行狀的記載較簡略，並與〈天泉證道紀〉相近，而〈青原贈處〉雖在記載上不同於其他資料（詳第五章、第六章），然鄒守益並非「天泉證道」之實際參與者，所以本文以上述三條資料爲主。

陽明夫子之學，以良知爲宗。每與門人論學，提四句爲教法：「無善無惡心之體，有善有惡意之動，知善知惡是良知，爲善去惡是格物。」學者循此用功，各有所得。(《王畿集‧天泉證道紀》，以下簡稱〈天泉證道紀〉)

由這三條資料我們知道四句教的論辯原因是王畿與錢德洪論「爲學宗旨」，由王畿提出陽明平日的教法──四句教：「無善無惡是心之體，有善有惡是意之動，知善知惡是良知，爲善去惡是格物」。他認爲四句教「恐未是究竟話頭」，而提出自己的看法，因而引發了這次辯論。以下全錄《傳習錄下》所言「天泉證道」一事，以見論辯之始末：

丁亥年九月，先生起復征思、田。將命行時，德洪與汝中論學。汝中舉先生教言，曰：「無善無惡是心之體，有善有惡是意之動，知善知惡是良知，爲善去惡是格物。」德洪曰：「此意如何？」汝中曰：「此恐未是究竟話頭。若說心體是無善無惡，意亦是無善無惡的意，知亦是無善無惡的知，物是無善無惡的物矣。若說意有善惡，畢竟心體還有善惡在。」德洪曰：「心體是天命之性，原是無善無惡的。但人有習心，意念上見有善惡在，格致誠正，修此正是復那性體功夫。若原無善惡，功夫亦不消說矣。」是夕侍坐天泉橋，各舉請正。先生曰：「我今將行，正要你們來講破此意。二君之見正好相資爲用，不可各執一邊。我這**裏**接人原有此二種。利根之人直從本源上悟入。人心本體原是明瑩無滯的，原是個未發之中。利根之人一悟本體，即是功夫，人己內外，一齊俱透了。其次不免有習心在，本體受蔽，故且教在意念上實落爲善去惡。功夫熟後，渣滓去得盡時，本體亦明盡了。汝中之見，是我這**裏**接利根人的；德洪之見，是我這**裏**爲其次立法的。二君相取爲用，則中人上下皆可引入於道。若各執一邊，眼前便有失人，便於道體各有未盡。」既而曰：「已後與朋友講學，切不可失了我的宗旨：無善無惡是心之體，有善有惡是意之動，知善知惡的是良知，爲善去惡是格物，只依我這話頭隨人指點，自沒病痛。此原是徹上徹下功夫。利根之人，世亦難遇，本體功夫，一悟盡透。此顏子、明道所不敢承當，豈可輕易望人！人有習心，不教他在良知上實用爲善去惡功夫，只去懸空想個本體，一切事爲俱不著實，不過養成一個虛寂。此個病痛不是

小小，不可不早說破。」是日德洪、汝中俱有省。

由此我們可以了解整個論辯的過程、雙方的觀點，以及爭論未定，最後取決於陽明的經過。由於《傳習錄下》、陽明《年譜三》、〈天泉證道紀〉，在資料的取捨上繁簡不一，而且只記錄「天泉證道」一事，對於雙方爲何如此主張，以及主張之確定意義如何等問題，很難由這三條資料看出。因此筆者以這三條資料爲基礎，並考察雙方著作中有關之言論，以確定雙方的意見與看法。以下即先論王畿「四無」論，再論錢德洪「四有」論，最後討論雙方爭論之焦點以及陽明如何衡定之問題。

第一節 王龍溪之「四無」論

王畿，字汝中，別號龍溪，浙之山陰（今浙江紹興）人。生於明孝宗弘治十一年，卒於神宗萬曆十一年（1498～1583），年八十六。受業於陽明，陽明居越以後，門人益多，不能遍授，先由錢德洪及龍溪疏通大旨，再就學於陽明，門人稱爲「教授師」。龍溪在林下四十餘年，無日不講學，講舍遍及兩都及吳、楚、閩、越、江、浙，年八十，猶講學不倦，〔註2〕以宣揚師說爲己任。其著作門人編爲《王畿集》。

龍溪對於陽明四句教之看法，《傳習錄下》及陽明《年譜三》都說「未是究竟話頭」。所謂「究竟話頭」即是〈天泉證道紀〉中他所說的「定本」，「未是究竟話頭」即是他所說的「權法」。在〈天泉證道紀〉中記載：「緒山錢子謂：『此是師門教人定本，一毫不可更易。』先生謂：『夫子立教隨時，謂之權法，未可執定。』」龍溪認爲陽明常因人、因時、因地之不同而立不同之教，不應執定四句教爲「定本」，而他認爲四句教是「權法」。「定本」是指道理已明白表示出來，不可更改，是最後的決定說；「權法」是因人、因時、因地而設立的，並因不同的情況而有所調整，所示表的道理並不是究竟之義。「四句教」在龍溪看來，就是應機而設之權法，所以他反駁緒山將四句教立爲「定本」，而另立「四無」之說。以下即分三部分來討論龍溪對四句教的理解。

〔註 2〕《明儒學案・浙中王門學案二・郎中王龍溪先生畿》，頁 238。以下各章思想家之傳略、學授皆根據黃宗羲著《明儒學案》之記載，而生卒年代則依據麥仲貴著《明清儒學家著述生卒年表》，不另外加註。

一、「四無」之意義

龍溪的四無論是指：「心是無善無惡，意是無善無惡，知是無善無惡，物是無善無惡」，他認為：

> 若說心體是無善無惡，意亦是無善無惡的意，知亦是無善無惡的知，物是無善無惡的物矣。若說意有善惡，畢竟心體還有善惡在。（《傳習錄下》）

龍溪以為如果四句教的首句「無善無惡心之體」成立的話，那麼意、知、物也應該是無善無惡的，即意、知、物既為心體所流出，在心之體無善無惡的情況下，應該也是無善無惡的。反之，如果意是有善有惡，那發出意的心體，亦應是有善有惡的，所以在「有善有惡意之動」的情況下，就不能保持四句教理論的圓融性。如此說來，龍溪的著眼點全在第二句的意是否有善惡上，如無善惡，心、意、知、物一體化為無善無惡，如有善惡，則心之體也跟著有善有惡了。

由《傳習錄下》的記載來看，龍溪是以直線的方式說明心、意、知、物四者為何無善無惡。而在〈天泉證道紀〉中則詳細說明他為何如此推論，他說：

> 體用顯微，只是一機，心意知物，只是一事。若悟得心是無善無惡之心，意即是無善無惡之意，知即是無善無惡之知，物即是無善無惡之物。

心、意、知、物四者皆為無善無惡的根據在於：「體用顯微，只是一機，心意知物，只是一事」。就心、意、知、物四者的體用關係而言：心為體，知是分判善惡之標準，亦為體，意為心之所發，意所在之對象為物，所以意、物是用。就經驗而言，體是看不見的，而用則是在現象、經驗界顯現的。所以「體用顯微，只是一機」意謂由體之微以顯用是直線下貫的一事，而非二物。這樣的情況下，在心之體的發用流行下，體是無善無惡的，用（意、物）亦是無善無惡的，即「心意知物，只是一事」。龍溪接著說：「蓋無心之心則藏密，無意之意則應圓，無知之知則體寂，無物之物則用神。」（〈天泉證道紀〉）所謂「無心之心」、「無意之意」、「無知之知」、「無物之物」，蓋指不執著於心之心，不執著於意之意，不執著於知之知，不執著於物之物。不執著於心之心自能藏密，是指作用而言，意、知、物亦是如此，而能「應圓」、「體寂」、「用神」。龍溪在此說「無……之……」，並不是要否定掉心、意、知、物四者之

存在，而是指在發用流行上的不執著於自己本身。〔註3〕依照前面的看法，心、意、知、物一體化為無善無惡，無善無惡即不執著於善惡之對待。擴大來說，即不執著於心、意、知、物之自己本身（不僅是善惡之別而已），而能一體自在的流行，並自顯不同的功能。因此所謂「四無」之「無」，我們可以說即是「不執著」的意思。

龍溪從兩個層面，一是心、意、知、物之體用關係，一體化為無善無惡，一是心、意、知、物不執著於善惡，不執著於自己本身，而妙用無方，來討論心、意、知、物一體化無的問題。接著他又從流行的觀點來談四無，首先他討論心、意、知、物四者為什麼是「無善無惡」的問題：

> 天命之性，粹然至善，神感神應，其機自不容已，無善可名，惡固
> 本無，善亦不可得而有也，是謂無善無惡。（同上）

他從天命之性到心體到自然發用流行講四無。因為本體是粹然至善的，當然是無惡的，而發動是神感神應的不容已，所以就不是善惡對待義之善所可以稱述的，惡本來就沒有，善也不得而有，所以是「無善無惡」的。因此至善是指絕對的善、本體的善，「無善無惡」之善惡，是指落在經驗世界中善惡對待之善惡，龍溪否定這樣的善惡意。他在其他地方也說到這樣的意思：「善與惡相對待之義，無善無惡是謂至善，至善者心之本體也。」（《王畿集‧與陽和張子問答》）此則明言善惡是相對待之善惡，非無善無惡之絕對至善。

在〈天泉證道紀〉中，他接著說：「若有善有惡，則意動於物，非自然之流行，著於有矣。」他認為如果有善惡，是意動於物，受到本體以外之物的干擾，並不是自性流行，而流於善惡對待之中，這與四句教第二句「有善有惡意之動」的意思是相同的。依照自然流行的觀點，本體是無善無惡，意是心之發動，應是無善無惡的，如何會歧出而成為有善有惡？原因在於意之動於物，受到本體以外，如軀殼、外物的影響而陷入善惡對待之中。意會動於物是因「著於有」，不著於有，即不執著於自己本身，所以與物無對，與物一體化之而無滯。反之如著於自己本身，則與物相對待，亦受外物干擾而流於善惡對待之中。所以龍溪接著說：「自性流行者，動而無動，著於有者，動而動也。」（〈天泉證道紀〉）從本體自然流行者，在發動流行之中，不執著於自己本身，而不會動於物，否則著於自己本身，在發動流行中，則會受到外物

〔註3〕牟宗三認為：「此所謂『無』乃是工夫上作用地無執無著無相之無。」見《從
　　　　陸象山到劉蕺山》（臺北：臺灣學生書局，1993），頁271。

的干擾。因此「動而無動」、「動而動」，第一個動是流行發用之意，第二個動則是「動於物」之「動」。最後龍溪說：

> 意是心之所發，若是有善有惡之意，則知與物一齊皆有，心亦不可謂之無矣。（同上）

他認爲意是心之發動，如果說在意是有善有惡的情況下，心、知、物都應該是「一齊皆有」，都是「有善有惡」。意發動爲有善有惡，良知這時起善惡判斷，所以是有善惡之別的，而意所在之物亦隨之爲有善有惡。意、知、物在此時皆處於有善有惡，這是四句教的說法。而龍溪卻認爲在意動爲有善有惡的情況下，意之根源的心之體，應該是有善有惡的，即根據前面所說的「體用顯微，只是一機」的原理，而反駁四句教首句的說法。雖然他亦能看出意之有善有惡是動於物，然他明言此非自性流行，他著眼在於自性流行與否。在意有善有惡的情況下，心、意、知、物應一齊皆爲有善有惡，而不是心體是無善無惡的。龍溪以此來指出四句教首句與下三句的義理矛盾。

　　龍溪四無論的疏解大致如上，基本上龍溪認爲四句教是權法，非定本，而另外主張四無，在「體用顯微，只是一機，心意知物，只是一事」的理論基礎下，心、意、知、物當下一體呈顯流行。他指出心、意、知、物一體皆無善無惡，即無善惡對待之意，擴大來說即是不執著於心、意、知、物之自己本身，無所對待，而能順適流行，妙應無方了。

二、先天正心之學

　　龍溪在「天泉證道」所主張的「四無」論，與他後來主張的「先天正心之學」有很大的關係，因此由「先天正心之學」，我們更可清楚了解「四無」論之意義。在《王畿集・答馮緯川》中言：

> 來教謂區區以正心爲先天之學，誠意爲後天之學，若過於分疏，非敢然也。人之根器，原有兩種。意即心之流行，心即意之主宰，何嘗分得。但從心上立根，無善無惡之心，即是無善無惡之意，先天統後天，上根之器也。若從意上立根，不免有善惡兩端之決擇，而心亦不能無雜，是後天復先天，中根以下之器也。區區先後合一之宗，正是不可分之本旨。兄之所言是也，不得已而有分者，乃爲兩種根器而發，亦權法也。

馮緯川認爲龍溪分正心爲先天之學，誠意爲後天之學，分疏太過。龍溪以爲

就體用而言，意是心之發動，是用，心是意之主宰，是體，兩者是「體用一源」，不可分的。然在現實中，人之根器有兩種，要爲這兩種人立教，就要有分別。上根之人，從心體上立根基，在體用一源的情況下，心是無善無惡，發動爲意亦是無善無惡的，一體呈顯，是先天統後天。中根以下之人則從意上立根基，所以不免有善惡對待而流於善惡之雜，心體亦隨之而有善有惡，因此要從後天善惡的對治中來回復先天之無善無惡心體。他所說的「先天」指心體是超越經驗界的，「後天」是指意之動於物，屬於經驗界的。由這段話，我們可以很明顯的看到「四無」論的影子——「無善無惡之心，即是無善無惡之意」，他認爲這是先天之學，而從意上立根，「心亦不能無雜」，則是指緒山的「四有」論，在這段話中也很明顯看到陽明會通四無、四有的影響。在此他尚未解釋誠意、正心與後天、先天之學間的聯繫，在〈三山麗澤錄〉中解說更清楚：

> 先生謂遵巖子曰：「正心，先天之學也；誠意，後天之學也。」遵巖子曰：「必以先天、後天分心與意者，何也？」先生曰：「吾人一切世情嗜慾，皆從意生，心本至善，動于意，始有不善。若能在先天心體上立根，則意所動，自無不善，一切世情嗜慾，自無所容，致知功夫自然易簡省力，所謂後天而奉天時也。若在後天動意上立根，未免有世情嗜慾之雜，纏落牽纏，便費斬截，致知工夫，轉覺繁難，欲復先天心體，便有許多費力處。」

同馮緯川所疑，遵巖子亦不解爲什麼龍溪要以先、後天分心與意。龍溪在此不以上下根器之別來論說，而從工夫之簡易繁難論述。他認爲人心的私意欲望由意而生，心原本是至善的，動於意而有不善。如果能在先天心體上立根基，即在意之根源的心體上立根的話，心發動的意自然不會流於惡，也不會有私意欲望，他認爲這樣的工夫自然簡單省力，是先天主宰後天，後天奉先天而流行，即是「先天正心之學」。如果在後天意根上立根基，則有私意欲望的夾雜，要使它歸於本體的自性流行，則必須對治有善有惡的意，克盡私意欲望，使意成爲已誠之意，工夫費力而不直接，無法從本源處將私意欲望一齊斬斷，所以稱爲「後天誠意之學」。對照他對四句教的看法，先天正心之學指的是四無論，後天誠意之學應是指四有論。

　　與先天、後天之學相關的，還有頓入、漸入之學，龍溪言：

> 夫聖賢之學，致知雖一，而所入不同。從頓入者，即本體爲功夫，

> 天機常運，終日兢業保任，不離性體，雖有欲念，一覺便化，不致
> 爲累，所謂性之也。從漸入者，用功夫以復本體，終日掃蕩欲根，
> 袪除雜念，以順其天機，不使爲累，所謂反之也。若其必以去欲爲
> 主，求復其性，則頓與漸，未嘗異也。（《王畿集‧松原晤語》）

聖賢之學以致知爲主，然隨著人之根器的不同，而有頓、漸之別。從頓入者，
悟本體便是工夫，雖有欲念，一覺便化，而不爲心累，是「性之之學」。從漸
入者，做工夫以復還本體，克治私欲障蔽，去除雜念，使私欲不爲心累，是
「反之之學」。所謂「頓」即是「萬揑絲頭，一齊斬斷」，「漸」是「芽苗增長，
馴至秀實」（《王畿集‧留都會紀》）。漸是從後天意上立根，一一對治私意欲
望，是有工夫歷程的，所以必須連著「修」來說。頓是從心體上立根，斬斷
一切私意欲望，是立即的，因此必須連著「悟」。頓是沒有工夫歷程，甚至可
以說是當下頓悟的。由此，可以知道頓入之學即先天正心之學，亦即四無論，
漸入之學即後天誠意之學，亦即四有論。

　　總之，我們可以知道龍溪主張四無，從先天心體上悟入，使心發動的意、
知、物皆爲無善無惡的一體流行，是「性之之學」、「頓入之學」，即是「先天
正心之學」。反之，四有是從後天意根上對治，使私欲障蔽消除，而回復心體
之無善無惡，是「反之之學」、「漸入之學」，即是「後天誠意之學」。

三、工夫論

　　四無論與四句教比較起來，四句教明顯有一知善知惡、爲善去惡的致知
格物工夫。四無在一體化無的情況下，似乎沒有工夫的著力點。因四無立根
於無善無惡的心體，自然能下貫至意、知、物，一體呈顯，一齊皆無善無惡。
龍溪言四無爲「先天正心之學」，似乎有「正心」之功夫，然而他又說：「心
無形象、無方所，孰從而正之？纔要正心，便有正心之病」（《王畿集‧穎賓
書院會紀》），似乎又消解了「正心」工夫。

　　這樣看來，龍溪的四無論是沒有工夫理論的，但事實並非如此，在〈天
泉證道紀〉中，他說：「若悟得心是無善無惡之心」，可見在開展四無一體而
化的境界時，仍有一個「若悟得」的但書，即要經過一個「悟」的工夫。爲
什麼要用「悟」？他說：

> 子常教人須識當下本體，更無要於此者。雖然這些子，如空中鳥跡，
> 如水中月影，若有若無，若沉若浮，擬議即乖，趨向轉背，神機妙

應，當體本空，從何處去識他？於此得簡悟入，方是無形象中眞面
目，不著纖毫力中大著力處也。(《王畿集・留都會紀》)

因爲本體如空中鳥跡、水中月影，似有若無，如果有任何的安排擬議則無法
覺知，而且本體是空的，要如何在不安排擬議下覺知，只有悟入。龍溪說的
即是上面的「頓入之學」。他又進一步將「悟」分爲三種，他說：

君子之學，貴於得悟，悟門不開，無以徵學。入悟有三：有從言而入
者，有從靜坐而入者，有從人情事變錬習而入者。得於言者謂之解悟，
觸發印正，未離言詮，譬之門外之寶，非己家珍。得於靜坐者，謂之
證悟，收攝保聚，猶有待於境，譬之濁水初澄，濁根尚在，纔遇風波，
易於淆動。得於錬習者，謂之徹悟，磨礱煅錬，左右逢源，譬之湛體
冷然，本來晶瑩，愈震蕩愈凝寂，不可得而澄淸也。根有大小，故蔽
有淺深，而學有難易，及其成功一也。(《王畿集・悟說》)

悟有三種，一是解悟，從言語觸發，不離言詮，龍溪認爲解悟「譬如門外之
寶」，非自己所得，仍非究竟。二是證悟，由靜坐而入，在靜境中收攝本心，
使本體澄瑩，他認爲此亦非究竟，如同濁水之澄，濁根仍在，暫時澄淸而已，
只要環境一改變，心體亦跟著流轉，仍有待於境。三是徹悟，從人情事物的
錬習中悟入，由於是在日常環境中磨錬，所以不會隨境而轉，亦不會隨人言
語腳跟轉，可使本來澄瑩的本體，愈加凝寂，而能當下呈顯。雖然龍溪認爲
三者視人根器大小、障蔽淺深而定，其成功是一樣的，然而就他的評語來說，
似乎徹悟所說的「不待於境，不落言詮」方是究竟之法。

龍溪順著四無理論講「悟本體」，與此工夫相關的，他還常說到保任一點
靈明的「致知」工夫。在《王畿集・書同心冊卷》中，他說：

良知在人，不學不慮，爽然由於固有，神感神應，盎然出於天成，
本來眞頭面，固不待修證而後全，若徒任作用爲率性，倚情識爲通
微，不能隨時翕聚，以爲之主，倏忽變化，將至於蕩無所歸，致知
之功，不如是之疎也。

他認爲良知是與生俱來的，當下即被本體所察覺，並當下在本體顯現，即是
「現成良知」。既然良知是當下呈顯，就沒有所謂的「致」良知工夫，是不待
修養的。但他又認爲致知工夫是必要的，此工夫不在致得良知，亦不在使良
知更加整全，而是保聚良知，使其成爲主宰。因爲如果沒有致知，則會認作
用、情識爲良知，而有蕩越之弊。如何致知？他又將其歸於「悟」：

> 良知原是不學不慮，原是平常，原是無聲臭，原是不爲不欲，纔涉
> 安排放散等病，皆非本色。乃若致知，則存乎心悟，致知之外，無
> 學矣。（《王畿集・答楚侗耿子問》）

在這裡他明白指出致知存乎心悟。所謂保任一點靈明，即在悟得此靈明之後，
時時保持靈明的現在呈顯，而不被外物所蒙蔽。而此保任一點靈明的「致知」
工夫，則要「無修証中眞修証」，他說：「良知不學不慮，本無修証，格物正
所以致之也。學者復其不學之體而已，慮者復其不慮之體而已，乃無修証中，
眞修証也。」（《王畿集・答吳悟齋》）良知不學不慮，本不待修證，然而學者
依然要保任此一點靈明，復其不學、不慮之體，此即爲「致知」工夫。在致
知工夫之中，要在看似無工夫的情況下做工夫，達到「無修証中眞修証」。所
以龍溪並非要人不做工夫，只是要求「無工夫中眞工夫」。他在〈與存齋徐子
問答〉中，則明確提到工夫的重要：「某所請教，不是謂工夫爲可無。良知不
學不慮，終日學，只是復他不學之體；終日慮，只是復他不慮之體。無工夫
中，眞工夫，非有所加也。」他不主張無工夫可爲，而是在復良知本體的工
夫中，求「無工夫」的眞工夫，無工夫即是自自然然的，不刻意、不執著於
工夫，即是「忘工夫」。龍溪在上面所引的〈悟說〉一段話之後說：

> 夫悟與迷對，不迷所以爲悟也。百姓日用而不知，迷也；賢人日用
> 而知，悟也；聖人亦日用而不知，忘也。學至於忘悟，其幾矣乎。

悟與迷相對，不迷即是悟。百姓日用不知是迷，賢人日用而知是悟，而聖人
日用而不知是忘，最後他說：「學至於忘悟」，才是學之至。以悟爲工夫，最
終又要忘悟，即提出一「忘工夫」之概念。所謂「忘工夫」是：

> 忘則澄然無事，工夫方平等，不起爐竈。（《王畿集・水西精舍會語》）

> 忘是棄之義也。且此言爲用功者說，爲執著凝滯者說，不然，又爲
> 痴人前說夢矣。（同上）

「忘」是對用功於工夫的人說的，因爲做工夫常會執著於工夫本身，而使心
有所凝滯，產生對治，因此要忘工夫。龍溪不是要人在未做工夫前，以忘工
夫爲藉口，而不做工夫，而是在做工夫的同時，能忘掉工夫，不執著於工夫，
工夫方能平整，而無所偏滯。

龍溪的四無論是在先天心體上立根基，心、意、知、物一體呈顯爲無善
無惡，看似沒有工夫可以著手，然而他在背後指出一個「悟本體即工夫」的
工夫，另外又指出「無工夫之眞工夫」——不執著於工夫的「忘工夫以悟本

體」的工夫。〔註4〕「悟本體即工夫」、「忘工夫以悟本體」即是龍溪所說的「眞工夫」，兩者皆指向四無的「無善無惡心之體」。

第二節　錢緒山之「四有」論

　　錢德洪，字洪甫，別號緒山，浙之餘姚（今浙江餘姚）人。生於明孝宗弘治九年，卒於神宗萬曆二年（1496～1574），年七十九。王陽明平宸濠歸越，緒山與同邑諸人就學於陽明。與龍溪相同，門人稱其爲「教授師」。在野三十年，無日不講學，講舍遍及江、浙、宣、歙、楚、廣等名區奧地，以宣揚師說爲己任。其著作《明儒學案》收有〈會語〉、〈論學書〉等。〔註5〕

　　在「天泉證道」中，緒山對於陽明的四句教是抱持著謹守的態度，維持四句教的原貌：無善無惡是心之體，有善有惡是意之動，知善知惡是良知，爲善去惡是格物。他不同意龍溪另立「四無」論，以四句教爲「權法」，他認爲四句教是「定本」：「此是師門教人定本，一毫不可更易。」（〈天泉證道紀〉）他認爲四句教是陽明教學生的定本，不可改變。定本即是第一節所說的「道理已明白表示出來，是最後的決定說」，即是「究竟」的說法。他謹守陽明四句教的立場，〈天泉證道紀〉稱他對四句教的理解爲「四有」論。〔註6〕以下即分三部分來討論緒山對四句教的理解。

一、無善無惡之意義

　　在「天泉證道」中，緒山肯定「心體是無善無惡」的。他說：「心體是天

〔註4〕劉述先以爲：「我們不能說龍溪這條路就完全不能夠做功夫，只不過這是另一路的功夫。」見《黃宗羲心學的定位》（臺北：允晨文化公司，1984），頁41。

〔註5〕錢德洪的著作，近來學者作了許多輯佚的工作，如彭國翔，〈錢緒山語錄輯逸與校注〉，《中國文哲研究通訊》13卷2期（2003年6月），頁13～56。張如安，〈錢德洪佚文補輯〉，《中國文哲研究通訊》16卷3期（2006年9月），頁77～101。錢明，〈關於錢德洪的文獻學調查與研究〉，《中國文哲研究通訊》18卷1期（2008年3月），頁133～174。劉勇，〈《李襄敏公遺思錄》所載陽明後學佚文輯錄——兼論陽明後學文獻的收集和整理〉，《中國文哲研究通訊》21卷3期（2011年9月），頁179～211。

〔註6〕「四有」的名稱只見於王龍溪〈天泉證道紀〉，緒山並未明指其對四句教的觀點爲「四有」。基本上，緒山是謹守四句教的，然由以下的討論，我們可以知道緒山的看法，與四句教是有差異的，其觀點可稱之爲「四有」，因此筆者以「四有」稱之，並與陽明的四句教有所分別。

命之性，原是無善無惡的。」(《傳習錄下》)然而他所體認的「無善無惡」，
其意為何？則需要進一步引證其他資料來說明，在一封與楊斛山的信中提到：

> 人之心體一也，指名曰善可也，曰至善無惡亦可也，曰無善無惡亦
> 可也。曰善、曰至善，人皆信而無疑矣，又為無善無惡之說者，何
> 也？至善之體，惡固非其所有，善亦不得而有也。至善之體，虛靈
> 也，猶目之明、耳之聰也。虛靈之體不可先有乎善，猶明之不可先
> 有乎色，聰之不可先有乎聲也。目無一色，故能盡萬物之色；耳無
> 一聲，故能盡萬物之聲；心無一善，故能盡天下萬事之善。(《明儒
> 學案·浙中王門學案一·員外錢緒山先生德洪·論學書·復楊斛山》)

他指出心體是無法用善惡等相對待的名稱來限定，所以可以說心體是善的、
至善無惡的或無善無惡的。為什麼要特別指出心體的「無善無惡」義？因為
至善的心體，本來無惡，善也不能存在於心體之中，而滯於善。即是說心體
是超越經驗界的善惡對待，不能用善惡等名稱來限定，因此是「無善無惡」
的「至善」心體。而且至善的心體是虛靈不昧的，如同目之明、耳之聰一樣，
虛靈的心體不能滯於善，就如同目之明不能先有色的存在，耳之聰不能先有
聲的存在，否則在有色、有聲的情況下，如何能應萬色、萬聲？所以耳目要
保持虛靈，無色無聲，才能應萬色萬聲。相同的，心亦是如此，不著於善惡，
才能應萬事萬物，給予善惡的衡定。緒山以兩方面來說明心體是無善無惡的，
一是以心體的性質來說心體非善惡可名的，一是以心之本體與流行而言，心
體順應萬事萬物，過而不滯，所以是無善無惡的。

　　另外，緒山又從心、意、知、物四者的關係來論證心體是至善的：

> 心之本體，純粹無雜，至善也。良知者，至善之著察也。良知即至
> 善也。心無體以知為體，無知即無心也。知無體以感應之是非為體，
> 無是非即無知也。意也者，以言乎其感應也：物也者，以言乎其感
> 應之事也，而知則主宰乎事物是非之則也。意有動靜，此知之體不
> 因意之動靜有明暗也：物有去來，此知之體不因物之去來為有無也。
> 性體流行，自然無息，通晝夜之道而知也。(《明儒學案·浙中王門
> 學案一·員外錢緒山先生德洪·會語》)

心、意、知、物四者的關係是：良知是心之體，無知即無心，知以感應之是
非為體，此感應之是非即是意，無意即無知，而意所對應的即是物，而知是
主宰事物是非的法則。此四者之關係即是：心無體，以知為體；知無體，以

意爲體；意無體，以物爲體。心、知是本體，是粹然至善的，意、物是發用，有動靜、有去來、有善惡。雖然意有動靜、物有去來，然心體、知體並不因而有明暗之別，心體始終能保持在「定」的狀態，是粹然至善。再參照前說，則心體是無善無惡又是純粹至善的。

　　緒山認爲陽明提出「無善無惡心之體」，是要對治朱子學派「格物窮理」之說，是因時而設教的不得已之辭，在與楊斛山的信中說到：

> 今之論至善者，乃索之於事事物物之中，先求其所謂定理者，以爲應事宰物之則，是虛靈之內先有乎善也。虛靈之內先有乎善，是耳未聽而先有乎聲，目未視而先有乎色也。塞其聰明之用，而窒其虛靈之體，非至善之謂矣。(《明儒學案・浙中王門學案一・員外錢緒山先生德洪・論學書・復楊斛山》)

由緒山的答語，我們可以推測楊斛山的來信可能是質疑心體的無善無惡，他認爲：說心體是善或至善已經足夠，何必要另立「無善無惡」來擾人視聽。所以緒山才會一方面爲陽明解釋無善無惡爲至善，另一方面尋求陽明的立言背景。緒山以爲朱子的格物窮理是在事事物物上追求所謂的定理，以作爲應事宰物的準則。在這樣的基礎上論至善，在他看來就是先在虛靈的心體上預設善的存在，如同耳先有聲的存在，目先有色的存在，而不能盡耳聰目明之用，不能盡萬物之聲色。同樣的，心體也不能應萬事萬物之變，這不是至善的意義。接著他又以「見孺子入井」爲例子來說明：

> 今人乍見孺子入井，皆有怵惕惻隱之心。怵惕惻隱是謂善矣，然未見孺子之前，皆加講求之功，預有此善以爲之則耶？抑虛靈觸發其機，自不容已耶？赤子將入井，自聖人與塗人並而視之，其所謂怵惕惻隱者，聖人不能加而塗人未嘗減也。但塗人擬議於乍見之後，已涉入於內交要譽之私矣。然則塗人之學聖人也，果憂怵惕惻隱之不足耶？抑去其蔽，以還乍見之初心也。虛靈之蔽，不但邪思惡念，雖至美之念，先橫於中，積而不化，已落將迎意必之私，而非時止、時行之用矣。故先師曰「無善無惡者心之體」，是對後世格物窮理之學，先有乎善者立言也。因時設法，不得已之辭焉耳。(同上)

見孺子將入井，會發動惻隱之心，是善的。緒山認爲惻隱之心的發動，不是在未見孺子入井之前，就先加以講求的工夫，預設有此善端爲原則，應是心體自然的發動，不容已之情的自然流露。他又認爲聖人與平常人皆有惻隱之

心，平常人只是雜入「內交要譽之私」，使惻隱之心蒙蔽不發，並不是平常人的惻隱之心不如聖人，只要去私欲即可見此惻隱之「初心」。所以他認為障蔽心體的，不只是邪思惡念等壞的念頭，也包括好的念頭。因好的念頭橫於心中，已落入將迎意必之私，而非自然的發動流行。後世的格物窮理之學，先將「至善」橫於心體中，反而滯礙了心體的發展。因此緒山認為陽明的「無善無惡心之體」是為對治後世格物窮理之學而提出的。

　　緒山肯定四句教首句：「無善無惡心之體」，並從兩方面來解釋「無善無惡」之意義。心體是天命之性，是至善的，而其性質是虛靈不昧的，因此不是用善或惡等相對待的名稱所可以限定的，所以是「無善無惡」的。另一方面，就心體是超越的絕對的主體而言，心體順應萬事萬物，過而不滯，因此不著於善，也不著於惡，才能衡定事物的善惡，所以是「無善無惡」的。〔註7〕

二、惡之來源——有善有惡意之動

　　心體是無善無惡的純粹至善，然而現實世界中，人並非無善無惡而至善的，而是有善有惡的，然則惡從何而來？緒山認為惡的來源是因意念的歧出，有習心的雜染。他說：

　　　　但人有習心，意念上見有善惡在。(《傳習錄下》)

　　　　今習染既久，覺心體上見有善惡在。(陽明《年譜三》)

緒山認為人有習心，所以在意念上有善惡的分別，這是四句教第二句的說法。這兩條資料的記載稍有差別，《傳習錄下》說「意念上見有善惡在」是沒有問題的，陽明《年譜三》說「覺心體上見有善惡在」，心體不是無善無惡嗎？如何說「見有善惡在」？心體原是無善無惡的，是超越的主體，依照理論而言，是不會隨外在事物的流動而流於有善有惡的。然在現實中，本體受到非自身因素，如軀殼、外物的影響，在與外物的交感過程中，心發動之意，就不會順著心體而無善無惡，而歧出於心體，流於有善有惡了。意是心之發動，有善有惡，連帶的「覺心體上見有善惡在」，使人受到有善有惡意之動的蒙蔽，而以為心體有善惡在。然而只是心體之發動有善有惡，對於本體而言，仍舊

────────────

〔註7〕 在「天泉證道」時，緒山基本上是肯定無善無惡即是至善的，然而並未完全真實體悟出無善無惡之義(詳第三節)。後來在不斷的工夫修養中，以及生活挫折中，才漸漸悟入心體。在此筆者重在說明緒山對「無善無惡心之體」的理解與龍溪是相同的，是就緒山總體思想而言，而忽略緒山學思歷程之演變。

是無善無惡的，它的衡鑑功能仍然存在，才能做為善去惡的工夫。所以緒山才會認為在現實世界中，由於外物的影響，使得原本無善無惡的心體，亦有善惡在。

　　緒山非常強調習染對人的作用，在他的著作中可以看到許多相同的言論，他以為：

> 此心從無始中來，原是止的，雖千思百慮，只是天機自然，萬感萬應，原來本體常寂。只為吾人自有知識，便功利嗜好，技能聞見，一切意必固我，自作知見，自作憧擾，失卻至善本體，始不得止。須將此等習心一切放下，始信得本來自信原是如此。(《明儒學案‧浙中王門學案一‧員外錢緒山先生德洪‧會語》)

心體本身是寂靜不動的，然而它卻能順著天機，順應萬事萬物，在萬感萬應中不受外物影響，保持本身的靜定狀態。這與龍溪的無善無惡之義是相同的。而在現實世界中，人受知識、技能、聞見、嗜好、功利的影響，意必固我的執見，使得心體隨著外在事物的流轉而無靜定之時。人受現實世界的種種影響，緒山總稱為「習心」或「習染」，他認為要將一切習心放下，自信本心原是周流萬物而不滯於物，才能止於至善。

　　另外，他在給聶雙江的一封信中說到：

> 夫鏡，物也，故斑垢駁雜得積於上，而可以先加磨去之功。吾心良知，虛靈也，虛靈非物也，非物則斑垢駁雜停於吾心何所？而磨之之功又於何所乎？今所指吾心之斑垢駁雜，非以氣拘物蔽而言乎？既曰氣拘，曰物蔽，則吾心之斑垢駁雜，由人情事物之感而後有也。既由人情事物之感而後有，而今之致知也，則將於未涉人情事物之感之前，而先加致之之功，則夫所謂致之之功者，又將何所施耶？
>
> (《明儒學案‧浙中王門學案一‧員外錢緒山先生德洪‧論學書‧答聶雙江》)

他以鏡為例，鏡上有斑垢駁雜，鏡是實體的物質性存在，所以可以在斑垢駁雜沾染之前，先擦拭鏡體，保持鏡體的明亮。然而良知是虛靈，不是物質性的實體，就不會有斑垢駁雜沾染其上，所以就不能先在良知上作磨去之功，他以此來反駁雙江在心體上做工夫的說法。人心的斑垢駁雜是指氣拘物蔽，即前面所說的「習染」，由人情事物感應而有，因此致知的工夫，不能在人情事物感應之前，而應在人情事物感應之時做。這段話雖然是他與雙江論辯致

知工夫應在已發或未發的問題，然從中我們可以看到緒山基本一貫的觀念：心體是虛靈的，不會沾染任何習氣，所以是無善無惡的，會有善惡是在與事物感應之時，即心之發動爲意時，才有善惡之別，因此致知工夫只能在意之層面上做，而不是在澄瑩的心體上。

緒山又以太虛來反覆說明心體的無善無惡與習染的產生，他說：

> 眞性流形，莫非自然，稍一起意，即如太虛中忽作雲翳。此不起意之教，不爲不盡，但質美者習累未深，一與指示，全體廓然；習累旣深之人，不指誠意實功，而一切禁其起意，是又使人以意見承也。
> （《明儒學案・浙中王門學案一・員外錢緒山先生德洪・會語》）

他認爲心體的流行莫非自然，一起意，就像太虛中有雲霧的障蔽。心與外物接觸發動，意表現爲有善有惡，反過來蒙蔽心體。慈湖（楊簡，1141～1226）不起意的教法，不爲不盡，但是他認爲習染未深的人，稍微點撥，就會使主體呈顯，然而習染較深的人，就要指示誠意的工夫，如果只是禁止起意，則是「認意見作本體，欲根竊發，復以意見蓋之，終日兀兀守此虛見，而於人情物理常若有二，將流行活潑之眞機，反養成一種不伶不俐之心也」（同上），所以他指示「在道之人尙涉程途」的誠意工夫，即是使有善有惡的意，成爲已誠之意，而回復心體的無善無惡。

緒山認爲心體是無善無惡的，惡的產生是因習染，在心體與外物感應時而發動爲意，意本受心體的控制，然受外物的影響，而歧出於心體，表現爲有善有惡的意，所以要有爲善去惡的工夫。

三、工夫論

緒山認爲心體雖然是無善無惡的，然而因有習染，使意歧出於心體的流行之外，而有善有惡，所以要回復心體的無善無惡，就要有對治的工夫，即以知善知惡的良知本體爲準則去做爲善去惡的道德修養。在《傳習錄下》記載，他的看法是：「格致誠正，修此正是復那性體功夫。若原無善惡，功夫亦不消說矣。」他認爲《大學》中格物、致知、誠意、正心的工夫，皆要回復本然的心體，他並批評龍溪的四無論，在意無善無惡的情況下，取消了工夫的必要，與龍溪不同的是他強調工夫的重要性。在陽明《年譜三》中，他也如此認爲：「爲善去惡，正是復那本體功夫。若見得本體如此，只說無功夫可用，恐只是見耳。」心體發動之意，有善有惡，而蒙蔽心體，所以要在意上

做工夫。而意之所在爲物，因此工夫在格物，在物上做爲善去惡。龍溪則直接由本體的無善無惡，呈顯心、意、知、物一體化無的境界，沒有實際的工夫可做。緒山認爲這只是「見」而已，要使心體呈顯，還是要做工夫。

緒山非常強調陽明所指示的《大學》格、致、誠、正的工夫，並將其與四句教結合在一起，以誠意工夫爲《大學》之要。他說：

> 昔者吾師之立教也，揭誠意爲大學之要，指致知格物爲誠意之功，門弟子聞言之下，皆得入門用力之地。用功勤者，究極此知之體，使天則流行，纖翳無作，千感萬應，而眞體常寂，此誠意之極也。故誠意之功，自初學用之即得入手，自聖人用之精詣無盡。（《明儒學案‧浙中王門學案一‧員外錢緒山先生德洪‧會語》）

他認爲陽明之立教，以誠意爲要，致知、格物都是誠意的工夫，提出誠意工夫，使人皆得入門用力之方。用力於誠意的道德修養工夫，可以使意成爲已誠之意，良知心體能呈顯，不受習染障蔽，順應萬事萬物，而不隨波逐流，常處寂靜狀態。所以他認爲誠意是初學以至聖人皆可用力的工夫。接下來他又批評王門弟子各立己說，離開誠意而談本體、談工夫，他說：

> 吾師既歿，吾黨病學者善惡之機生滅不已，乃於本體提揭過重，聞者遂謂：「誠意不足以盡道，必先有悟而意自不生，格物非所以言功，必先歸寂而物自化。」遂相與虛憶以求悟，而不切乎民彝物則之常；執體以求寂，而無有乎圓神活潑之機。希高凌節，影響謬戾，而吾師平易切實之旨，壅而弗宣。師云：「誠意之極，止至善而已矣。」是止至善也者，未嘗離誠意而得也。言止則不必言寂，而寂在其中；言至善則不必言悟，而悟在其中，然皆必本於誠意焉。何也？蓋心無體，心之上不可以言功也。應感起物而好惡形焉，於是乎有精察克治之功。誠意之功極，則體自寂而應自順，初學以至成德，徹始徹終無二功也。（同上）

這段話他是針對其他王門弟子說誠意不足以盡道的批評。在陽明去世後，弟子各立己說，王學分化之勢已現。他們認爲在善惡生滅不斷的情況下，誠意的爲善去惡工夫反而無窮無盡，因此誠意不是究竟工夫，而紛紛提出以本體爲主的道德修養。有人因善惡生滅不已，而主張先悟本體，阻斷意產生的根源，意不產生，就不會有善惡的生滅。又有人因善惡生滅不已，所以爲善去惡的格物工夫不是究竟，而主張以歸於本體之寂爲究竟工夫。前者主張求悟，

緒山認為是離開人倫日用、民彝物則；後者主張歸寂，他認為如此一來本體成槁木死灰，喪失應變活潑之機。前者蓋指龍溪，後者則指雙江。龍溪的悟心體，雙江的歸寂說一出，使陽明平實的誠意工夫隱而不彰。接著他進一步將二者所主張的寂與悟收於誠意工夫之中，他以陽明「誠意之極，止至善而已矣」為基本原則，主張止至善不能離開誠意，悟與寂必本於誠意。悟在至善之中，言至善已足，不必說悟；寂在止中，言止則不必說寂。而且心無體，是虛靈之體，因此心體上不能做工夫，可做工夫的是在與物相感應、產生好惡之意上，在此做精察克治工夫。只要做誠意工夫，本體自能歸寂而順應萬變。所以不能離誠意而言寂與悟。緒山反覆論證言說的，無非是強調誠意工夫的重要，他謹守師說的態度與在「天泉證道」中和龍溪的爭論是相同的。

由於緒山對意的理解為有善有惡，所以必須在意上做為善去惡的工夫，回復本體的無善無惡。因此，對他來說，「無善無惡心之體」只是一工夫修養和成聖可能的根據，是道德實踐的超越依據，所以四有論的重點在於為善去惡的工夫。

第三節　爭論之焦點

由以上兩節之討論，龍溪與緒山對相同的四句教，因各人體會之不同，而引發不同的理解。龍溪主「四無」，緒山主「四有」，由四無、四有各自開展出不同型態的道德修養論。兩人對四句教的爭辯發生在陽明生前，因此在爭議未決時，即可就正於四句教思想的來源者——陽明，以解決兩人爭論的問題。因此，本節先論四無、四有之別，以明龍溪、緒山爭論的焦點，再論陽明之衡定，以見陽明對兩人爭論問題的解決，最後討論衡定後之發展，以明龍溪、緒山在師說衡定後如何修正自己的主張。

一、四無、四有之別

對於四句教的理解，龍溪主張由心體悟入，而呈顯心、意、知、物一體皆無的無善無惡之境；緒山則主張人受外物習染，使意歧出於心體，而成為有善有惡，所以要做為善去惡的工夫，以回復心體的無善無惡。因此「四無」是「心體是無善無惡，意是無善無惡，知是無善無惡，物是無善無惡」，「四有」基本上維持四句教，是「無善無惡心之體，有善有惡意之動，知善知惡

是良知，爲善去惡是格物」。兩人對於四句教的看法，有相同，也有相異的地方。相同的是兩人皆肯定四句教爲陽明教人爲學的宗旨。再者兩人皆明白肯定四句教首句「無善無惡心之體」。他們認爲無善無惡心之體是「究竟」的境界，龍溪當下呈顯一體化無的無善無惡境，緒山則透過道德修養的過程，回復到無善無惡的化境。而且兩人對「無善無惡」的解釋是相同的：無善無惡即是至善。心體是絕對的本體，不能用經驗界相對待的善惡意義來稱呼它，所以是至善的；心體是超越的絕對本體，在順應萬事萬物中，過而不滯，因此是無善無惡的。

　　龍溪、緒山對於四句教理解的相異處，首先在龍溪認爲四句教只是陽明因時立教的「權法」，而非「定本」，因此另立「四無」論，所以對龍溪而言四句教是權法，四無方是定本。緒山則謹守師門教法，而認爲四句教是「定本」。由權法、定本主張之異，就可看出兩人對四句教在陽明學說體系中定位問題之看法了。

　　雖然龍溪、緒山對四句教首句之解釋相同，然而亦由此而形成四無、四有之別。龍溪由無善無惡心之體悟入，而當下呈顯心、意、知、物四者皆無的四無之境。緒山雖肯定無善無惡心之體，卻認爲人受外物影響，而意之動爲有善有惡，因此維持四句教的下面三句。由此看來，此間之焦點在於兩人對意的解釋不同。雖然兩人皆認爲意爲心之發動，龍溪在體用一源的情況下，心是無善無惡的，心之發動的意亦是無善無惡的。緒山則認爲意雖爲心之發動，然已雜入習染，是有善有惡的了。因此，龍溪所著眼的是順心體流行之「超越意義的意」，緒山著眼的是歧出於心體之外的「現實意義的意」。

　　由於兩人所體認的「意」有不同的善惡屬性，因此對應下來的道德修養論亦是不同的。龍溪注重心、意、知、物四者的當下呈顯，所以悟本體即是工夫，工夫即在頓悟本體上。緒山則強調意的有善有惡，因此就有對治的對象，而在意上做誠意工夫，意之所在爲物，所以誠意要在爲善去惡的格物上做。龍溪的工夫是頓悟，是當下的，因此沒有工夫的歷程；而緒山的爲善去惡，有對治的對象，因此是有工夫歷程的，是漸修。

　　上面我們說過龍溪、緒山肯定「無善無惡心之體」，而且對「無善無惡」的解釋是相同的，然而我們從其對「意」的理解不同，亦可看出「無善無惡心之體」對兩人之意義實不相同，即在「四無」、「四有」的理論系統下所代表的意義是不同的。對龍溪來說，他能直下悟得心體是無善無惡的，意、知、

物隨之化爲無善無惡，因此對龍溪來說「無善無惡心之體」是當下的呈顯，並不是將其推出去成爲思考的對象，不是工夫所欲達到的超越根據。對緒山來說，雖然他對「無善無惡」的解釋與龍溪相同，然而解釋與實際體會於心是兩回事。因爲他未能當下呈顯心體的無善無惡，所以要步步實行爲善去惡的工夫。因此他是將「無善無惡心之體」推出去，成爲思考的對象，做爲爲善去惡工夫所欲臻至的最後境界。

　　總之，我們可以看到龍溪、緒山對四句教的爭辯在於四句教是權法或是定本的問題，並由此開出「四無」、「四有」不同的理論體系。「四無」、「四有」的差別在於對心體的體悟不同，而有對「意」的不同解釋，也由「意」的不同解釋，才會開出不同的工夫論系統。

二、陽明之衡定

　　龍溪、緒山對於陽明四句教的不同看法，在雙方各持己見，爭論不已時，《傳習錄下》、陽明《年譜三》記載：

> 是夕侍坐天泉橋，各舉請正。（《傳習錄下》）

> 畿曰：「明日先生啓行，晚可同進請問。」（陽明《年譜三》）

《傳習錄下》只說兩人在天泉橋各舉己說就正於陽明，陽明《年譜三》則記載龍溪說要趁著陽明尚未出發征思、田時，一起就正於陽明。而根據〈天泉證道紀〉的記載，他們就正於陽明尚有一層深意：「錢子謂曰：『吾二人所見不同，何以同人？盍相與就正夫子。』」緒山認爲他與龍溪對師門宗旨的看法不同，以後如何宣揚師說、教授學生，所以與龍溪相偕就正於陽明。龍溪與緒山是陽明的兩大弟子，在兩人的傳略中我們說過，就學於陽明的人，陽明先令龍溪、緒山教授學說大旨，然後再受教於陽明，門人稱他們爲「教授師」，由此可見兩人在王門的重要地位。而且兩人以宣揚師說爲己任，對師說的理解不同，如何接授來學，因此才會就正陽明，目的在確定陽明四句教的大旨。

　　於是，龍溪、緒山當晚在天泉橋上與陽明討論，陽明一聽到兩人的問題後，立即表示：

> 我今將行，正要你們來講破此意。（《傳習錄下》）

> 正要二君有此一問！我今將行，朋友中更無有論證及此者，……。（陽明《年譜三》）

陽明正好要他們利用出發征思、田之際，討論四句教之確義。無論是「正要你們來講破此意」或「正要二君有此一問」，皆有「大哉問也」的欣喜之情。接著，陽明肯定龍溪四無、緒山四有，並要二人互相取益，不要偏於一邊，他說：

> 二君之見正好相資爲用，不可各執一邊。我這**裏**接人原有此二種。
> （《傳習錄下》）

> 吾教法原有此兩種，四無之說，爲上根人立教；四有之說，爲中根
> 以下人立教。（〈天泉證道紀〉）

《傳習錄下》記載陽明肯定四無、四有是站在教法的立場，明言他的教法原來就有四無、四有兩種，但要兩人互相取益，不可各執己見。此意即表示四無或四有並不全面，有所不足，但還是相當肯定二人的解釋。〈天泉證道紀〉則進一步說明四無是爲上根人立教，四有是中根以下之人的教法。由此可知，陽明站在教學立場要兩人互相取益，否則四無只接上根人，四有只接中根以下之人，便有所偏失。而陽明《年譜三》的記載是：「二君之見正好相取，不可相病。汝中須用德洪功夫，德洪須透汝中本體。二君相取爲益，吾學更無遺念矣。」陽明《年譜三》的記錄基本上是維持「相資」的立場，並進一步指出兩人應互相取益的部分：「汝中須用德洪功夫，德洪須透汝中本體」，也就是緒山要悟龍溪所悟的一體呈顯的四無之境，而龍溪要用緒山爲善去惡的工夫，如二人相取相資，「吾學更無遺念」。由這三條資料可知陽明肯定兩人的說法，一是站在教法的立場，一是肯定龍溪、緒山的爲學所得：龍溪所悟之本體，緒山所爲之工夫。要二人相資亦是站在此二立場說的，也表示了兩者的不足。

就教法而言，四無是上根人之教法，四有是中根以下人之教法，《傳習錄下》詳細解釋：

> 利根之人直從本源上悟入。人心本體原是明瑩無滯的，原是箇未發之中。利根之人一悟本體，即是功夫，人己內外，一齊俱透了。其次不免有習心在，本體受蔽，故且教在意念上實落爲善去惡。功夫熟後，渣滓去得盡時，本體亦明盡了。汝中之見，是我這**裏**接利根人的：德洪之見，是我這**裏**爲其次立法的。二君相取爲用，則中人上下皆可引入於道。若各執一邊，眼前便有失人，便於道體各有未盡。

人心本是明瑩澄淨、無所偏滯，處於未發之中的狀態。利根之人，即〈天泉證道紀〉所稱的上根之人，從本體悟入，工夫即在其中，內外一體呈顯，即是龍溪四無的看法：由無善無惡的本源心體悟入，心、意、知、物一體化無，全然朗現。所謂「其次」即是指上根以外的「中根以下之人」。中根以下之人有習心，本體受到障蔽，只要在意念上用為善去惡的工夫，去除障蔽，心體自能呈顯，這是緒山四有的說法：意因習心而歧出於心體，無法順心體流出，故成為有善惡對待的「意」，所以必須要用為善去惡的工夫，以復明淨之心體。所謂利根之人、「其次」之人，其差別不在智能高低，而在於習染障蔽之多寡。上根之人習染少，本體的障蔽就少，所以能從本源悟入，中根以下之人障蔽多，無法從本源悟入，而要做為善去惡工夫。總之，兩者的差別在於「習染」，以及「悟」與「未悟」。陽明在分別二人之說後，要二人不要各執己見，只接上根人或中根以下之人，而要相取為用，才能遍接上根之人以及中根以下之人。

　　〈天泉證道紀〉也是從上下根之別來論四無、四有，陽明說：
　　　上根之人，悟得無善無惡心體，便從無處立根基，意與知、物，皆從無生，一了百當，即本體便是工夫，易簡直截，更無剩欠，頓悟之學也。中根以下之人，未嘗悟得本體，未免在有善有惡上立根基，心與知、物，皆從有生，須用為善去惡工夫，隨處對治，使之漸漸入悟，從有以歸於無，復還本體，及其成功一也。

上根之人，是從「無」處立根基，此「無」是指心體的無善無惡，由心體的無善無惡悟入，自然意與知、物皆是無善無惡，全體呈顯，悟得本體即是工夫，因此說是「一了百當」、「易簡直截」、「更無剩欠」，而此悟是當下立即的，所以是頓悟之學。中根以下之人與上根之人對照是未悟得心體的，因有習染，意成為有善有惡，所以在「有」上立根基，此「有」即指有善有惡意之動。陽明說心與知、物皆從「有」生，知與物皆從「有」生，意思很明顯，因意有善有惡，做為判準的良知，亦在此時顯其功用，呈現出知善知惡的有善有惡，而物是意之所在，故意為有善有惡，物亦有善有惡，難解的是心體如何說是從「有」生，是有善有惡的？對於這句話的意思，即是龍溪在〈天泉證道紀〉中對四有的批評：「意是心之所發，若是有善有惡之意，則知與物一齊皆有，心亦不可謂之無矣」，以及緒山在陽明《年譜三》的說法：「心體原來無善無惡，今習染既久，覺心體上見有善惡在」。我們可以發現，所謂「心亦

不可謂之無」是「覺心體上見有善惡在」，即是心從有生之意。因此，這句話的「有」，我們可以釋爲心與知、物因意之有善有惡，而「表現」爲有善有惡。陽明接著認爲因意有善有惡，所以要用爲善去惡工夫，隨時對治有善有惡之意，而漸漸悟入心體，從有善有惡呈顯爲無善無惡，回復本體。雖然上根之人與中根以下之人呈顯心體的方法不同，然其成功是一樣的，陽明皆予以肯定。他接著說：

> 世間上根人不易得，只得就中根以下人立教，通此一路。汝中所見，
> 是接上根人教法；德洪所見，是接中根以下人教法。汝中所見，我
> 久欲發，恐人信不及，徒增躐等之病，故含蓄到今，此是傳心秘藏，
> 顏子明道所不敢言者。今既已說破，亦是天機該發泄時，豈容復秘。
> 然此中不可執著。若執四無之見，不通得眾人之意，只好接上根人，
> 中根以下人，無從接授。若執四有之見，認定意是有善有惡的，只
> 好接中根以下人，上根人亦無從接授。（〈天泉證道紀〉）

他認爲世間大部分都是中根以下之人，上根人不易得，所以應以中根以下人之教法爲立教準則。而龍溪的四無之見，是陽明久欲發而未發之論。他怕人越過工夫修養，徒增躐等之病，因此平日並未講破。他說四無是「傳心秘藏」，顏子、明道也不敢言此以教人，而今被龍溪說出，是天機該發洩時，豈能容他再不討論。所以他殷殷期盼龍溪不要執著四無，只好接上根人，而不接中根以下之人，緒山也不要執著四有，認定意是有善有惡的，只接中根以下之人，不接上根人，如此一來皆不能通眾人之意，未盡於道體。

　　陽明《年譜三》主要是由龍溪、緒山二人的爲學所得來肯定四無、四有，並要二人相取相資：「汝中須用德洪工夫，德洪須透汝中本體」。首先他論緒山四有：

> 有只是你自有，良知本體原來無有，本體只是太虛。太虛之中，日
> 月星辰，風雨露雷，陰霾饐氣，何物不有？而又何一物得爲太虛之
> 障？人心本體亦復如是。太虛無形，一過而化，亦何費纖毫氣力？
> 德洪功夫須要如此，便是合得本體功夫。

良知本體是虛靈，是太虛。太虛之中，日月星辰，風雨露雷，何物不有？然卻沒有一物能障蔽太虛。心體亦是如此，順應萬事萬物，一過而化，不滯於一邊。而四有是從意之有善有惡上立根基，心「表現」爲有善有惡，所以說「有只是你自有」。因此陽明要緒山工夫進至心體無善無惡之境，方是究竟，

才是合得本體之工夫，否則工夫自工夫，本體自本體，爲善去惡的工夫自無了期。接著論及龍溪四無：

> 汝中見得此意，只好默默自修，不可執以接人。上根之人，世亦難遇。一悟本體，即見功夫，物我內外，一齊盡透，此顏子、明道不敢承當，豈可輕易望人？

他要龍溪保任四無，默默自修，不可執著四無教人，以下則與〈天泉證道紀〉所論相同，一悟本體即是工夫的上根人較少，即使顏子、明道也不敢認定自己是一悟本體即能全體透顯，而不用做工夫的修持。言下之意是要龍溪「須用德洪工夫」，在悟本體後，隨時在事物上用爲善去惡工夫，保任良知心體的呈顯。

陽明在肯定四無、四有爲教法，並要二人相取相資後，將兩者總結爲四句教是「徹上徹下」工夫。《傳習錄下》記載：

> 已後與朋友講學，切不可失了我的宗旨：無善無惡是心之體，有善有惡是意之動，知善知惡的是良知，爲善去惡是格物，只依我這話頭隨人指點，自沒病痛。此原是徹上徹下功夫。利根之人，世亦難遇，本體功夫，一悟盡透。此顏子、明道所不敢承當，豈可輕易望人！人有習心，不教他在良知上實用爲善去惡功夫，只去懸空想個本體，一切事爲俱不著實，不過養成一個虛寂。此個病痛不是小小，不可不早說破。

他要龍溪、緒山以後與人講學，依照四句教，隨人之根器而指點。四句教是徹上徹下工夫，也就是上根之人與中根以下之人皆可由此進入。上根之人雖一悟本體即是工夫，但畢竟是少數。一般人有習心，如果不教他以良知爲根據，做爲善去惡的工夫，只去懸空想個四無所達到的無善無惡的本體境界，會有蹈虛之病，所以陽明要兩人以此爲戒。

陽明《年譜三》的記載與《傳習錄下》大致相同：

> 先生曰：「二君已後與學者言，務要依我四句宗旨：無善無惡是心之體，有善有惡是意之動，知善知惡是良知，爲善去惡是格物。以此自修，直躋聖位；以此接人，更無差失。」畿曰：「本體透後，於此四句宗旨何如？」先生曰：「此是徹上徹下語，自初學以至聖人，只此功夫。初學用此，循循有入，雖至聖人，窮究無盡。堯、舜精一功夫，亦只如此。」先生又重囑付曰：「二君以後再不可更此四句宗

旨。此四句中人上下無不接著。我年來立教，亦更幾番，今始立此
四句。人心自有知識以來，已爲習俗所染，今不教在良知上實用爲
善去惡功夫，只去懸空想個本體，一切事爲，俱不著實。此病痛不
是小小，不可不早說破。」

他要二人依四句教爲宗旨，依四句教做道德修養，即能成聖成賢，以此爲教
法接人，上根之人及中根以下之人皆接，而無偏失。龍溪又問陽明四句教對
本體悟透的人有何作用。陽明認爲四句教是徹上徹下教法，從初學到聖人，
皆可以此爲修養工夫。初學依四句教，有一循序漸進的工夫可做，而聖人亦
要在事物上修養，使本體明瑩透徹。所以他再次殷殷囑咐兩人，不可更改四
句教，以免有懸空想像本體，不做道德修養的蹈空之病。

〈天泉證道紀〉的記載，則與以上稍有不同：

但吾人凡心未了，雖已得悟，仍當隨時用漸修工夫，不如此，不足
以超凡入聖，所謂上乘兼修中下也。汝中此意，正好保任，不宜輕
以示人，概而言之，反成漏泄；德洪卻須進此一格，始爲玄通。德
洪資性沉毅，汝中資性明朗，故其所得，亦各因其所近，若能互相
取益，使吾教法，上下皆通，始爲善學耳。

陽明告戒龍溪即使得以悟入心體，但人有習心，也要隨時用爲善去惡的漸修
工夫，化去習染，使本體時時呈顯，即是上乘兼修中下，即是「汝中須用德
洪功夫」。並要他保任四無之說，不要輕易示人。他告戒緒山要進此一格，透
悟龍溪所示的四無化境，才是究竟，即「德洪須透汝中本體」。最後他說兩人
因才性不同，緒山資性沈毅，龍溪資性明朗，所以才開出四有的工夫理論、
四無的本體化境，而肯定兩人所得，如果兩人能互相取益，就遍授上下根器
之人，才是「善學」。雖然陽明在此並未說四句教是徹上徹下教法，要二人謹
守，而從語意中，我們亦可看出這樣的深意：只有四無、四有相資，才是徹
上徹下的「四句教」。

由以上論述，陽明肯定龍溪四無、緒山四有爲教法。四有有明顯的工夫
意義，有一循序漸進的爲善去惡工夫可做，做爲教法，應無可疑。而四無並
不指引一明顯工夫，即使有，也是「悟本體」之工夫，非明確可行者，因此
有人懷疑龍溪四無不能做爲一教法。〔註8〕在「天泉證道」中，陽明明顯肯定

〔註8〕如牟宗三說：「王龍溪說四無，于陽明學中並非無本。而同時四句教亦可以說
　　　是徹上徹下的教法，是實踐之常則，因縱使是上根人亦不能無對治，亦不能

四無爲上根人教法。雖然他認爲上根人難遇，要龍溪默默自修，然而難遇並不表示沒有。而且由第一節的論述，我們可以知道龍溪四無看似無工夫，其實是有工夫的——「悟本體之工夫」與「忘工夫以悟本體」。雖然二者不如爲善去惡明確可循，然我們如以廣義的工夫、廣義的教法來看，悟本體何嘗不是一項工夫，忘工夫何嘗不能對執著於爲善去惡工夫之人有所提醒，所以四無應可說是一教法。

陽明雖然肯定四無爲接上根人教法，四有爲接中根以下人之教法，然認爲各有偏失，不是究竟意義，因此他以四句教爲徹上徹下之學。所謂徹上徹下，即通接上根之人與中根以下之人，即包括四無、四有之教。所以陽明所說的四句教是有「四無」論：本體完全呈顯的無善無惡之境，以及爲善去惡以使本體朗現的「四有」論。在此意義上，四句教與四有論是不相同的，只可說緒山之觀點爲「四有」，不能說陽明之教爲「四有」。〔註9〕四有與四句教的字面完全相同，然正如陳來所說四句教基本上只能稱爲「三有」。〔註10〕我們對照第二節來看，緒山主張爲善去惡工夫，是因本體未能呈顯，所以要爲善去惡以復本體，因此他並未對無善無惡心之體有相應的體悟，「無善無惡心之體」只是他道德修養論所可能達到的境界。更嚴格地說，他認爲人有習心，意歧出於心體，而有善有惡，意爲心之發動，使心亦「表現」爲有善有惡，即心體上「覺有善惡在」。因此四有在發動表現上，首句應爲「有善有惡心之動」，而在本體上心體依舊是無善無惡的。所以四有與四句教在義理內涵上是不相同的。

陽明從教法及龍溪、緒山爲學所得的層面上肯定四無與四有，並總結爲

無世情嗜欲之雜，不過少而易化而已。因此，四無乃是實踐對治所至之化境，似不可作一客觀之教法。」同註3，頁280。

〔註9〕陳來說：「既然陽明申明『四無』『四有』都有局限性，又說四句教是『徹上徹下』工夫，可見陽明的主張既不是『四無』，也不是『四有』。有的學者把陽明的思想及四句教也稱爲『四有』說，這顯然是不正確的。」見《有無之境——王陽明哲學的精神》（北京：人民出版社，1991），頁200。

〔註10〕陳來以爲：「從邏輯上說，『四有』應當不贊成『無善無惡心之體』，認爲心、意、知、物都不是無善無惡。換言之，『四有』之說應當主張心體有善無惡，故主張爲善去惡，以復其本體之善。」同上，頁200。陳來的說法值得商確，就緒山而言，他主張心體是無善無惡的，因此不能因邏輯上的理由，就將四有論首句改爲「至善無惡」，而且對緒山來說，無善無惡即是至善，兩者的意義是相同的，因此筆者認爲應當維持「無善無惡心之體」，只是此與四句教之首句在意義內涵上不甚相同。

四句教，表達了四句教做爲定本的看法，也就是說四句教包括「四無」的本體化境與「四有」的爲善去惡的道德修養論。從另一方面講，無論是四無或四有，皆符合陽明思想。陽明對四無、四有的衡定，重在教法的折衷，對於龍溪、緒山所爭論的定本與權法、意之意義及工夫問題，並不直接解決，而採取肯定兩者的折衷態度，最後並將兩者收攝在四句教上。

三、衡定後之發展

　　龍溪、緒山論爲學宗旨而引發的四無、四有之辯，經過天泉橋上的證道、陽明的不偏廢二者的衡定後，其結果如何，《傳習錄下》、陽明《年譜三》、〈天泉證道紀〉並未做進一步說明，《傳習錄下》和陽明《年譜三》只是說：「是日德洪、汝中俱有省」、「是日洪、畿俱有省」，「俱有省」是兩人聽了陽明的衡定後有所理解、有所省悟，而〈天泉證道紀〉則記載：「自此海內相傳天泉證悟之論，道脉始歸于一云。」自此一辯後，海內相傳天泉證道之事。而「道脉歸於一」可能指海內學人皆知四句教爲陽明徹上徹下的立教宗旨，也可能指四無、四有之爭，經陽明衡定後，四無、四有歸於四句教。不管是前者或後者，即使是後者，也不能表示龍溪、緒山二人對各自理論有所修改，或如陽明所說的有所相資，而且在天泉證道後陽明即在征思、田的回師途中謝世，因此龍溪、緒山對於各自的四無、四有論是否有如陽明所衡定的：「汝中須用德洪工夫，德洪須透汝中本體」，則需要進一步考察。〔註11〕在「天泉證道」後，又有一段著名的「嚴灘問答」，這是發生在「天泉證道」後不久的事，陽明要征思、田，龍溪、緒山送陽明到嚴灘，龍溪舉佛家實相、幻相的說法來請教陽明。這段對話在《傳習錄下》及龍溪爲緒山所寫的行狀俱有記載。在龍溪爲緒山所寫的行狀中記載：

　　　　夫子赴兩廣，予與君送至嚴灘。夫子復申前說，二人正好互相爲用，
　　　　弗失吾宗。因舉「有心是實相，無心是幻相。有心是幻相，無心是

〔註11〕四無、四有理論的不同，代表王門弟子中已對師說有不同的看法，如果龍溪、緒山在後來的發展上依照陽明所說的相資爲用，以四句教爲徹上徹下教法，則原本的爭議，即歸於同，原本的分化，在陽明的衡定之下，也可歸於一。如果兩人並非依陽明所言，則分化之勢更形劇裂，而「天泉證道」只是王學分化的開端而已。因此討論二人在天泉證道後的理論發展是必要的。有關天泉證道與王學分化的問題，筆者將於第六章再做討論，本節只是就兩人學說後來的發展做一概略的考察。

實相」爲問。君擬議未及答。予曰:「前所舉是即本體證功夫,後所
舉是用功夫合本體。有無之間,不可以致詰。」夫子莞爾笑曰:「可
哉!此是究極之說。汝輩既已見得,正好更相切劘,默默保任,弗
輕漏泄也。」(《王畿集・刑部陝西司員外郎特詔進階朝列大夫致仕
緒山錢君行狀》)

這段話可說是「天泉證道」的延伸。陽明在嚴灘再次申明天泉證道衡定之言,
要龍溪、緒山相取相資,以四句教爲宗旨。對話中的「有心是實相,無心是
幻相」,即在心體發用呈顯的情況下,心、意、知、物是眞實無妄的流行,反
之,若非心體的完全發用呈顯,心、意、知、物的任何流行也是虛妄不實的,
所謂「有心」、「無心」指的是依照心體的完全呈顯與否。龍溪說這是「即本
體證功夫」,本體眞實呈顯,工夫即在其中,即是〈天泉證道紀〉所說的「即
本體便是工夫」。而「有心是幻相,無心是實相」是指工夫上的無執著。四無
所說的「無心之心」、「無意之意」、「無知之知」、「無物之物」即是此意。不
執著於心體、工夫之工夫,才能使心體眞實無妄的呈顯流行,反之,執著於
心體,心體的呈顯流行也是虛妄不實的,因此龍溪說這是「用功夫合本體」,
即陽明《年譜三》所說的「合得本體功夫」。這兩段話所說的即是本體工夫合
一之旨。在這段話之後,陽明肯定龍溪的說法,而說這是究竟之論,對照「復
申前說」而論,即是在四句教的宗旨下,兼取四無所呈顯的本體義、四有所
重視的工夫義,使本體、工夫合一,本體中有工夫,工夫中合得本體,以使
本體完全顯現流行。這是陽明對四無、四有的最後衡定。

　　在「嚴灘問答」中,龍溪由實相、幻相之說,引申而論本體、工夫合一
之旨,想必已完全理解,而緒山呢?「擬議未及答」,即還在思考當中,在當
時並未能理解實相、幻相之說,以及本體、工夫合一的問題。而在《傳習錄》
下,緒山自己所記載的「嚴灘問答」〔註12〕中則說:「洪於是時尚未了達,數
年用功,始信本體工夫合一。」可見緒山是在數年用功之後,才有眞正的理
解。這可以對照我們在第二節時所論述的觀點,緒山在「天泉證道」時,雖
強調工夫以回復本體,然在此時(甚至以後的數年),工夫自工夫,本體自本
體,兩者完全不相應,所以筆者會說緒山對本體沒有相應眞實的體悟,陽明

〔註12〕《傳習錄》說這是黃以方所錄,然由其自稱「洪」之名,可知當是緒山自己
　　　　所記者。見陳榮捷著,《王陽明傳習錄詳註集評》(臺北:臺灣學生書局,1992),
　　　　頁382。

才會要緒山「須透汝中本體」。羅念菴曾說明緒山對四句教的體悟過程為：

> 緒山之學數變，其始也，有見於為善去惡者，以為致良知也。已而
> 曰：「良知者，無善無惡者也，吾安得執以為有而為之而又去之？」
> 已又曰：「吾惡夫言之者之淆也，無善無惡者見也，非良知也。吾惟
> 即吾所知以為善者而行之，以為惡者而去之，此吾可能為者也。其
> 不出於此者，非吾所得為也。」又曰：「向吾之言猶二也，非一也。
> 夫子嘗有言矣，曰至善者心之本體，動而後有不善也。吾不能必其
> 無不善，吾無動焉而已。彼所謂意者動也，非是之謂動也；吾所謂
> 動，動於動焉者也。吾惟無動，則在吾者常一矣。」（《明儒學案·
> 浙中王門學案一·員外錢緒山先生德洪》）

我們可以將緒山體悟的過程分為四階段：第一階段即是著意於為善去惡的致
良知工夫。第二階段體悟良知是無善無惡的，而能不執著於為善去惡工夫。
第三階段則消解了無善無惡是良知之說，又重新回到第一階段為善去惡的修
養工夫。第四階段則認為他以前的看法無善無惡之心體與為善去惡之工夫只
是二本。由此看來，前三階段他始終徘徊在為善去惡的工夫、無善無惡的本
體之間，到最後才悟得本體與工夫合一之旨。在第四階段中，緒山認為心之
本體是無善無惡而至善的，動而後有不善，因不能令心體呈現不動於意的狀
態，所以要有工夫，即是「不動意」之工夫。「不動意」是指心體不受意之動
而動，即不執著於意之動的有善有惡，使心體無執無著而自然呈顯。此是緒
山的本體工夫合一之旨，即前面嚴灘問答所說的「工夫上說本體」之本體工
夫合一之境。由此，我們可以看出此時緒山已可體悟無善無惡心之體的真實
意義在於無執無著的真實呈顯，而以前則執著於意之有善有惡。

　　龍溪之四無論，強調的是本體的完全呈顯，而忽略實際的事上工夫，緒
山批評他：

> 良知是千古靈竅，此處信得及，徹上徹下，何所不通。龍谿之見，
> 伶俐直截，泥功夫於生滅者，聞龍谿之言，自當省發，是龍谿於吾
> 黨學問頭腦大有功力也。但於見上微覺有著處，開口論說，千轉萬
> 折，不出己意，便覺於人言尚有漏落耳。（《王畿集·刑部陝西司員
> 外郎特詔進階朝列大夫致仕緒山錢君行狀》引〈與季彭山書〉）

他認為龍溪的看法，對於拘泥於工夫、拘泥於意的善惡生滅相的人，有一「點
醒」之作用，使其不執著於工夫，這是龍溪最有功的地方，但卻有「著見」

之病。此著見之病，當是前面所說的執體以求悟，離開人倫事物，不在事上實心磨鍊、下工夫。所以陽明要龍溪「須用德洪工夫」。龍溪在「天泉證道」後，是否真能依照師說？他說：

> 然吾人今日之學，亦無庸于他求者，其用力不出於性情、耳目、倫物感應之迹，其所慎之幾，不出於一念獨知之微。是故一念戒懼，則中和得而性情理矣；一念攝持，則聰明悉而耳目官矣，一念明察，則仁義行而倫物審矣。慎於獨知，所謂致知也，用力於感應之迹，所謂格物也。千古聖賢，舍此更無脈路可入，而世間豪傑之士，欲有志于聖賢，亦或不能外此，而別有所事事也。(《王畿集·新安福田山房六邑會籍》)

嘉靖四十年（1561），龍溪赴新安福田講會，〔註13〕這段話是福田講會的記錄，此時距離天泉證道已有三十五年。在這段話中，我們可以看出龍溪亦教人在人情事物感應之時保攝此靈明良知。保攝良知即是慎獨，即是致知，保攝良知於人情事變上就是格物。雖然他所說的求本體之工夫與緒山的為善去惡之工夫仍有不同，然而龍溪已在事物上實心磨鍊，而不是懸空去求本體，與天泉證道只求本體而不實心磨鍊已有不同。前面我們說過龍溪四無論「悟本體即是工夫」之工夫，即是「悟本體」、保任靈明的「致知」工夫，此二者有離開人倫日用及蹈空之嫌。在此龍溪強調在人倫事物上的「格物」工夫，在人倫事變中磨鍊良知，使工夫更明確可行，即是嚴灘問答中所說的「本體上說工夫」。

在「天泉證道」時，龍溪、緒山各持四無、四有爭執不下，陽明要兩人相資相取，互取所長，各補所短。在後來的發展中，我們可以看到陽明衡定之說在兩人思想中的展現。緒山在與張浮峰的一封信中談到：

> 龍溪學日平實，每於毀譽紛冗中，益見奮惕。弟向與意見不同，雖承先師遺命，相取為益，終與入處異路，未見能渾接一體。歸來屢經多故，不肖始能純信本心，龍溪亦於事上肯自磨滌，自此正相當。
> （《明儒學案·浙中王門學案一·員外錢緒山先生德洪·論學書·與

〔註13〕 《王畿集·新安福田山房六邑會籍》記載時間為「嘉靖丁丑年」，然嘉靖並無丁丑年，依據麥仲貴著《明清儒學家著述生卒年表》的記載則是「嘉靖乙丑年」，在這一年下曰：「春、龍溪之留都，大會於新泉之爲仁堂，有留都會記。耿定理送至新安江舟中，有新安福田山房六邑會籍」，頁195。

張浮峰》）

緒山能體悟龍溪四無之本體，自信本心，而龍溪能在事上磨鍊本體，前者是「即工夫便是本體」，後者是「即本體便是工夫」。雖然在天泉證道上兩人爭論不已，然在此時，兩人遵照師說，互相取益，歧異逐漸消失。

龍溪、緒山兩人因「所志雖同，資性稍異，各有所得力處，亦各有受病處」（《王畿集‧刑部陝西司員外郎特詔進階朝列大夫致仕緒山錢君行狀》）。兩人因才性不同，而所得相異，一主四無，一主四有，有所得力處，亦有所不足之處，此不足處陽明已指出，並要兩人互相取益。由以上的討論可知，龍溪、緒山在「天泉證道」後，謹遵師說，龍溪注重工夫的修持，緒山注重本體的體悟，各自補充所不足的地方，而能逐漸符合陽明衡定之旨。〔註14〕

〔註14〕龍溪、緒山雖然在後來各補所缺，然而並不能解消兩人因性之不同所產生爲學進路之差異，一從本體進入，一從工夫進入，一教人重本體，一教人重工夫，仍有差異，亦可由兩人爲學路向之不同，以見王學之分化。詳細討論將在第六章。

第三章　無善無惡之辯

　　四句教的第二次辯論，發生在明神宗萬曆二十年（1592）左右，距離四句教的首次辯論「天泉證道」已有六十五年，而首次辯論的參與者也已謝世。第二次論辯的地點在南都金陵（今江蘇南京），在一次講學之會上，周汝登以「無善無惡」為講題，而引起許孚遠的質疑，在《東越證學錄‧會語‧南都會語》記載

　　　　南都舊有講學之會，萬曆二十年前後，名公畢集，會講尤盛。一日
　　　　拈舉天泉証道一篇，相與闡發，而座上許敬菴公未之深肯。明日，
　　　　公出九條，自命曰「九諦」，以示會中，先生為「九解」復之。天泉
　　　　宗旨益明。

這是周汝登的記錄。由此，我們可以知道這次論辯發生的緣由，以及雙方的觀點。在金陵的這次講會中，周汝登、楊起元（1547～1599）與許孚遠為主盟者。[註1] 周汝登為王畿門人，楊起元為羅汝芳門人，屬於王門的學者，而許孚遠是唐樞（1497～1574）的學生，是湛若水的再傳弟子。在這次講會中，周汝登講論天泉證道的「無善無惡」之說，引起許孚遠的反對，所以許孚遠作〈九諦〉，非難無善無惡，而周汝登再根據〈九諦〉，作〈九解〉，申明無善無惡的看法。

　　這次的論辯與第一次「天泉證道」最大的不同在於「天泉證道」的論辯者王畿、錢德洪俱是王門弟子，所以天泉證道之辯是王門弟子本身對四句教

　　　〔註 1〕見《明儒學案‧甘泉學案五‧侍郎許敬菴先生孚遠》所載「南都講會」之事，
　　　　　　　頁 976。

理解的爭議。而「南都講會」之辯是王門弟子周汝登與非王門學者許孚遠菴之間對四句教的辯論。因此由王門弟子周汝登對四句教的看法，可以看出王門弟子在關於四句教的問題上有何進展，以及關注的焦點。而由非王門學者許孚遠對四句教的評論中，可以看出一般學者對四句教的看法與王門本身的理解、定位是否相同，所以這次論辯的意義自是不同於「天泉證道」。

這次的辯論，除上面所引的《東越證學錄》外，《明儒學案》以及《明史‧儒林傳》俱有記載。而兩人論辯的主要觀點：〈九諦〉、〈九解〉則記錄在《東越證學錄‧會語‧南都會語》及《明儒學案‧泰州學案五‧尚寶周海門先生汝登》中。因此筆者以上述資料所記載的〈九諦〉、〈九解〉為主，並參考二人其他著作，先論許孚遠的「九諦」，再論周汝登的「九解」，由此看出二人爭論的焦點，以釐清二人對四句教的看法。

第一節　許敬菴之「九諦」

許孚遠，字孟仲，別號敬菴，浙之德清（今浙江德清）人。生於明世宗嘉靖十四年，卒於神宗萬曆三十二年（1535～1604），年七十。從學於唐樞，唐樞曾師事湛若水，敬菴為甘泉之再傳弟子，所以《明儒學案》將其列入「甘泉學派」。從敬菴而學者，有馮從吾、劉宗周及丁元薦等，皆為當世名儒。〔註2〕其著作有《大學述》、《大學述答問》及《敬和堂集》等。

在「南都講會」上，周海門順著「天泉證道」講論「無善無惡」之說，敬菴持反對意見，而作〈九諦〉，批評無善無惡的說法。以下即從三個層面來論述敬菴反對的理由，以及他所主張的看法。

一、本體論

在本體論上，敬菴是主張性善的，並以此來反對無善無惡之說，在〈諦三〉中，他說：

> 人心如太虛，元無一物可著而實有，所以為天下之大本者在。故聖
> 人名之曰中、曰極、曰善、曰誠，以至曰仁、曰義、曰禮、曰智、

〔註2〕《明史‧列傳第一百七十一‧儒林二‧許孚遠傳》云：「從孚遠遊者，馮從吾、劉宗周、丁元薦，皆為名儒。」清‧張廷玉，《正史全文標校讀本明史》（臺北：鼎文書局，1979），頁7286。

日信，皆此物也。善也者，中正純粹而無疵之名，不雜氣質，不落
知見，所謂人心之同然者也，故聖賢欲其止之。而今曰無善，則將
以何者爲天下之大本？其爲物不貳，則其生物不測，天地且不能無
主，而況於人乎？（《東越證學錄・會語・南都會語》）

敬菴以爲人心本體如同太虛，太虛中無一物可著，而此中有所謂的「天下之
大本者」存在，即是至善。聖人說中、說極、說善、說誠、說仁、說義、說
禮、說智、說信，皆是指涉這天下之大本的至善本體。心性本體如同太虛，
是不雜於氣質，不落於知見的，是中正純粹而無染的至善，是人人所同的，
所以《大學》以「止於至善」爲究竟。他以善爲天下之大本，而批評無善無
惡的說法是失卻天下之本，天下有本、有主，則天道爲物，純一而不貳，化
生萬物，能神妙而不可測。如果失卻天下之大本，天道無主，將如何創生萬
物而不測，相同的，人無主，又以何者爲歸宿？他在本體論上，認爲本體實
有而賦與至善的意義。

另外，他又以天地間的普遍現象，來論證本體至善：

諦二云：宇宙之內，中正者爲善，偏頗者爲惡，如冰炭黑白，非可
以私意增損其間。故天地有貞觀，日月有貞明，星辰有常度，嶽峙
川流有常體，人有眞心，物有正理，家有孝子，國有忠臣。反是者，
爲悖逆，爲妖怪，爲不祥。故聖人教人以爲善而去惡，其治天下也，
必賞善而罰惡。天之道亦福善而禍淫，積善之家，必有餘慶，積不
善之家，必有餘殃，自古及今，未有能違者也。而今曰無善無惡，
則人將安所趨舍與？（同上）

他以天地間中正者爲善，偏頗者爲惡來說明善與惡有如「冰炭黑白」之分明，
不能互相混雜，而善是絕對的，不能有所增損。他舉天地間的事物，如天地
之有貞觀，日月之有貞明，星辰之有常度，山嶽川流之有常體等自然現象的
運行，皆有其法則，有其常規，皆體現著天道至善的意義。而對人來說，人
有眞心，家有孝子，國有忠臣，皆是善的表現，所以說至善是絕對存在的。
因此他接著說明天道皆是捨惡而就善的，如聖人教人爲善去惡，以賞善罰惡
治理天下，而天道的降禍臨福亦以人行爲之善惡爲準則，所以「積善之家，
必有餘慶；積不善之家，必有餘殃」。〔註3〕爲善去惡、賞善罰惡使人的行爲

〔註3〕見《周易・坤卦・文言》，《周易正義》（臺北：藝文印書館，1997，《十三經
　　　注疏》本），頁20。

有所歸向，有所標準。反之，如果無善無惡，那麼人們就沒有可循的路向，可依之行事的標準了，他以此來反對無善無惡之說。

敬菴以天地之道體現善的趨向來反對無善無惡，並引經據典說明性善說於經典是有所本的，反之，無善無惡則於經典無所據：

> 諦一云：易言元者，善之長也。又言繼之者善，成之者性。書言德無常師，主善爲師。大學首提三綱，而歸於止至善。夫子告哀公以不明乎善，不誠乎身。顏子得一善，則拳拳服膺而弗失。孟子七篇，大旨道性善而已。性無善無不善，則告子之說，孟子深闢之。聖學源流，歷歷可考而知也。今皆捨置不論，而一以無善無惡爲宗，則經傳皆非歟！（同上）

他舉出《易經》：「元者善之長也」、「繼之者善也，成之者性也」，〔註4〕《尙書》：「德無常師，以善爲師。」〔註5〕《大學》提三綱領而歸於「至善」，〔註6〕《中庸》言：「不明乎善，不誠乎身。」〔註7〕及顏回得一「善」而拳拳服膺，〔註8〕《孟子》七篇旨在道「性善」，以闢告子性無善無不善之說。〔註9〕引出這些經典，無非是說心性本體是至善的，是歷來聖賢所主張的，而海門主張無善無惡爲心性本體，則於經典無據，與經傳所言不同，以反對「無善無惡心之體」之說。在此，敬菴亦有將無善無惡之說比作告子性無善無不善論的意思。

關於性善的主張，敬菴在與孟我疆（1525～1589）的一封信中說到：

〔註4〕 「元者善之長也」出自《周易‧乾卦‧文言》，頁12。「繼之者善也，成之者性也」出自《周易‧繫辭上》，頁148。

〔註5〕 《尚書‧咸有一德》曰：「德無常師，主善爲師；善無常主，協于克一。」《尚書正義》（臺北：藝文印書館，1997，《十三經注疏》本），頁121。

〔註6〕 《禮記‧大學第四十二》云：「大學之道，在明明德，在親民，在止於至善。」《禮記正義》（臺北：藝文印書館，1997，《十三經注疏》本），頁983。

〔註7〕 《禮記‧中庸第三十一》云：「誠身有道，不明乎善，不誠乎身矣。」頁894。

〔註8〕 《禮記‧中庸第三十一》云：「子曰：『回之爲人也，擇乎中庸，得一善，則拳拳服膺，而弗失之矣。』」頁881。

〔註9〕 《孟子‧告子上》言：「告子曰：『性猶湍水也，決諸東方則東流，決諸西方則西流。人性之無分於善不善也，猶水之無分於東西也。』孟子曰：『水信無分於東西，無分於上下乎？人性之善也，猶水之就下也，人無有不善，水無有不下。今夫水搏而躍之，可使過顙，激而行之，可使在山，是豈水之性哉！其勢則然也。人之可使爲不善，其性亦猶是也。』」《孟子注疏》（臺北：藝文印書館，1997，《十三經注疏》本），頁192。

> 天命之性，渾然至善，無聲臭可尋，無方體可執，善且不可得而名
> 狀，而況於不善乎哉！中庸所謂戒慎不睹，恐懼不聞，亦只在性體
> 上覺照存養而已。但人心道心，元不相雜，善與不善，禮與非禮，
> 其間不能以髮。故閑邪一著，乃是聖學喫緊所在，學者苟知得善處
> 親切，方知得不善處分明。譬諸人有至寶于此愛而藏之，所以防其
> 損害者，自將無所不至。又譬諸種植嘉禾，無所容其助長之力，唯
> 有時加耘耔，不爲莠稗所傷而已。(《敬和堂集‧書‧答孟我疆符卿》)

天命之性是渾然至善的，它無聲無臭、無方無體，因此是無善惡對待的，惡
本無，亦不可以善來言說限定它。由這段話，敬菴似乎說心性本體是無善無
惡的，如此一來，就與海門的無善無惡說沒有什麼不同了。然而敬菴的本意
不在此。他認爲《中庸》的「戒慎不睹，恐懼不聞」，〔註10〕是在性體上覺照
存養，而因人心與道心、善與惡、禮與非禮是不相雜的，如冰炭水火，不能
增損其間，所以一著閑邪，就要存養省察，這是下手的工夫處，學者保護此
善，正如有人將寶物盡力保存不使它受損害，正如種植稻米，不揠苗助長，
只是防止雜草傷害苗種而已。而爲善去惡亦是如此，保護存養善體，克治閑
邪之惡，以使善體不爲閑邪之惡所蔽。因此他要人認得善處親切，就能分明
不善之處，而克倒惡。在此敬菴仍強調性善的主張，而不強調天命之性的「善
不得而名狀」的性質。即使性體是善不得名狀，亦非無善無惡，而是至善的。
在〈諦七〉中，他說：

> 書曰：「有其善，喪厥善。」言善不可矜而有也。先儒亦曰：「有意
> 爲善，雖善亦粗。」言善不可有意而爲也。以善自足則不弘，而天
> 下之善，種種固在。有意爲善則不純，而吉（按疑爲「古」字）人
> 爲善，常惟日不足。古人立言，各有攸當，豈得以此病彼，而概目
> 之曰無善？然則善果無可爲，爲善亦可已乎？賢者之疑過矣。(《東
> 越證學錄‧會語‧南都會語》)

敬菴雖然了解到有意爲善之非，然而他還是強調性善，與爲善的重要。《尚書》
曰：「有其善，喪厥善」，〔註11〕是說不能有意爲善，如果有意爲善，說性善
亦是粗。雖然不能有意爲善，然而天下種種之善，確實存在，像忠臣孝子之

〔註10〕《禮記‧中庸第三十一》言：「是故君子戒慎乎其所不睹，恐懼乎其所不聞，
　　　　莫見乎隱，莫顯乎微，故君子慎其獨也。」頁879。
〔註11〕《尚書‧說命中》曰：「有其善，喪厥善；矜其能，喪厥功。」頁141。

忠、孝皆是善，故有種種善可爲，所以說「吉人爲善，常惟日不足」，不能因有意爲善爲不純粹，而說不爲善，相反的，爲善是必要的。因此他說古人立言各有攸當，不能以此病彼，而曰無善，或說無善可爲。他以天下存在種種善，來反對無善之說，並強調爲善的重要性。

敬菴主張性善，因此他非常強調《大學》的「止於至善」的「知止」之學：

> 余竊謂止之一言，發於虞廷，闡於大易，稱於文王，其道至微。而止於至善四字，則孔子立教，蓋以包括殆盡，是爲聖學不二法門。是故由吾身而推之家國天下，一有遺漏，非其全體，由天下國家而反之吾身，一有倒置，非其眞機。究本言之，無聲無臭，渾然同源；推用言之，有物有則，毫髮不爽。故格致誠正脩齊治平，皆所以止乎至善之實事，本末終始，一以貫之者也。於此參究分明，合下知得止於至善，則大學之道樞紐在我。故曰知止而後有定，喫緊乎其言之矣，夫知止乃所以脩身，而脩身必在於知止。(《敬和堂集・序・觀我堂摘稿序》)

他認爲止於至善是聖學的不二法門，他首先以物有本末來說明，由吾身推到天下國家，一有遺漏則非全體，由天下國家反到吾身，一有錯置，則非眞機，而本源是無聲無臭的性善，所以格致誠正修齊治平皆是止於至善的工夫，這是本末始終一貫之理。而且至善本我所固有，因此說大學之道樞紐在我。所以知止乃是修身之本，亦由此開出格致誠正的道德修養工夫。

敬菴強調天下之大本在至善，即使他認爲有意爲善爲粗，然而並不因此而認定心體是無善無惡的，相反的他站在心體是實有的立場主張「性善」，並認定無善無惡之說是失卻天下之本，使人無所遵循。

二、工夫論

敬菴認爲天命之性是粹然至善的，然因受物欲的蒙蔽，而使人流於惡，因此他強調爲善去惡的積累工夫，在〈諦四〉中，他說：

> 人性本善，自蔽於氣質，陷於物欲，而後有不善。然而本善者，原未嘗泯滅，故聖人多方誨迪，使反其性之初而已。袪蔽爲明，歸根爲止，心無邪爲正，意無僞爲誠，知不迷爲致，物不障爲格，此徹上徹下之語，何等明白簡易。(《東越證學錄・會語・南都會語》)

他在此將爲善去惡與《大學》的格致誠正工夫結合在一起。他認爲人性本善，受氣質、物欲的蒙蔽，而後有不善，然本體之善依然存在，所以聖人爲教，多方啓發，都在使人反回性之原初的至善狀態。去除蒙蔽爲「明善」，歸於性之原初爲「止善」，心無邪妄是「心正」，意無僞作是「意誠」，知不迷妄而爲主是「知致」，物不障蔽心性之體是「物格」。性善是徹上徹下語，何等簡易明白，格致誠正皆是明此至善之體的工夫。他在答朱用韜的一封信中，也強調工夫的重要，他說：

> 夫性無不善，而氣質之清濁、厚薄，萬有不齊。惟其不齊，則性之明蔽通塞因之。然而其初未嘗相遠也，迨於習有善惡、品類攸分。習之而善，雖愚可明，習之而惡，雖智亦塞。故聖人教人以學習爲重，知學習則能善反其本然之性。雅訓諄諄，大率如此。(《敬和堂集‧書‧答朱用韜》)

在此，他將一切惡歸之於習，而強調學習的重要。性是至善的，而氣質有清濁厚薄的不同，因氣質不齊，所以有性之明、性之蔽的不同，而性原是人人相同的，皆是至善。雖有氣質之分，然由習可以導之爲善或導之爲惡，因此聖人教人以學習爲重。學善之習即是爲善之工夫，由後天的努力，除去氣質、物欲之累，而反回性善之本然。他在〈諦六〉中說：

> 登高者不辭步履之難，涉川者必假舟檝之利，志道者必竭脩爲之力。以孔子之聖，自謂下學而上達，好古敏求，忘食忘寢，有終其身而不能已者焉。其所謂克己復禮，閑邪存誠，洗心藏密，以至於懲忿窒欲，改過遷善之訓，昭昭洋洋，不一而足也。(《東越證學錄‧會語‧南都會語》)

登高要不辭步履的艱難，涉川要假借舟楫之利，同樣的，志於道的人要藉修爲的工夫，以呈顯至善本心。他以孔子爲例，孔子好古敏求而廢寢忘食，竭力下學而求上達，終身修養而不止息，行「克己復禮」、「閑邪存誠」、「洗心藏密」、「懲忿窒欲」、「改過遷善」〔註12〕等等工夫。孔子是聖人，其修爲如

〔註12〕「克己復禮」出自《論語‧顏淵第十二》，言：「顏淵問仁。子曰：『克己復禮爲仁。一日克己復禮，天下歸仁焉。』」《論語注疏》(臺北：藝文印書館，1997，《十三經注疏》本)，頁106。「閑邪存誠」出自《周易‧乾卦‧文言》，子曰：「龍德而正中者也，庸言之信，庸行之謹，閑邪存其誠，善世而不伐，德博而化。」頁13。「洗心藏密」出自《周易‧繫辭上》，言：「聖人以此洗心，退藏於密，吉凶與民同患。」頁156。「懲忿窒欲」出自《周易‧損卦‧大象》，

此，更何況是一般人，所以他要學者竭力做道德修養。

　　敬菴強調人因物欲之累而蒙蔽至善的心性本體，所以要為善去惡，去除物累，以呈顯心性之體的至善。他並以此來批評「四無」之說：

> 而今曰心是無善無惡之心，意是無善無惡之意，知是無善無惡之知，物是無善無惡之物，則格致誠正功夫，俱無可下手處矣。豈大學之教，專為中人以下者設，而近世學者，皆上智之資，不待學而能者與？（《東越證學錄‧會語‧南都會語》）

他直接將批評的焦點指向四無：心是無善無惡之心，意是無善無惡之意，知是無善無惡之知，物是無善無惡之物，心、意、知、物一體化為無善無惡，而使《大學》的格致誠正工夫，沒有下手的地方，而且「天泉證道」明言四無是上根人的教法，四有在意有善有惡的情況下，要作格致誠正的為善去惡工夫，是中根以下人之教法，所以敬菴發出：《大學》之教，豈是為中根以下人而設的，而近世學者皆是上根之人，能不待學而呈顯心體的疑問。由此可知，敬菴以為以四無論為教法有局限性，並有輕忽工夫的傾向。

　　另外，在〈諦六〉中，他認為：

> 而今皆以為未足取法，直欲頓悟無善之宗，立躋神聖之地，豈退之所謂務勝於孔子者邪？在高明醇謹之士，著此一見，猶恐其涉於疏略而不情，而況天資魯鈍，根器淺薄者，隨聲附和，則吾不知其可也。（同上）

他在這段話之前，先講以孔子之聖尚且作「克己復禮」、「改過遷善」等等工夫。無善無惡論卻認為這些工夫不足取法，而以頓悟心體為工夫，立躋聖地，而務勝於孔子。龍溪四無之說，以悟得無善無惡心體為工夫，沒有為善去惡的道德修養。敬菴認為四無的說法，會使高明純謹之人，執著頓悟的看法，會疏略工夫而踏虛，而天資魯鈍、根器淺薄的人，隨聲附和，亦有不落實作為善去惡工夫的弊病，這是敬菴反對無善無惡之說最主要的理由。他也極力批評當代王門學者疏略工夫的弊病，在與焦竑（1540～1620）的一封信中談到：

> 昔者文成良知、心齋樂體，豈不善於指點，一時令人活潑潑地。然及門之士稱為高明穎脫者猶多走作，其故可知已。好古敏求，下學

言：「山下有澤，損。君子以懲忿窒欲。」頁95。「改過遷善」出自《論語‧述而第七》，子曰：「三人行，必有我師焉。擇其善者而從之，其不善者而改之。」頁63。

上達，孔子以之自名，而非禮勿視聽言動以語顏子，忠信傳習曾子
日省其身，此聖修準則，萬世所不能違也。近世文章日趨於巧便，
議論日入於高玄，而行履多見其疎闊，事功鮮見其巍煥，其爲關係
不小，有世道之責者，能無憂乎？（《敬和堂集‧書‧簡焦漪園丈》）

敬菴認爲陽明主張良知、心齋有「樂學歌」，〔註13〕善於指點學者，使人當下
呈顯活活潑潑的心體。然而及門之士多視孔子好古敏求的下學上達，〔註14〕
顏子的非禮勿視聽言動，〔註15〕曾子忠信傳習、日省其身〔註16〕等工夫爲支
離。相反的，這些工夫敬菴認爲是「聖修準則」，而王門弟子卻認爲支離，而
有蕩越工夫的現象。綜合以上所說，敬菴認爲王門弟子的蕩越工夫，是無善
無惡之說所引起的。

　　另外，敬菴從世道的觀點，認爲無善無惡之說有害世道，他說：

> 諦五云：古之聖賢，秉持世教，提撕人心，全這些子秉彝之良在。
> 故曰：「民之所好好之，民之所惡惡之。」「斯民也，三代之所以直
> 道而行也。」惟有此秉彝之良，不可殘滅，故雖昏愚而可喻，雖彊
> 暴而可馴，移風易俗，反薄返淳，其操柄端在於此。奈何以爲無善
> 無惡，舉所謂秉彝者而抹殺之？是說唱和流傳，恐有病於世道非細。
> （《東越證學錄‧會語‧南都會語》）

他認爲古之聖賢，秉持世教，提點人心，全靠人的「秉彝之良」，所謂「秉彝
之良」即是《詩經‧大雅‧蕩之什‧烝民》：「天生烝民，有物有則，民之秉
彝，好是懿德」之常性，在敬菴看來即是性善。而《大學》所說的「民之所
好好之，民之所惡惡之」，〔註17〕好之惡之，所依據的是「人心之同然」，亦

〔註13〕心齋〈樂學歌〉云：「人心本自樂，自將私欲縛。私欲一萌時，良知還自覺。
　　　　一覺便消除，人心依舊樂。樂是樂此學，學是學此樂。不樂不是學，不學不
　　　　是樂。樂便然後學，學便然後樂。樂是學，學是樂。嗚呼！天下之樂，何如
　　　　此學？天下之學，何如此樂？」見《明儒學案‧泰州學案一‧處士王心齋先
　　　　生艮‧心齋語錄》，頁718。

〔註14〕「好古敏求」出自《論語‧述而第七》，子曰：「我非生而知之者，好古敏以
　　　　求之者也。」頁63。「下學上達」出自《論語‧憲問第十四》，子曰：「不怨天，
　　　　不尤人，下學而上達，知我者其天乎！」頁129。

〔註15〕《論語‧顏淵第十二》云：「顏淵曰：『請問其目？』子曰：『非禮勿視，非禮
　　　　勿聽，非禮勿言，非禮勿動。』」頁106。

〔註16〕《論語‧學而第一》云：「曾子曰：『吾日三省吾身：爲人謀而不忠乎？與朋
　　　　友交而不信乎？傳不習乎？』」頁6。

〔註17〕《禮記‧大學第四十二》云：「詩云：『樂只君子，民之父母』，民之所好好之，

是敬菴所說的性善，是天賦的常性。昏愚強暴之人，可藉此馴化以移風易俗、改善世道。而倡無善無惡者，將秉彝之良一概抹殺，對世道將有害而無利。

敬菴由工夫之重要，批評四無的無工夫可作，而有蕩越工夫之弊，他所強調的工夫是：

> 別後兩得手教，以自心妙用為主，豈謂不然，第於鄙意尚有未悉。若曰特見夫汪洋浩大者之謂海，而不知由於涓涓之流積而致之，則與鄙意益遠矣。夫自心妙用即是涓涓之流，亦即是汪洋浩大之海。鄙意則謂須有鑿山濬川掘井九仞而必及泉之功，涓流浩海乃其自然不容人力也。昔人學問失之廣遠，故儒者反而約之於此心。其實要在反約，又須博學詳說而得之，非謂直信此心便可了當是事也。區區之心近益見得學之難言。（《敬和堂集‧書‧簡王東厓丈》）

王襞（1511～1587）告訴敬菴自信本心為要，而敬菴卻認為自信本心雖然重要，仍然要實落去做工夫。東厓認為涓涓細流即是汪洋大海，因此只要自信本心，心體自能妙用無窮，而不必靠積累工夫，以求達到汪洋大海。敬菴則認為自性只是涓涓細流，要成汪洋大海，要靠許多工夫的累積才得以到達，所以有博學詳說的工夫，才能反約於心，而不能只求反約於心，忽略了博學的工夫。他以此來批評王門弟子以自信本心為唯一的工夫，龍溪的四無就是這一類自信本心的說法，是他所反對的。因此他要人不要只徒口頭講論，而要實落去做工夫，以求自得於心。而他認為的下手工夫即是格物。有人問敬菴：「無善無惡者心之體，有善有惡者意之動，知善知惡是良知，為善去惡是格物，文成先生此語如何？」他的回答是：

> 大學明言在止於至善，中庸要明善，孟子道性善，似不宜以無善無惡為宗。然學者知得止於至善，卻無一善可名，有善可名便非至善。為善去惡功夫，格致誠正四字俱有之，格物乃其下手耳。試從自己身心上理會得分明，前賢言語肯綮自見。（《大學述答問》）

在此敬菴對四句教似乎不反對，只認為《大學》言止於至善，《中庸》要明善，孟子道性善，皆以善為宗旨，不應以無善無惡為宗，但他認為只要學者知道止於至善，而著實去做為善去惡的格致誠正工夫即可，具體的下手工夫則在格物。即實地從自己身心上用功體會，不論陽明言無善無惡與否，只要識得止於至善，做為善去惡的道德修養即可。他在《大學述》中亦說：

民之所惡惡之，此之謂民之父母。」頁 987。

> 人心本有善而無惡，惟感物而動，而善惡於是乎並形焉。知善知惡
> 本心之眞知，未嘗不在，惟毋自欺其本心之眞知。而惡者實惡之，
> 善者實好之，不使虛明之天爲一物所蔽累，則物格知至意誠矣。惡
> 吾所本無，故惡而去之必盡；善吾所固有，故好而爲之必力。此之
> 謂自慊，慊其有善無惡之本來也。(《大學述》)

敬菴仍一貫地認爲人心本善而無惡，與外物相接而有善惡產生，而知善知惡
的道德判斷未嘗不在，只要不欺知善知惡的良知，本心判斷是惡者而著實惡
之，判斷是善者而著實好之，而不使虛明之心受到外物的障蔽，如此即是格
物，格去物累，必能知至意誠。惡是本心所沒有，所以要盡力去之，善是本
心所固有的，要盡力好之爲之。他所說的格物，即是格去物累，爲善而去惡。
他仍然保持一貫主張性善的態度。

　　由以上論述，我們可以知道敬菴強調心性本體的至善，然因外物、氣質
的障蔽，而使人流於惡，因此要著實去做爲善去惡的工夫，返回性善的本然
狀態，這亦是聖人立教的法則。而無善無惡之說沒有工夫可下手，強調頓悟，
容易使人蕩越工夫，於世道有害，因此他反對無善無惡論。

三、四句教與致良知

　　敬菴雖然是甘泉的再傳弟子，然而他非常篤信陽明的致良知說。〔註 18〕
從〈九諦〉中，我們可以看到他雖然反對無善無惡論，卻對陽明的致良知教
非常讚揚，他說：「知止致知俱出大學，首尾血脈原自相因。致得良知徹透時，
即知是止，討得至善分明處即止是知。」(《敬和堂集・書・答胡休仲卓㩁成》)
他認爲致得良知透徹即是知止，而識得至善處分明，亦是知止，所以致良知
即是他所提倡的「知止之學」。另外，當有人懷疑致良知說時，他認爲：

> 學者喫緊處只要討尋得良知頭腦分明，明爲善，蔽則爲惡，一迷悟
> 之間而已。念念覺悟，不染塵根，不滯有我，則良知出頭是謂至善，
> 立此之謂立大，學此之謂下學。……苟吾良知而明，自無私心可以
> 藏蓄之理，自無影響之說，可以假借混亂之理。但今之世未有實致
> 其良知者也，此理本來固是完具，卻爲習心習氣蒙牿之甚，學者未
> 易分明。今日既有此志，會須有千磨百鍊之功始得。然吾志苟立，
> 即千古之學當自我而明，又不必汲汲於世人之病也，求人者重，而

自任者輕，此亦私意，不可不察也。（《敬和堂集・書・簡張陽和年兄》）

他認為學者喫緊處只要認得良知分明，良知本來具在人心，明為善，蔽為惡，而念念覺悟，不染塵埃，不滯有我，使良知自然呈顯即是至善，如果良知呈顯，就無私心可以包藏影響。而今世之人未致得良知，是被習心習氣所隱蔽，而需要千磨百鍊的致良知工夫。他的說法，宛如王門弟子，他所說的致良知也與陽明相同。在前面我們說過敬菴極力批評王門弟子蕩越工夫之弊，然而他並不把罪過指向陽明，對於陽明，反而多有迴護，他說：

先生當時原有悟處，洞徹性靈，因拈此三字口訣，欲使人人反求而得其本心，一破支離汙漫之習，此有功于後學不小。但知體在人亦甚圓活，大學說箇知止，而致知兩字卻頓在誠意與格物之間，便似一毫走作不得。單提一箇良知，學者依傍靈明知覺，遂多淪於空虛疎略之病，所以立言之妙不如聖門。然文成語錄原謂格物者致知之實，又謂大學之要誠意而已矣，真能格去物累，以致此良知，而一歸之誠意，豈有後來學者流弊耶？（《大學述答問》）

陽明徹悟性體，以致良知為為學宗旨，使人反求本心，而破格物窮理的支離之弊，大有功於後學。《大學》說知止，而致知工夫是在誠意與格物之間，不得忽略其中一項。陽明單提良知，良知本體是靈活圓妙的，使得學者只知自信良知，不做誠意、格物的工夫，而有耽虛蹈空之病，所以敬菴只說陽明之立教不如孔孟，而不將後學流弊的責任，歸於陽明身上。敬菴也知道陽明並不是要人憑空想個本體，在《傳習錄》中本有格物是致知的下手工夫，而且也說過《大學》之要在誠意。他以為如果陽明後學真能格去物累，致得良知，以誠其意，就不會有後來的弊病，因此王門後學之病不在陽明，而在於後學本身。

同樣的，在四句教問題上，敬菴認為：

王文成先生致良知宗旨，元與聖門不異。其集中有云：「性無不善，故知無不良。良知即是未發之中，即是廓然太公，寂然不動之本體，但不能不昏蔽於物欲，故須學以去其昏蔽。」又曰：「聖人之所以為聖人者，以其心之純乎天理，而無人欲之私也。學聖人者，期此心之純乎天理，而無人欲，則必去人欲而存天理。」又曰：「善念存時，即是天理。立志者，常立此善念而已。」此其立論，至為明析。「無

善無惡心之體」一語，蓋指其未發廓然寂然者而言之，而不深惟大
學止至善之本旨，亦不覺其矛盾於平日之言。至謂「有善有惡意之
動，知善知惡是良知，為善去惡是格物」，則指點下手工夫亦自平正
切實。（《東越證學錄・會語・南都會語》）

他認為陽明的致良知與孔孟之說不異，並引出《傳習錄》中的三段話，說明
陽明的「存天理，去人欲」的致良知思想非常明晰。而四句教的首句「無善
無惡心之體」，敬菴認為是指未發的寂然狀態，而如果不仔細推敲《大學》止
至善的意旨，是不會發現無善無惡與陽明平日言論有所矛盾。而後三句指點
學者下手工夫則非常平正切實。敬菴在此是將四句教分為兩部分，對後三句
是極力肯定，而對首句則認為與《大學》及陽明致良知教互有矛盾，他也試
圖疏解首句──心在寂然不動時為無善無惡，不管是否符合陽明本意，其迴
護之心是顯而易見的。

　　敬菴迴護陽明，而將批評的焦點對準四句教的首句，以及由首句引申出
心、意、知、物一體化為無善無惡的四無論上。在〈諦九〉中，他說：

龍溪王子所著天泉橋會語，以四無四有之說，判為兩種法門，當時
緒山錢子已自不服。易不云乎：「神而明之，存乎其人；默而成之，
不言而信，存乎德行。」神明默成，盡不在言語授受之際而已。顏
子之終日如愚，曾子之真積力久，此其氣象可以想見，而奈何以玄
言妙語，便謂可接上根之人？其中根以下之人，又別有一等說話，
故使之扞格而不通也。且云：「汝中所見是傳心祕藏，顏子、明道所
不敢言，今已說破，亦是天機該發泄時，豈容復祕？」嗟乎！信斯
言也，文成發孔子之所未發，而龍溪子在顏子、明道之上矣。其後
四無之說，龍溪子譚不離口，而聰明之士，亦人人能言之。然而聞
道者竟不知為誰氏！竊恐天泉會語畫蛇添足，非以尊文成，反以病
文成。吾儕未可以是為極則也。（同上）

他從兩點來批評龍溪，一是以四無、四有分判為上根之人以及中根以下之人
的教法，二是四無是傳心祕藏，顏子、明道所不敢承當。首先在第一點上，
敬菴認為龍溪所著的天泉橋會語，以四無、四有判為兩種教法，緒山已不服。
而他引用《易經》的話：「神而明之，存乎其人；默而成之，不言而信，存乎
德行」（《周易・繫辭上》），即是說道德修養不在言語授受之間。龍溪以四無
的玄言妙語，謂可接上根之人，而中根以下之人又有另一等工夫，而忽略了

顏子終日、曾子眞積力久的工夫，使得工夫別爲上、下兩種，而扞格不通。第二點龍溪說四無是傳心秘藏，顏子、明道所不敢承當，如此說來，則陽明發孔子所未發，龍溪反在顏子、明道之上了。最後敬菴認爲龍溪倡導四無之說，使高明之人皆能言說，而不知工夫的修持，所以他認爲天泉會語畫蛇添足，反而使人以天泉之語來責難陽明。由這段話，我們可以看到敬菴似乎認定天泉證道所說的上根之人、中根以下之人以及傳心秘藏等話是龍溪「所著」，而把陽明排除在外，其尊陽明、迴護陽明之心益發可見。這段話也大有「嗚呼！天泉證道，龍谿之累陽明多矣」（《明儒學案・東林學案一・端文顧涇陽先生憲成》）之嘆。因此他才會說四無「恐其非文成之正傳也」（《東越證學錄・會語・南都會語》）。

敬菴篤信陽明的致良知教，對於四句教亦推崇後三句指點工夫的親切確實，而對首句則試圖由疏解中，取得與陽明平日之說的平衡。在〈九諦〉中，我們可以看到他屢屢批評無善無惡之弊，批評的對象是提倡無善無惡之人，而不直指陽明。他直接批評龍溪的四無論是玄言妙語，無工夫可做，而有蕩越工夫的流弊，並認爲天泉證道之語，是龍溪所著，四無亦非陽明之正傳。

第二節　周海門之「九解」

周汝登，字繼元，別號海門，嵊縣（今浙江嵊縣）人。生於明世宗嘉靖二十六年，卒於毅宗崇禎二年（1547～1629），年八三。海門從兄周夢秀，聞道於王龍溪，海門因之，而知向學。其著作有《聖學宗傳》、《王門宗旨》及《東越證學錄》等。

在「南都講會」上，周海門因闡發「天泉證道」無善無惡之旨，而與許敬菴產生了辯論。海門基本上是贊成四句教的，尤其偏向龍溪的四無論。在鄒元標（1551～1624）爲《東越證學錄》所寫的〈序〉中云：

> 天泉証道初語，如花欲吐，尚含其萼。後龍谿氏稍稍拈出，聞者多
> 不開悟，周子復揚其波，……龍谿見地，非不了義者所能究竟，繼
> 元後龍谿而出者也，雙目炯炯，橫衝直撞，所至能令人膽落心驚，
> 亦能使人神怡情曠，東越之學從今益顯益光者，非繼元氏乎！

鄒元標認爲海門獨能領悟龍溪的四無宗旨，徹悟心、意、知、物一體化無的究竟境界。他也認爲海門的學術性格偏向龍溪，有當下承當、自信本心「橫

衝直撞」、「膽落心驚」的特性。海門對龍溪非常尊崇，雖然未能師事龍溪，然在從兄周夢秀的引導下，聞道於龍溪，所以龍溪可說是他的「啓蒙師」。從他的著作中，我們可以看到不少龍溪的影子，龍溪對他的影響是深遠的。因此，他能獨契天泉證道無善無惡之旨，尤其是龍溪的四無論，而在「南都講會」上倡導無善無惡之說，於是與許敬菴產生了有關四句教的論辯。以下即分三個部分來論述海門對四句教，尤其是首句「無善無惡心之體」的理解。

一、本體論

海門認爲本體是無而實有，無可形容的，他說：

> 汝見虛谷乎？呼之則響應，谷中何有？又不見橐籥乎？動之則風生，橐中何有？能生響生風，則決不斷滅。然虛而無有，則無可形容。周子言「無極而太極」，以明無而不滅也，言「太極本無極」，以明有而無物也，孟子言乍見孺子之心，只說得響與風，以上難說。
> （《東越證學錄・會語・武林會語》）

他以山谷及風箱比喻本體，山谷空無一物，呼之則有回音，風箱中亦無一物，搖動它卻能生風。本體亦如山谷、風箱，空無一物，卻能應萬事萬物，其體是虛而無有的，無可形容。濂溪所說的「無極而太極」，是說本體無而不滅，實際存在，說「太極本無極」，是指本體實有而無物。所以本體是「無極而太極」、「太極本無極」，是空無一物，故能過物而化，不滯於物，因此不能用任何名言來限定、形容它，然而本體卻又是實有，實際存在的。在〈解二〉中，他說：

> 曰中正，曰偏頗，皆自我立名，自我立見，不干宇宙事。以中正與偏頗對，是兩頭語，是增損法，不可增損者，絕名言無對待者也。天地貞觀，不可以貞觀爲天地之善，日月貞明，不可以貞明爲日月之善，星辰有常度，不可以常度爲星辰之善，嶽不以峙爲善，川不以流爲善，人有眞心，而莫不飲食者此心，飲食，豈以爲善乎？物有正理，而鳶飛魚躍者此理，飛躍豈以爲善乎？……賞善罰惡，皆是「可使由之」邊事，慶殃之說，猶禪家譚宗旨，而因果之說，實不相礙。然以此論性宗，則粗悟性宗，則趨舍二字，是學問大病，不可有也。（《東越證學錄・會語・南都會語》）

敬菴在〈諦二〉中以中正、偏頗相對來說善爲天下之大本，海門卻認爲中正、

偏頗等相對的概念是由我所給予的，不干宇宙事。中正、偏頗是「兩頭語」、「增損法」，是各執一邊的相對概念。他認為天地貞觀，不能以貞觀為天地之善，日月貞明，不能以貞明為日月之善，因為天地、日月、星辰、山川只是如其自然的呈顯出來，是自然的發用，不能「自我立名」的說是善或惡，說善或惡就是自我偏見，非其自身的自然呈顯。因此他說不可增損的，就是要破除善惡等名言相對待的意義，所以他言賞善罰惡是政治上的「民可使由之」，「福善禍淫」、「積善之家，必有餘慶，積不善之家，必有餘殃」等禪家因果之說，是因人在現實中，常泯滅本心，為惡不為善，所以聖人立教使人有所遵循，善心人士立因果之說使人為善去惡，而有所趨舍。他們的用心並無不是，然而學者論性，對性體如有所悟，便能順性體而發動流行，何來「趨舍」？如果不能悟性體，則一切趨舍便是私意。所以海門在此以自然現象是自然呈現，不能以善惡等名言擬議增損，來反對敬菴以善為天下大本之說。

本體虛無而實有，海門又以太虛來論心性本體，在〈解三〉中，他說：

> 說心如太虛，說無一物可著，說不雜氣質，不落知見，已是斯旨矣，而卒不放捨一善字，則又不虛矣，又著一物矣，又雜氣質，又落知見矣，豈不悖乎！太虛之心，無一物可著者正是天下之大本，而更曰實有所以為天下之大本者在，而命之曰中，則是中與太虛之心二也。太虛之心，與未發之中，果可二乎？如此言中，則曰極、曰善、曰誠，以至曰仁、曰義、曰禮、曰智、曰信等，皆以為更有一物，而不與太虛同體，無惑乎？無善無惡之旨不相入，以此言天地，是為物而貳，失其主矣。（同上）

心體如太虛，無一物可著，而且不雜於氣質，不落於知見，海門以為敬菴既然如此說，為何放不下一善字，而執定太虛無物而實有，有天下之大本者在，而曰中、曰極、曰善等等。海門以為，如此一來，太虛之心與中、極、善等為二，而他認為太虛之心即是未發之中，與極、善等同體。引申來說心體如同太虛，空無一物，不雜於氣質、知見，所以心體亦不能以名言擬議，說善說惡皆已陷入經驗界的對待之中，而非超越的本體。因此說中、說極、說善等等，無非是要說明心體的不可形容，才有那麼多名稱，而這些名稱又指涉同一心體，所以可以說心體是無善無惡的，並以無善無惡來總括這些說法。

由此，我們可以知道海門因心體虛無而實有，不可以名言形容，而說心體是「無善無惡」，因此所謂的無善無惡即是：

> 經傳中言善字，固多善惡對待之善，至於發心性處，善率不與惡對，
> 如中心安仁之仁，不與忍對，主靜立極之靜，不與動對。大學善上
> 加一至字，尤自可見。蕩蕩難名為至治，無得而稱為至德，他若至
> 仁禮等，皆因不可名言擬議，而以至名之。至善之善，亦猶是耳。（同
> 上）

他認為經傳中所說的善字多是善惡相對待的善，而非絕對的善，如果是心性
本體的自然呈顯，則非善惡相對的。他舉出中心安仁之仁不與忍對，主靜立
極之靜不與動對，而心體的善也不與惡對，所以凡是不能以名言稱呼的或難
以言說的，《大學》皆以一「至」字來形容「蕩蕩難名」者，如至仁、至禮等
皆因不可以名言擬議，而以「至」稱之，心體亦難以言說形容，所以用「至」
字稱呼，表示絕對之善，與經驗界善惡對待之善不同，因此心體是超越善惡
對待的至善。他亦以此來批評敬菴的意見，在〈解一〉中，他說：

> 今必以無善無惡為非然者，見謂無善，豈慮入於惡乎？不知善且無，
> 而惡更從何容？無病不須疑病。見謂無惡，豈疑少卻善乎？不知惡
> 既無，而善不必再立。頭上難以安頭。故一物難加者，本來之體，
> 而兩頭不立者。妙密之言。是為厥中，是為一貫，是為至誠，是為
> 至善，聖學如是而已。（同上）

敬菴以無善無惡為非，無善則會流於惡。海門卻認為心體本無一物，善且無，
更何況是惡，所以不會有惡的產生，故敬菴是「無病而疑病」。敬菴又以為倡
言無惡卻又不立善，海門則認為既已無惡，就不必再立善，以免「頭上安頭」。
心體是不能以善惡兩頭擬議增損的，也非善或惡所能稱呼的，所以是至善而
無善無惡的。

海門也認為無善無惡並不違背經傳的主張，當有人問他無善無惡與《大
學》「止於至善」、《中庸》「明善」之學不符時，他的回答是：

> 大學釋正心，只有所好樂憂患等，便不得其正，不專指好樂憂患等
> 之非僻者而言也。中庸首言不覩聞，而末言無聲臭，覩聞聲臭且無，
> 而更何善惡可言，以此參之，教體二乎？不二乎？（《東越證學錄‧
> 會語‧剡中會語》）

《大學》解釋正心，只說有好樂憂患則心不得其正，並沒有說好樂憂患是惡
的話，《中庸》也說不覩不聞，也說無聲無臭。好樂憂患、覩聞聲臭且無，更
何況是善惡，所以《大學》、《中庸》這些話就是無善無惡的最好註腳。另外，

他又認爲《孟子》所說的四心是無善無惡的：

> 惻隱之心，如見孺子入井時，羞惡之心，如受嘑蹴之食時，與恭敬、
> 是非等心，臨時俱不自知，不自知則亦不自有，自知自有則反成僞
> 矣，故曰無善者，乃所以爲至善也。孟子言人皆有之者，只提醒與
> 人看，又就此心而加個美名曰仁義禮智。就本人心上，其實無如是
> 念、無如是名，安得謂之有，因顯此妙用，不可謂之無，非從外得，
> 故曰我固有之也。（《東越證學錄·會語·越中會語》）

他認爲惻隱、羞惡、恭敬、是非四心，只是一遇孺子入井，受嘑蹴之食時，
自然的呈顯，是不自知，亦不自有的，一有惻隱等這樣的念頭存在於心時，
便成私意，反而不是心體的眞實流露，所以說無善，才是至善。如此說來，
海門並不是否定人有四心，就如同孟子說人皆有之，是提醒人當下承當有此
四心，而加上仁、義、禮、智之名，其實就本心上說是沒有惻隱、羞惡、恭
敬、是非等爲仁、義、禮、智的念頭，亦沒有這些名稱的，對人而言，只是
順著本心的發動，當下如實的呈顯，因此是無善無惡的，因無善無惡乃能成
其至善。

敬菴認爲心性之體爲至善，所以爲學之要在「止於至善」的「知止」上。
相同的，海門認爲心性本體是超越善惡對待的至善本體，因此他也認爲爲學
之要在「明善」——明無善無惡是謂至善。他說：

> 人性本善者，至善也，不明至善，便成蔽陷。反其性之初者，不失
> 赤子之心耳。赤子之心無惡，豈更有善耶？可無疑於大人矣。心意
> 知物，只是一箇，分別言之者，方便語耳。下手工夫，只是明善，
> 明則誠，而格致誠正之功更無別法。上中根人，皆如是學，舍是而
> 言正誠致格，頭腦一差，則正亦是邪，誠亦是僞，致亦是迷，格亦
> 是障。非明之明，其蔽難開，非止之止，其根難拔，豈大學之所以
> 教乎！（《東越證學錄·會語·南都會語》）

人性本善而至善，不明白此理，便會蒙蔽心體，所以要返回性之本然狀態。
性之本然狀態即赤子之心，而赤子之心是無惡更無善的，一切皆如本心的發
動呈顯。《大學》以正誠致格分別言心意知物之工夫，只是方便說，心意知物
只是一個，下手工夫在明善，明善是明無善無惡是謂至善的赤子之心，而格
致誠正的工夫，就在明善上，這是上根、中根以下之人皆可入手的工夫。如
果不明善只去做格致誠正工夫，亦是徒然。他以此來批評敬菴明性工夫一差，

所做的道德修養便入於僞了。所以他強調:「夫惟善不可名言擬議,未易識認,故必明善乃可誠身,若使對待之善,有何難辨,而必先明乃誠耶?」(同上)因性不可以名言擬議,故稱至善,而無善無惡而至善之心性本體是不容易察覺的,所以要「明善」,才能誠其身。明善所明的不是經驗界對待意義的善,對待意義的善並不難辨,難辨的是絕對意義的善。此善如何「明」,他強調在「悟」:

> 但今日論辨之意,非謂躬行可略,只欲於躬行處識箇旨歸,不徒爲不著不察之行習而已。如前云理會二字,斷不可少也,妙理誠非言解所及,而古人學問思辨之功,正以求明其不可言解者耳,不然大學何以首提知止,中庸何以根歸明善。知也明也,即所謂悟也,非必禪門始有也。深造自得,一旦豁然之境,固不可以商量而入,亦豈可以盲修而致耶?謂顏子竭才而後見卓爾,曾子眞積而後唯一貫,學顏曾者竭才而已矣,忠恕而已矣,誠然誠然。但所謂竭才忠恕,亦未可易語也,顏子仰鑽瞻忽之後,方說得個竭才,曾子既唯一貫之後,方認得個忠恕,不然所竭何才,忠恕何物耶?朝聞夕可,一日克復,天下歸仁,此等地位,中道而立,若執以爲不易,而一經拈舉,便道妄圖襲取,則是聖人言皆虛設,徒令好聽而已,恐不如是也。下學如飲食,上達如知味,味固不離飲食,而飲食則必知味。執原憲之學,亦稱是下學也,而上達終自昧,則聖人之所謂不知也已。(同上)

海門也強調躬行,並不認爲主張無善無惡就可以取消工夫,只是他強調躬行要有「旨歸」,不然任憑做了多少工夫,頭腦一差,旨歸一錯,這些工夫都是枉然的。他所說的「旨歸」即是《大學》的「知止」、《中庸》的「明善」,明善、知止之善即前面所說的無善無惡是爲至善。如何明?如何知?由悟而明,由悟而知,深造自得,一旦豁然,即「明」了、「知」了,以後下手的工夫皆有頭腦而非盲修。他認爲顏回、曾子竭力做工夫前,已先識得躬行之「旨歸」了。顏回在「仰鑽瞻忽」〔註19〕後,才竭力做工夫,曾子「聞一貫」〔註20〕

〔註19〕 《論語・子罕第九》云:「顏淵喟然歎曰:『仰之彌高,鑽之彌堅;瞻之在前,忽焉在後。夫子循循然善誘人,博我以文,約我以禮,欲罷不能。』」頁79。
〔註20〕 《論語・里仁第四》云:「子曰:『參乎!吾道一以貫之。』曾子曰:『唯。』子出,門人問曰:『何謂也?』曾子曰:『夫子之道,忠恕而已矣。』」頁37。

之後，才說個忠恕工夫。所以明善是一切工夫的基礎。

　　海門所謂的無善無惡是指心體如同太虛，不著一物，不落氣質、知見，因此不能以經驗界任何相對待的言語來形容、指涉它，所以是無善無惡的。心體雖無卻是實有，即是至善。因此「無善無惡心之體」，即心體是超越經驗界善惡對待之至善。

二、工夫論

　　海門認為心體如同太虛，空無一物，而應萬事萬物，非經驗界相對待之善惡所能擬議形容的，因此是無善無惡的，這是從木體方面來說心體的無善無惡義。而在工夫論方面，無善無惡的意義是：

> 有善喪善，與有意為善，雖善亦私之言，正可証無善之旨。堯舜事業，一點浮雲過太虛，謂實有種種善在天下，不可也。吉人為善，為此不有之善，無意之善而已矣。（《東越證學錄‧會語‧南都會語》）

《尚書》所說的有善喪善，是不可執善為有，行善而無意為善，一切只如心體的呈顯發動，如果執著於善，即是私意，不執著善正是無善無惡之義。依此他認為堯舜不執善為有，如同浮雲過太虛，一過而化，不滯於太虛，堯舜只是如心之呈顯而行，心中並無為善之意，而能成就許多事業。海門說「種種善在天下，不可也」，意指不執意為善，若執意為善，此善亦非善，並非忽略堯舜事業或種種善在天下的事實。因此他所強調的就是為善工夫的「無執無著」。他又言道：

> 無善可為，為善則非善矣。孟子言乍見孺子入井二句最可體驗。今人若乍見孺子入井，必然驚呼一聲，足亦便跑，跑到定然抱住，此豈待為乎？此豈知有善而行之者乎？故今有目擊時事，危論昌言者，就是這一呼；拯民之溺，八年於外者，就是這一跑；懷保小民，哀此煢獨者，就是這一抱。此非不足，彼非有餘，此不安排，彼不意必，一而已矣。（同上）

他認為「為善非善」，並舉孺子入井的例子來解釋。人一見孺子入井，必然馬上跑去抱住，並不是先知道「有善」才去做，一切只是本心的呈顯發動，心一發動，救孺子的行為即產生，並沒有摻入其他意見，如果有，即使是好的念頭也是私見，非本心的自然呈顯，因此一切為善之事必與見孺子入井後，人往而救之的行為一樣，不安排，不意必，不擬議，皆從心性之體自然呈顯

出來，不有心為善，自能成就種種善事了。因此無善即是「無執善之心」（《東越證學錄‧序‧立命文序》）。

有人懷疑既然無心為善，那麼是不是可以無心而為惡呢？海門認為「善可無心，惡必有心」，他解釋：「有無心之善，決無有無心之惡。身為體驗，當自知之。」（《東越證學錄‧會語‧剡中會語》）為善可無心，而為惡是有心，有無心之善，絕無無心之惡。這裡所說的善惡都是指經驗界相對待的善惡，因心體是無善無惡的至善本體，善且無，惡更不能有，如順心體的發動，必是至善而無善無惡，如有心為善，即落入相對待之境，非絕對的至善，故要「無心為善」。而惡是人心所本無的，為惡必是「有心」，即有私意、私心的雜染，才會產生惡，如無私意、私心的雜染，一切順心體的流行，就不會產生惡了。因此所謂有心、無心應是指私意的雜染，不論是好念頭（為善）或壞念頭（為惡）皆是私意，所以說為善必要無心，而為惡必是有心。因此為善是無心，即是無執著之心，即是：「無作好無作惡之心，是秉彝之良，是直道而行」（《東越證學錄‧會語‧南都會語》）。無有作好作惡之心，即是人所秉承天道的常性，是無善無惡的。

無善無惡在工夫上即是無執著於善而為善，即是無有作好之心，因此所謂的忠、孝等倫理道德是指：「有不孝而後有孝子之名，孝子無孝；有不忠而後有忠臣之名，忠臣無忠。若有忠有孝便非忠非孝矣。」（同上）忠於國家，孝順父母，是人順著心體自然的發動而顯現，並不是以「忠」、「孝」之名為善而行之，因此說「忠臣無忠」、「孝子無孝」，並不是說不忠不孝，而是說忠臣之心，沒有忠之名，孝子之心，沒有孝之名，不執著忠孝之名而為善，只是順應心體呈現忠國、孝親之行為而已，相反的「只要立忠立孝，便是私心」（同上），非心體的自然流行了。

無善無惡之說，最令人垢病的是在無善的情況下，有可能不為善而流於放縱，耽虛蹈空，海門認為：

> 既云無惡，而猶言放縱，放縱非惡耶？吾嘗謂無惡二字，足竭力一生，於此不實體驗，而漫然影響致疑，何時得了。所稱流弊，或不能無，然於教旨何答？因胡廣而謂中庸不可以立宗，因馮道而謂無可無不可不可以垂訓，因經生學子之或無行而謂經術之非所以敷教也得乎？是皆所謂揣其末而昧其本者也。（《東越證學錄‧會語‧剡中會語》）

他認爲此病在人而不在教，因爲光說一個「無惡」，就可使人用功一生，使行爲達到無惡而善自呈顯的狀態。人們所說的耽虛蹈空的弊病或許有，然這是因爲對無善無惡認識不清，以致行爲放蕩，是人病，而非法病，不能因爲這些人病，連帶的認爲法有病而棄法，這是因噎廢食。相反的，無善無惡強調的是無有作好、無有作惡，並非不爲善而爲惡，所以反而有益於世道，他在〈解五〉中說：

> 無作好無作惡之心，是秉彝之良，是直道而行。著善著惡便作好作惡，非直矣。喻昏愚，馴彊暴，移風俗，須以善養人。以善養人者，無善之善也。有其善者，以善服人，喻之馴之必不從，如昏愚彊暴何！如風俗何！（《東越證學錄·會語·南都會語》）

海門認爲無作好、無作惡之心，是天賦本性，所以移風易俗，教化百姓，需要以善養人，就是使人回復秉彝之良，使心體能自然呈顯，而不是以善服人，認爲人有昏愚強暴，而拿一個「善」去馴之、喻之、教之，這樣人必不服從。前者以善養人是順著無善無惡之說而來的，並非如敬菴說的有害世道，相反的，海門認爲敬菴所說的性善是以善服人，才有害於世道。他接著說：

> 蓋凡世上學問不力之人，病在有惡而閉藏，學問用力之人，患在有善而執著。閉惡者，教之爲善去惡，使有所持循，以免於過。惟彼著善之人，皆世所謂賢人君子者，不知本自無善，妄作善見，捨彼取此，拈一放一，謂誠意而意實不能誠，謂正心而心實不能正。象山先生云：「惡能害心，善亦能害心。」以其害心者而事心，則亦何由誠？何由正也？夫害於其心，則必及於政與事矣，故用之成治，效止驩虞，而以之撥亂，害有不可言者。（同上）

聖人對於有惡而閉藏、學問不立之人，只要教之爲善而去惡，使之行爲有所趨向，即能免於爲惡。而學問已立之君子賢人則執著於爲善去惡，妄作善見，而不知心體本來無善，使無善無惡絕對的至善心體，落於善惡對待之中，而不能誠意、正心，不能明無善無惡之心體，所以象山才會說：「惡能害心，善亦能害心」。著善有私意障蔽，使心體有所牽滯，無法自然呈顯發動，故以此心推於政治行事上，想要平天下，撥亂反正是不可能的。海門接著舉出歷史上的實例說明這個道理：

> 後世若黨錮之禍，雖善人不免自激其波，而新法之行，即君子亦難盡辭其責，其究至於禍國家，殃生民，而有不可勝痛者，豈是少卻

善哉？范滂之語其子曰：「我欲教汝爲惡，則惡不可爲，欲教汝爲善，
則我未嘗爲惡。」蓋至於臨刑追考，覺無下落，而天下方且恥不與
黨，效尤未休，眞學問不明，而認善字之不徹，其弊乃一至此。故
程子曰：「東漢尚名節，有雖殺身不悔者，只爲不知道。」嗟乎！使
諸人而知道，則其所造就，所康濟，當更何如？而秉世教者，可徒
任其所見而不喚醒之，將如斯世斯民何哉？（同上）

他認爲東漢的黨錮之禍、北宋的新舊黨爭，君子賢人亦難辭其咎。因爲賢人
君子著於善而欲執善以撥亂反治，嫉惡如仇，與惡形成對壘，而小人爲求自
保，亦無所不用其極，起而對抗，到頭來賢人君子終究無法化除小人之奸惡，
亦無法康濟天下，反而使君子、小人之爭愈演愈烈，所以執善反而無益於治
國平天下。相反的，如果這些君子賢人認善字徹底的話，不執善爲善，必能
康濟天下，造就功業。因此海門以爲范滂臨刑前追溯平生，覺善惡二字，沒
有下落，正是證明。他接著說：

是以文成於此，指出無善無惡之體，使之去縛解粘，歸根識止，不
以善爲善，而以無善爲善，不以去惡爲究竟，而以無惡証本來，夫
然後可言誠正實功，而收治平至效。蓋以成就君子，使盡爲皐、夔、
稷、契之佐，轉移世道，使得躋黃、虞、三代之隆，上有不動聲色
之政，而下有何帝力之風者，舍茲道其無繇也。孔子曰：「聽訟吾猶
人也，必也使無訟乎？」無訟者，無善無惡之效也。嗟乎！文成茲
旨，豈特不爲世道之病而已乎？（同上）

海門認爲陽明指出無善無惡心之體，正是去除君子賢人執善爲善的牽累。不
執善行善，無心爲善，以無惡證本來面目，使得人人回復本來無善無惡至善
的心性本體，一切直道而行，心不待正而自正，意不待誠而自誠，而天下自
平、自治。如此，就能康濟天下，而達到唐虞三代之盛了。而且人人皆明無
善無惡的至善心體，一切由心體而行，無有作好，無有作惡，又何由起訟爭，
所以海門才會說：「無訟者，無善無惡之效」。如此說來，無善無惡非但不會
有害世道，反而有移風易俗，康濟天下之效了。

　　海門反覆論述無善無惡是無心爲善，無作好無作惡之心，並不是認爲工
夫不重要，相反的，他相當強調工夫的重要性，他說：

學問不可懸空立論，須於言下就體入自身。即今說良知，就看我只
今問答是良知不是良知，說不覩不聞，就看我只今問答是覩聞是不

> 覩不聞，密密自察，方有下落。若只泛泛論去，言自言，我自我，
> 又欲等待他時體驗，則愈論愈支，如說食不飽，竟有何益。(《東越
> 證學錄‧會語‧越中會語》)

他認為學問不能憑空立論，必須要身體力行，由實際的道德實踐中去考察學
問，如說良知，就看行事問答之間是良知的發動與否，實際去體驗良知，而
不是只徒口說，言自言，我自我，對道德修養是毫無幫助的。所以他說的無
善並非不為善，不做道德修養的意思，他是要人在修養中進此一格，達到「無
心」的境地。他又言道：

> 文成何嘗不教人修為？即無惡二字，亦足竭力一生，可嫌少乎？既
> 無惡，而又無善，脩為無跡，斯真脩為也。夫以子文之忠，文子之
> 清，以至原憲克伐怨慾之不行，豈非所謂竭力脩為者？而孔子皆不
> 與其仁，則其所以敏求忘食，與夫復禮而存誠，洗心而藏密者，亦
> 自可思，故知脩為自有真也。陽明使人學孔子之真學，疏略不情之
> 疑，過矣！(《東越證學錄‧會語‧南都會語》)

無善無惡即是修為無跡，不執著於善，不執著於工夫。修為無跡，乃是真修
為，才是他所說的無善無惡之工夫義。所以他認為孔子克己復禮、洗心藏密
的工夫中，自有真學，此真學即是陽明的「無善無惡」，即是「修為無跡」，
他以此來批評敬菴說陽明以「無善無惡」來指點學者，工夫太過疏略，而忽
略實際的道德修養。

由此，我們可以知道海門所論述的無善無惡在工夫上的意義，並不是不
做道德修養的意思，而是在為善去惡的過程中，不執著於善，沒有作好作惡
之情，無心為善，一切順著心體的自然流露、發動呈顯，如果有作好作惡之
心，已是私意，而不是真正的善了。

三、四無、四有之會通

海門篤信天泉證道無善無惡之旨，推崇龍溪的四無理論，並詳加解釋無
善無惡心之體之意義。敬菴懷疑無善無惡與陽明平日的致良知學說互相矛
盾，並且懷疑四無非陽明正傳，海門則以為：

> 致良知之旨，與聖門不異，則無善惡之旨，豈與致良知異耶？不慮
> 者為良，有善則慮而不良矣。「無善無惡心之體」一語，既指未發廓
> 然寂然處言之，已發後豈有二耶？未發而廓然寂然，已發亦只是廓

然寂然。知未發已發不二，則知心意知物難以分析，而四無之說，一一皆文成之秘密。非文成之秘密，吾之秘密也，何疑之有？於此不疑，方能會通其立論宗旨，而工夫不謬。不然以人作天，認欲為理，背文成之旨良多。夫自生矛盾，以病文成之矛盾，不可也。（《東越證學錄・會語・南都會語》）

海門認為無善無惡與致良知不矛盾。陽明的良知是孟子的「不慮而知」之良知，不慮而知即是無善的意思，有心為善則入於思慮，已非本然不慮之良知，所以無善無惡即是不慮的良知。他接著辨四無是陽明正傳。他認為無善無惡心之體，不僅指未發廓然寂然的狀態，亦是指已發的狀態，未發是寂然廓然，已發亦是寂然廓然，未發即在已發之中，已發即在未發之中，兩者是一非二。心、意、知、物難以分析，良知即是心之本體，是無善無惡的，意為心之所發，自無善惡之分別，物是意之所在，亦無善與惡、正與不正的分歧，因此心、意、知、物一體化為無善無惡，四無是四句教的推進一層，所以他說這是陽明的秘密，而人同心同，亦可說是人人的秘密。接著他反過來批評敬菴的看法是「以人作天，認欲為理」，因敬菴不明無善無惡是無善惡對待之至善，而執言善，已起私意，私意即人欲而非天理，因此他認為敬菴是自生矛盾，而非陽明之矛盾。

在〈解九〉中，他繼續為龍溪四無說辯護：

人有中人以上，中人以下二等，所以語之亦殊。此兩種法門，發自孔子，非判自王子也。均一言語，而信則相接，疑則扞格，自信自疑，非有能使之者。蓋授受不在言語，亦不離言語，神明默成，正存乎其人，知所謂神而明，默而成，則知顏子之如愚，曾子之真積，自有入微之處。而云想見氣象，抑又遠矣。聞道與否，各宜責歸自己，未可疑人，兼以之疑教。至謂顏子、明道所不敢言等語，似覺過高，然要之論學話頭，未足深怪。孟子未必過於顏、閔，而公孫丑其所安，絕無遜讓，直曰：「姑舍是而學孔子。」曹交未足比於萬章輩，而孟子教以堯、舜，不言等待，直言誦言行行是堯而已。然則有志此事，一時自信得及，誠不妨立論之高，承當之大也。若夫四無之說，豈是鑿空自創？究其淵源，實千聖所相傳者。太上之無懷，易之何思何慮，舜之無為，禹之無事，文王之不識不知，孔子之無意無我無可無不可，子思之不見不動，無聲無臭，孟子之不學

> 不慮，周子之無靜無動，程子之無情無心，盡皆此旨，無有二義。
> 天泉所證，雖陽明氏且爲祖述，而況可以龍溪氏當之也耶？雖然聖
> 人立教俱是應病設方，病盡方消，初無實法，言有非眞，言無亦不
> 得已。若惟言是泥，則何言非碍，而不肖又重以言，或者更增蛇足
> 之疑，則不肖之罪也夫。（同上）

敬菴從兩種教法扞格不通，以及四無是玄言妙語來批評龍溪，海門亦順著這兩點來攻擊敬菴的說法。首先，在〈天泉證道紀〉中記載四無爲上根人之教法，四有爲中根以下人之教法，海門認爲兩種教法之說並非自龍溪開始，而自孔子早已說過：「中人以上可以語上也，中人以下不可以語上也」（《論語‧雍也》），世間本有不同根器的人，依據根器的不同予以不同的教法是必要的。而且四無接上根之人、四有接中根以下之人，並非完全扞格不通，陽明在「天泉證道」已求兩者之會通，所以信則相接而通。他認爲雖然神明默成不在言語授受之間，然而亦不離言語。神明默成正存乎其人，就在「顏子之如愚」、「曾子之眞積」，而不在氣象上，而且聞道與否，責任在於自己，不可懷疑提倡四無說的龍溪沒有聞道，亦不可因此懷疑四無論。再者，〈天泉證道紀〉中說四無是傳心秘藏，顏子、明道所不敢承當，敬菴覺得此等言論過高。然而海門認爲論學須窮究本源，學者有志於道，自信本心，直下承當，即使立論過高，亦不足怪。他認爲四無之說是龍溪當下體驗而得，其立論或許過高，但卻不妨礙理論本身的意義與價值，他以此來反對敬菴認爲龍溪之說是玄言妙語。接下來海門又舉出經典的例子，證明四無是千聖所傳之旨，非龍溪憑空創造的，他舉了：太上之「無懷」，〔註21〕《易經》之「何思何慮」，〔註22〕舜之「無爲」，〔註23〕禹之「無事」，〔註24〕文王之「不識不知」，〔註25〕孔子

〔註21〕 無懷氏是傳說中的上古帝王。《管子‧封禪》曰：「昔無懷氏封泰山。」唐‧尹知章注：「古之王者，在伏羲前。」唐‧尹知章注，清‧戴望校正，《管子校正》（臺北：世界書局，1962），頁273。宋‧羅泌著，《路史‧禪通紀‧無懷氏》云：「無懷氏，帝太昊之先。其撫世也，以道存生，以德安刑，過而不悔，當而不愉。當世之人，甘其食，樂其俗，安其居，而重其生意。恙不見於色，堅白不刑於心，而漸毒不萌於動。形有動作，心無好惡，雞犬之音相聞，而民至老死不相往來。」宋‧羅泌，《路史》（臺北：臺灣中華書局，1966，《四部備要》本）。
〔註22〕 《周易‧繫辭下》云：「子曰：『天下何思何慮？天下同歸而殊塗，一致而百慮，天下何思何慮！』」頁169。
〔註23〕 《論語‧衛靈公第十五》曰：「無爲而治者，其舜也與！夫何爲哉？恭己，正南面而已矣。」頁137。

之「無意無我」、〔註26〕「無可無不可」，〔註27〕子思之「不見不動」、〔註28〕「無聲無臭」，〔註29〕孟子之「不學不慮」，〔註30〕周濂溪之「無靜無動」，〔註31〕程明道之「無情無心」〔註32〕等，皆是論述四無之義，所以四無不但符合陽明思想，亦是千聖相傳的宗旨。最後他認為聖人立教，是因病設方，初無定法，言「有」非真，言「無」亦是不得已，因此不應該拘泥於言辭，應探究言辭背後之義理涵義，否則何言非礙。這些話無非是要敬菴默默體認以了解無善無惡背後之意義，而不要只從表面字義來推敲，亦有「止辯」之意在。

海門認為四無與四有是相通的。首先，他認為無善無惡即是要為善去惡：「且謂無善無惡，遂不必為善去惡，如孔子行無轍跡，而周流四方，豈遂已乎？惟周流四方，而後有行無轍跡之稱，惟為善去惡，而後有無善無惡之指，不然此四個字亦無可名也。合無善之體便是為善，合無惡之體便是去惡，何迥別之有？」（《東越證學錄·會語·剡中會語》）他舉孔子周流四方、行無轍跡為例，孔子在周流四方後，才有行無轍跡之稱，對應於無善無惡之論，即為善去惡之後才有無善無惡之境，無善便是為善，無惡便是去惡，所以無善無惡即是為善去惡，兩者是相同的。四無重在本體的無善無惡，四有重在工

〔註24〕 《孟子·離婁下》曰：「禹之行水也，行其所無事也。」頁152。

〔註25〕 《詩經·大雅·文王之什·皇矣》云：「帝謂文王：予懷明德，不大聲以色，不長夏以革，不識不知，順帝之則。」《毛詩正義》（臺北：藝文印書館，1997，《十三經注疏》本），頁573。

〔註26〕 《論語·子罕第九》曰：「子絕四：毋意、毋必、毋固、毋我。」頁77。

〔註27〕 《論語·微子第十八》云：「虞仲、夷逸，隱居放言，身中清，廢中權。我則異於是，無可無不可。」頁166。

〔註28〕 《禮記·中庸第三十一》曰：「君子所不可及者，其唯人之所不見乎？詩云：『相在爾室，尚不愧于屋漏。』故君子不動而敬，不言而信。」頁900。

〔註29〕 《禮記·中庸第三十一》曰：「聲色之於以化民，末也。詩曰：『德輶如毛，毛猶有倫。上天之載，無聲無臭。』至矣。」頁902。

〔註30〕 《孟子·盡心上》曰：「人之所不學而能者，其良能也；所不慮而知者，其良知也。」頁232。

〔註31〕 《周子全書·進呈本通書章句三·動靜第十六》云：「動而無靜，靜而無動，物也。動而無動，靜而無靜，神也。動而無動，靜而無靜，非不動不靜也。物則不通，神妙萬物。」宋·周敦頤，《周子全書》（臺北：廣學社印書館，1975），頁157。

〔註32〕 《二程全書·明道文集·答橫渠先生定性書》曰：「夫天地之常，以其心普萬物而無心；聖人之常，以其情順萬事而無情。故君子之學，莫若廓然而大公，物來而順應。」宋·程顥、程頤，《二程全書》（臺北：臺灣中華書局，1966，《四部備要》本）。

夫的爲善去惡，本體與工夫是合一的，正如四無、四有是會通的，海門云：

> 龍溪先師云上根人即工夫是本體（按疑爲「即本體便是工夫」），中
> 下根人須用工夫合本體。蓋功夫不離本體，本體不離工夫，此不易
> 之論也。近有妄用工夫戕賊本體者，是不知工夫不離本體，固甚害
> 道。然亦有窺見本體影響，便任情無憚，謂工夫無有，是不知本體
> 即工夫，害道尤甚。（《東越證學錄・會語・越中會語》）

龍溪〈天泉證道紀〉記載上根之人即本體便是工夫，中根以下之人用工夫合
本體，前者是四無之論：上根之人悟得無善無惡心體，心、意、知、物一體
化無，即本體便是工夫，後者是四有論：爲善去惡以復本體之無善無惡，是
用工夫以合本體。海門認爲如果只見本體而不作工夫，便是任情而無忌憚，
如果做工夫而不知本體，或戕害本體，亦非究竟，所以本體工夫是合一的，
正如無善無惡的本體與爲善去惡的工夫是相資的。因此海門會通四無的無善
無惡本體與四有的爲善去惡工夫，他在〈解一〉中說：

> 維世範俗，以爲善去惡爲隄防，而盡性知天，必無善無惡爲究竟。
> 無善無惡，即爲善去惡而無跡，而爲善去惡，悟無善無惡而始真。
> 教本相通不相悖，語可相濟難相非，此天泉證道之大較也。（《東越
> 證學錄・會語・南都會語》）

在〈解一〉，他開宗明義的會通四無、四有。維世範俗要以爲善去惡爲準則，
使人有所遵循，而盡性知天必要窮究無善無惡的究竟之旨。心體是無善無惡
而至善的，順著心體的流行發動，就能無善無惡而至善，然而在現實世界中，
人的行爲常歧出於心體之外，而流於惡，因此就要以爲善去惡的工夫爲立教
根本。而心體是無善無惡的，爲善去惡是要窮究性天，以返回無善無惡的至
善心體爲究竟。另一方面，無善無惡即是工夫上的無執無著，因此爲善去惡
要以無善無惡爲準則，即「爲善去惡而無跡」，無有作好作惡之心。因此四無、
四有是相通而不相悖的，是相濟而難相非的，即在做爲善去惡的道德修養時，
不執著於善惡，不執著於工夫，以返回無善無惡心體的究竟之境。

　　海門認爲四句教與陽明平日的致良知教法不相矛盾，四句教即是順著致
良知引申而來的。而龍溪的四無理論是陽明四句教的引申，是陽明的正傳，
是龍溪實地體驗的境界，並非憑空創造的。而且，他認爲四無、四有是相通
的，在本體工夫合一之旨下，四無的無善無惡本體，與四有的爲善去惡工夫
相通不悖，即在爲善去惡的道德修養下，臻至無善無惡之究極境界。

第三節　爭論之焦點

在「南都講會」上，敬菴與海門因對四句教首句「無善無惡心之體」的觀點不同，而引發了一場辯論。敬菴作〈九諦〉非難海門無善無惡之說，海門作〈九解〉反駁敬菴之批評，再次申明「天泉證道」無善無惡之旨。

敬菴的觀點主要集中在反駁四句教首句「無善無惡心之體」上。他認為心體是至善、純然無雜的，是聖門相傳之旨。性善論使人趨善而避惡，行為有所依據，聖人之立教亦以性善為基準，使人為善去惡，以維護世道，因此他強調為善去惡的工夫。所以他認為心體無善無惡之說，不但不是孔孟之旨，而且使人行為沒有標準，沒有依據，並且疏於為善去惡的工夫。無善無惡不但使人不為善，反而使人流於惡，有害於世道。雖然他明瞭無心為善之意，然而他站在世道的立場，力持性善之說，反駁無善無惡論。

海門反駁敬菴的性善論，認為心體是空無一物的，不可以任何名言擬議，是無善無惡的，而且心體是實有的超越本體，是至善的。另一方面無善無惡即是無有作好、作惡之心，即無心為善，因此無善無惡即工夫上的不執著，以使至善本體呈顯。他認為性善之說執著於善而為善，已入於私意，不僅不能平治天下，反而有害世道，因此他力持無善無惡說。

在四句教與致良知上，敬菴以為無善無惡心之體與陽明致良知教相矛盾，他並試圖疏解無善無惡心之體：心體處在寂然不動的狀態下才是無善無惡的，為四句教首句在陽明義理思想中尋求一平衡點。他批評的對象，不在陽明，而是提出四無論、引起晚明蹈空學風的龍溪身上，他並將四句教——天泉證道之語，推給龍溪，而認四無非陽明正傳，由此可見他迴護陽明的心情。相反的，海門認為四句教與致良知不矛盾，四無論亦是從四句教衍申而來的，而且王學末流之弊，是人病而非法病，不能將責任推給龍溪。

我們可以發現，敬菴主張心體是至善的，海門主張無善無惡之說，兩人爭論的焦點即在心體的善惡屬性上。蔡仁厚以為敬菴是從實有層上肯定心體是至善的，海門則從工夫上的「修為無跡」而言心體是無善無惡的。〔註33〕這樣的說法對照敬菴、海門的觀點，雖大致不差，然並不全面。就敬菴而言，他是從本體「無一物可著而實有」（〈諦三〉）來論證性善之說，此「實有」即是天下之大本，即是性善。另一方面，他也能了解無心為善是無善之意，即

〔註33〕蔡仁厚著，〈王門天泉「四無」宗旨之論辯——周海門「九諦九解之辯」的疏解〉上，《鵝湖》第 1 卷第 4 期（1975 年 10 月），頁 14。

工夫上無善無惡的意義,只是他比較強調前者的至善義。就海門而言,他不僅從工夫上論證無有作好、作惡的無善無惡義,亦從本體上強調心體的無善無惡是謂至善。因此就兩人而言,本體、工夫上的層面,皆有論述,而不只是如蔡仁厚所言的敬菴從本體,海門從工夫上來論述而已。然而不論從那一層面論述,敬菴主性善,海門主無善無惡,則是不爭的事實。

其實,就敬菴與海門的觀點來說,性善與無善無惡並非冰炭水火,完全不相通。敬菴主張心體是至善的,而他也承認無意爲善之「無善」義。海門主張心體是超越善惡之對待,是不執著於善惡的,然而他也說心體是「至善」的。兩人的看法其實並不矛盾,是可以並行不悖的。無論說心體是至善的,或說心體是無善無惡的,皆是正確的,兩人「立言各有攸當,豈得以此病彼」(〈諦七〉)。然而兩人卻各執己見—敬菴主性善,海門主無善無惡—來非難對方的觀點,爭論不決。爲何兩人會持看似相反實可相通的觀點,我們可以從兩人批評對方的理論中,看出雙方持論的背後因素。

前面我們說過,敬菴亦了解無心爲善的「無善」之意,然而他仍力持性善的主張,原因在於他對工夫的堅持。性善之說,使人有所趨向——向善而避惡,落實爲善去惡的工夫,因此他批評無善無惡之說:「無善」即不爲善,「無惡」亦不去惡,使人游走於善惡兩端之間,無所趨向,亦無工夫可爲,而有蕩越工夫之弊,有害於世道,他堅守性善之說,原因即在於此。由他的批評中,我們也可以看到陽明提倡致良知教後,其後學大倡良知、無善無惡之說,直任本心,而引發的蕩越工夫之弊。雖然敬菴並沒有直接說王門蕩越工夫之弊是由無善無惡論所引起的,然而他卻認爲四句教首句,尤其是由此引申而來的四無論有無工夫可爲的蹈空傾向,因此他是在王門忽視工夫的流弊上,堅持性善的主張。

同樣的,對於王門後學的流弊,海門的體驗亦是深刻的,然而他並不放棄四句教乃至四無論的主張。他將流弊歸罪於人病,而非法病,即病在王門後學自身,而非四句教、四無論的問題。因此,他詳加解釋「無善無惡」的意義,從本體、工夫兩方面對「無善無惡心之體」作了比陽明、龍溪更明確而直接的解釋,一方面反駁敬菴的說法,爲陽明、龍溪辯護,一方面使王門後學眞實了解「無善無惡」的眞諦,而不流於蹈空耽虛之病。

因此,我們可以從「南都講會」上所發生的「無善無惡之辯」中看到:非王門學者許敬菴在王門後學普遍蕩越工夫的弊病上,反對無善無惡,而主

張性善論。而王門弟子周海門則進一步闡述四句教，尤其是四無論，使無善無惡的意義更加明確。兩人爭論的焦點也由「天泉證道」王學內部的「工夫」之爭，轉變為理學內部、不同學派間的「本體」－性善與無善無惡－之爭了。〔註34〕

〔註34〕步近智認為：「在明代理學思想史上，萬曆年間于理學內部出現了『道性善』和心體為『無善無惡』說之間的一場論辯。」見〈明萬曆年間理學內部的一場論辯〉，頁74。

第四章　無善無惡與儒佛之辯

　　四句教的第三次辯論是發生在萬曆二十六年（1598），距離四句教的首次辯論已有六十九年，與第二次辯論則只相距六年。這次辯論是發生在吳中惠泉之上（今江蘇吳縣），在一次的講學之會上，管志道主張三教合一，引起在場學者如顧憲成、高攀龍等人的反駁，進而把論辯的焦點放在四句教上。在顧憲成的《年譜》四十九歲記載：「二十六年戊戌，四十九歲。八月會南浙諸同人講學於惠泉之上，作質疑編。」（《顧端文公遺書・顧端文公年譜》）這次講會是由顧憲成發起的，他與南浙學者講學於惠泉之上，而〈質疑編〉是他這次講學的成果。《年譜》繼續說道：「公嘗言：『君子友天下之善士，況於一鄉我吳儘多君子，若能聯屬為一，相率相引，接天地之善脈於無窮，豈非大勝事哉！』此會之所繇舉也。」（同上）顧憲成發起這次講會的用心，在於聯絡吳中學者，互相切磋，以發明天地之善脈。然而在這次講會中：

> 時太倉管東溟志道以絕學自居，一貫三教而實專宗佛氏。公與之反覆辨難，積累成帙。管名其牘曰問辨，公亦名其編曰質疑，於無善無惡四字，駁之甚力。（同上）

管志道主張三教合一，以佛氏為宗，引起顧憲成、高攀龍等人的反駁，他們尤其反對管志道主張的無善無惡論。

　　這次的論辯，主張無善無惡論者為王門學者管志道，另一邊的代表為東林學者顧憲成、高攀龍。高攀龍亦反對無善無惡論，然其與管志道論辯的焦點主要放在三教合一論上。〔註1〕而顧憲成與管志道的論辯除了三教合一的問

〔註1〕見高攀龍著，《高子遺書・書・與管東溟》、〈與管東溟二〉，明・高攀龍，《高子遺書》（臺北：臺灣商務印書館，1983，《景印文淵閣四庫全書》），頁 482～484，以及管志道著，《問辯牘・答高大行景逸丈書》、〈續答景逸書〉，明・

題外，主要集中在四句教的首句「無善無惡心之體」，以及由此引申的儒佛之辨上。因此本章以顧憲成與管志道的辯論爲論述重點。

在「惠泉講會」上，顧憲成首先質疑管志道的看法，寫了一封信給管志道，即《顧端文公遺書‧證性編‧質疑上‧與管東溟書》（以下簡稱〈與管東溟書〉），管志道閱後回覆了一封信給顧憲成，即《問辨牘‧答顧選部涇陽丈暨求正牘質疑二十二欵》（以下簡稱〈答顧涇陽書〉）。後來，顧憲成的《年譜》又記載：

> 二十七年己亥，五十歲。
>
> 八月會陽羨山中，作質疑續編。
>
> 自公與東溟辨後，毘陵二、三君子皆力主公之說，見管牘中，是會復作續編。

這次「陽羨講會」，管志道並不在場。顧憲成看到管志道的《問辨牘》，又寫了一封信給他，即《顧端文公遺書‧證性編‧質疑下‧再與管東溟書》（以下簡稱〈再與管東溟書〉），時間已過了一年，爲萬曆二十七年（1599）。管志道後來又根據這封信寫了一封信給顧憲成，即《續問辨牘‧續答顧涇陽丈書并質疑續編一十八欵》（以下簡稱〈續答顧涇陽書〉）。雙方往復辯論，一方主性善說，一方主無善無惡論，爭論不已。

這次的論辯，以東林學派顧憲成，王門泰州學派管志道爲主，除上面所引的《顧端文公年譜》外，《高子遺書‧附錄‧行狀》以及孫奇逢的《理學宗傳》、黃宗羲的《明儒學案》俱有記載。雙方往復辯論的成果即上述的四封信，分別收錄於顧憲成的《顧端文公遺書》以及管志道的《問辨牘》、《續問辨牘》中。因此筆者以上述資料爲主，再參考二人其他著作，先論顧憲成的「性善」論，再論管志道的「無善無惡」論，由此看出二人爭論之焦點，以釐清二人對四句教的看法。

第一節　顧涇陽之「性善」論

顧憲成，字叔時，別號涇陽，常之無錫（今江蘇無錫）人。生於明世宗

管志道，《問辨牘》（臺南：莊嚴出版社，1995，《四庫全書存目叢書》），頁 784 ～797、《續問辨牘‧續答高景逸丈書》，明‧管志道，《續問辨牘》（臺南：莊嚴出版社，1995，《四庫全書存目叢書》），頁 130～131。

嘉靖二十九年，卒於神宗萬曆四十年（1550～1612），年六三。先從張原洛讀書，後就學於薛應旂（1535 進士）。薛應旂曾學於歐陽德（1496～1554），故涇陽為陽明三傳弟子。萬曆三十二年（1604），與錢一本（1539～1610）、高攀龍等恢復東林書院，並主講席，會中多裁量人物，訾議國政，故《明儒學案》將其列入「東林學派」。其著作有《小心齋箚記》、《證性編》及《涇皋藏稿》等，後人編為《顧端文公遺書》。

在「惠泉講會」中，東溟主張三教合一論以及無善無惡論，涇陽反對，並與東溟反復論辯，力主「性善」論。《小心齋箚記》卷十八言：「語本體只是性善二字，語工夫只是小心二字。」〔註2〕可見其學說重心在「性善」論，而《明儒學案》也說：

> 先生深慮近世學者，樂趨便易，冒認自然，……而于陽明無善無惡
> 一語，辨難不遺餘力，以為壞天下教法，自斯言始。（《明儒學案‧
> 東林學案一‧端文顧涇陽先生憲成》）

當時的學者標榜自然，工夫趨向簡易，主張當下悟得本心。涇陽對於這樣的學風非常憂心，並認為這樣的情況是由無善無惡論所引起的，因此他的學說大旨在於重提孟子性善說，以闢無善無惡論。

通觀涇陽的著作，亦是以反駁「無善無惡」論，立「性善」說為中心。他五十一歲時，作《證性編》，〔註3〕即專為此而作。《證性編》的首卷為〈存經〉，即涇陽抄錄經典中有關性善的言論，以明性善說是聖學一貫的脈胳，為他所主張的性善論尋找古籍的根據。次為〈原異〉，抄錄告子、老莊、佛氏論性之說，以看出其與性善論之不同，以明無善無惡論為異端思想。又次為〈質疑〉，分上下卷，收錄涇陽與東溟論辯的兩封信。後〈徵信〉、〈或問〉則散佚或散見於箚記、商語中。最後是〈罪言〉，則力闢無善無惡論，其他的著作亦是圍繞在這一問題上。而且涇陽後來與高景逸、錢啟新等人復東林書院，其會約有「四要」，第一要即在「知本」，〔註4〕知「性之本」在於「善」，而力

〔註 2〕 明‧顧憲成，《小心齋箚記》（臺北：廣文書局，1975）。

〔註 3〕 《年譜》在「二十八年庚子五十一歲作證性編」條下解釋：「編目存經一卷、原異一卷、質疑二卷、徵信一卷、或問一卷、罪言二卷。存經者存五經四書之言以明性善所自始也，原異者原告子、釋、老、莊、列之言以明性善之所自岐也，質疑即兩年中與管東溟辨難諸牘，罪言則俱闢近時無善無惡之說。……徵信或問二卷，夫去或散見於箚記商語中，亦未能詳。」明‧顧憲成，《顧端文公遺書》（臺南：莊嚴出版社，1995，《四庫全書存目叢書》），頁 523。

〔註 4〕 涇陽在《顧端文公遺書‧東林會約》中言：「一曰知本，知本云何？本者性也，

破無善無惡論，由此亦可見涇陽等東林學者講學的重心。

　　以下即論述涇陽在與東溟的論辯中所持的觀點，以及反對無善無惡論的理由，並從中看出其性善的主張。

一、性善之本體論

　　涇陽論性，推本於太極，他說：

> 古之言性也出于一，今之言性也出于二。夫既謂之性，安得有二，當是各人認取處不同耳。出于一，純乎太極而爲言也，出于二，雜乎陰陽五行而爲言也。書曰：「惟皇上帝，降衷于下民。」詩云：「天生蒸民，有物有則。」蓋皆就陰陽五行中拈出主宰，所謂太極也。以其渾然不偏曰衷，以其確然不易曰則。試于此體味，可謂之無善無惡乎？可謂之有善有惡乎？可謂之能爲善亦能爲惡乎？（《顧端文公遺書‧東林商語卷下》）

他認爲宇宙的本體即是太極，是性之來源。《尚書‧湯誥》言「惟皇上帝，降衷于下民」，《詩經‧大雅‧蕩之什‧烝民》言「天生烝民，有物有則」，即是從陰陽五行中指出其中的主宰，曰「衷」、曰「則」，即是指太極。「衷」是純然不偏倚，「則」是明確而不改變，亦即是善的，因此太極是善的。《太極圖說》言「無極而太極」、「太極本無極」，〔註5〕他認爲無極與太極的關係是：

> 周子此語正爲闢老氏而發，緣老氏認極爲無，所以說箇無極而太極，明其非眞無也。中庸曰：「君子之道費而隱」，周子則曰：「隱而費云爾」，朱子解曰：「上天之載，無聲無臭，而實造化之樞紐，品彙之根柢也，故曰無極而太極，非太極之外復有無極也」，已自了然。乃陸象山既偏疑無極二字，近世又偏信無極二字，卻將太極二字撇下

　　　　學以盡性也。盡性必自識性始，性不識難以語盡，性不盡難以言學。」頁361
　　　　～362。

〔註5〕　濂溪《太極圖說》言：「無極而太極。太極動而生陽，動極而靜，靜而生陰，靜極復動，一動一靜，互爲其根，分陰分陽，兩儀立焉。陽變陰合，而生水火木金土，五氣順布，四時行焉，五行一陰陽也，陰陽一太極也。太極本無極也。五行之生也，各一其性，無極之眞，二五之精，妙合而凝，乾道成男，坤道成女，二氣交感，化生萬物，萬物生生而變化無窮焉，惟人也得其秀而最靈。形既生矣，神發知矣，五性感動而善惡分，萬事出矣。」《周子全書》，頁4～13。涇陽與東溟皆根據這段話，來尋求性善論以及無善無惡論在本體論上的意義。

－76－

　　何也？（《顧端文公遺書·還經錄》）

他認爲濂溪說「無極而太極」，不是說本體是「無」，不是在太極之上有一個「無極」本體。無善無惡論者，指出太極之上有個「無極」本體，是無善無惡的。他則認爲「無極而太極」，是指太極的無極狀態，是至實而又至虛的。

　　太極爲萬物本體，創生陰陽五行，太極與陰陽是「體用一源，顯微無間」的，他說：「蓋周子自無極而太極說到陰陽五行，所謂體用一原也。自陰陽五行說到太極本無極，所謂顯微無間也。若曰：『不置身陰陽五行之外，曷由返群生于無極？不寓身陰陽五行之中，曷由錫太極于群生？』是陰陽五行與無極岐，無極又與太極岐矣。」（〈再與管東溟書〉）涇陽以爲濂溪從無極而太極說到陰陽五行是「體用一源」，自陰陽五行說到太極本無極是「顯微無間」，太極與無極是同一物，而太極之體中有陰陽五行之用，陰陽五行之用中含有太極之體，是體用一源的。在此他反駁東溟將無極與太極分開，而認爲陰陽與太極是一體的。因此當東溟以善惡配陰陽，指出「言太極必于陰陽未分之始，言眞性必于善惡未分之始」時，涇陽引周敦頤的話：「太極動而生陽，靜而生陰，一動一靜，互爲其根，分陰分陽，兩儀立焉。」來反駁：「所謂分陰分陽就兩儀言也，是故就兩儀未立而曰陰陽未分可耳，就陰陽未分而曰無陰無陽可乎？誠使就陰陽未分而曰無陰無陽，彼其動而靜，靜而動者，果何物乎？而以證性之無善無惡也。」（同上）他認爲分陰分陽是就太極創立兩儀而言，在兩儀未立之前，陰陽是未分的，而在陰陽未分時，不是如東溟所說的無陰無陽，而是陰陽已存在。參照前面所說的，太極、陰陽是體用一源的，太極含有陰陽，所以兩儀未立前，陰陽只是未分，並非是無陰無陽，此時陰陽是一整體，是混沌的太極，是有善而無惡的，而非無善無惡。他又順著東溟以善惡配陰陽的觀點，來反駁無善無惡的說法，他說：

　　易之言陰陽有二，有兩相爲用，不容偏廢之陰陽，有兩相貞勝，不容竝立之陰陽，二義各有攸當。今翁之言曰：「性太極也，善惡陰陽也，謂性有善而無惡，則亦可謂太極有陽而無陰矣？」是指其不容偏廢者而言乎？是指其不容竝立者而言乎？指其不容偏廢者言，則陰陽即太極也，原自有善無惡，安得以善惡配之？指其不容竝立者而言，則陽善也，所當扶也，陰惡也，所當抑也，正欲有善無惡，安得以一有一無詰之。（〈與管東溟書〉）

東溟言性是太極，以善惡配陰陽，以此批評涇陽說性有善無惡即是太極有陽

而無陰。涇陽則認為《易經》中說「陰陽」有兩種關係，一是互補，兩相為用，不容偏廢；一是互斥，兩相貞勝，不容並立。以前者言，陰陽是互補的關係，是一整體，即是太極，太極為善，陰陽整體亦是有善無惡的。以後者言，陰陽是互斥的關係，則如東溟所言陽善而陰惡，正要扶陽滅陰，為善去惡，所以仍是有善無惡的。涇陽從對東溟的反駁中，一方面論證在體用一源的情況下，從太極到陰陽，太極為善，陰陽整體亦是善的，另一方面論證在陰陽貞勝、相用的情況下，陰陽整體亦是善的，所以是有善無惡的。

太極為萬物本源，亦是性體之源。太極為善，生陰生陽，亦是善的，所以性亦是善，他說：「性，太極也，識神，陰陽也。以識神言，委是無善無不善，委是可以為善可以為不善，委是有善有不善，謂之無定體可也。若以性言，總只是一箇善耳，謂之無定體不可也。」（《顧端文公遺書・證性編・罪言下》）性即是太極，是有定體的，是善的。說無善無惡或有善有惡，則是雜於陰陽五行的識神而言，即前面所說的太極分陰分陽之後，陽善而陰惡的狀態，不是言性。言性只有一善字，性與善是分不開的。涇陽又曰：

> 性，太極也。是太極也，在天為天，在地為地，在人為人，非有二也。是故人生而靜以上如是，感物而動以後如是，縱其陷溺牿亡亦如是。氣稟不得為之拘也，情欲不得為之蔽也。書言「帝衷」，詩言「物則」，孔子又闡出乾元、坤元之奧，孟子又拈出仁義禮智之端，上下千載，先聖後聖更相發明，總之只是道性善而已，乃說者多異辭何也？或想到人生而靜以上，見其冥冥漠漠，窈然莫窺，似乎無善無惡，便認無善無惡為性之本來面目也。或看到感物而動以後，見其紛紛紜紜，雜然莫定，似乎有善有惡，便認有善有惡為性之本來面目也。善與惡之相去遠矣，無則俱無，有則俱有，吾不知性果何物而然也。（〈再與管東溟書〉）

他認為太極在人為性，永恆不易，持中而不偏，所以是善的。性體在人出生之前的寂靜狀態是如此，在感物而動後是如此，即使有陷溺放失時亦是存在的，氣稟、情欲不得障蔽，所以《尚書》說「帝衷」、《詩經》言「物則」，孔子說乾元、坤元，孟子說四端之心，皆是說明性之「善」。此即說明性體的永恆不易性與純粹至善性。他接著論述會有其他性論的產生是因為：有些人看到出生之前的狀態是恍恍惚惚、幽幽邈邈，似乎是無善無惡，因此認無善無惡為性。又有人看到人與物交感後，紛紛紜紜，有善有惡，因此認定性是有

善有惡的。涇陽認為這是沒有認清性之本來面目，性之本來面目是：性體即使在幽邈之中，亦有天則，在紛紜勞擾之中，亦自有趨向。此天則，此趨向，即是善。

涇陽從太極論性，非常強調性體的至善，而他認為陽明說無善無惡，是因為以心為本體，所以才有如此的說法，他說：「陽明生平之所最喫緊只是良知二字，安得遺未發而言，只緣就大學提宗竝舉心意知物，自不得不以心為本體。既以心為本體，自不得不以無善無惡屬心。既以無善無惡屬心，自不得不以知善知惡屬良知。參互觀之，原是明白。」（《小心齋箚記》卷十八）涇陽以為陽明就《大學》提出四句教，並舉心意知物，而不得不以心為本體，在以心為本體的情況下，就不得不以無善無惡屬心，而以知善知惡屬良知。因此陽明是以心為本體，而定之為無善無惡。然而涇陽認為「心是活物，最難把捉，若不察其偏全純駁何如，而一切聽之，其失滋甚」（《涇皋藏稿‧與李見羅先生書》）。因此，他認為心體、性體的關係是：「心與知一而二，二而一者也。心統性情：具眾理，性也，心之體也，知則在體中為用，故以妙眾理言之。應萬事，情也，心之用也，知則在用中為體，故以宰萬物言之。」（《小心齋箚記》卷十三）他承襲朱子「心統性情」〔註6〕的說法，性為心之體，情為心之用，知則在體用之間，具眾理而宰萬物，而心則統攝性情。因此性為本體。他提出性字，是為了挽救當世直任本心所產生的流弊：

> 往歲唐仁卿過訪涇上，語次痛疾心學之說。予曰：「……世儒言心而賊心，心無罪也。願相與再商焉。」仁卿曰：「楊墨之于仁義，只在迹上摹擬，其得其失，人皆見之。而今一切託之于心，這是無形無影的，何處究詰他。以此相提而論，二者之流害，孰大孰小，相去遠矣。老莊惡言仁義，吾安得不惡言心乎？吾以救世也。」……予曰：「只提出性字作主，這心便有管束。孔子自言從心所欲不踰矩，矩即性也。看來當是時已有播弄靈明的了，所以特立箇標準。」（《小心齋箚記》卷五）

唐仁卿批評世人言心，而產生種種弊端，涇陽認為此非心之過，只要有性作

〔註6〕 朱子言：「性者，心之理，情者，心之動，才便是那情之會恁地者，情與才絕相近，但只是情是遇物而發，路陌曲折，恁地去底便是這才，便是那會如此底耳。要之千頭萬緒，皆是從心上來，又曰仁義禮智是心統性，惻隱羞惡辭讓是非是心統情。」見《朱子語類》卷第五，宋‧朱熹，《朝鮮古寫徽州本朱子語類》（京都：中文出版社，1982），頁78。

主，使心有所限制，就不會有種種弊端了，孔子說：「從心所欲不踰矩」（《論語・為政第二》），矩即是性，有性的管束，即使從心，亦不會有弊病了。涇陽以性體來限制心體，提高性體的作用，以矯正心學之弊。

　　涇陽以性體限制心體，在論述中並不嚴明心體、性體之別，常常混而言之，然講到心體、性體的善惡屬性時，則皆屬於善。無善無惡論者常將無善解釋為「不著善」，涇陽在為方學漸《心學宗》所寫的〈序〉中，則以為：

> 夫善，心體也。在貌曰恭，在言曰從，在視曰明，在耳曰聰，在思曰睿，在父子曰親，在君臣曰義，在夫婦曰別，在長幼曰序，在朋友曰信，如之何其無之也？則曰：「吾所謂無非斷滅也，不著于善云爾。」嘗試反而觀之，即心即善，原是一物，非惟無所容其著，亦何所容其不著也。且著不著，念頭上事耳，難以語心。即虞其著，去其著而可矣，善曷與焉而并去之也。（《涇皋藏稿・心學宗序》）

無善無惡論者認為無善無惡並非斷滅善根，而是「不著于善」的意思。涇陽則以為善為心體，表現在貌為恭，在言為從，在視為明，在思為睿，在五倫則為父子之親、君臣之義、夫婦之別、長幼之序、朋友之信。心與善，本是一物，不但不能說不著，而更要說著於心體。著不著只是在念頭上，不是在心體，可以不著善於心，但不能將善一併抹殺而去之。在此，他不僅將善視為心之屬性，更將善視為心體，將善提高為本體的地位。涇陽又言：

> 近世率喜言無善無惡，及就而即其旨則曰：「所謂無善非真無善也，只是不著于善耳。」予竊以為經言「無方無體」，是恐著了方體也，言「無聲無臭」是恐著了聲臭也，言「不識不知」，是恐著了識知也。何者？吾之心原自超出方體、聲臭、識知之外也，至于善即是心之本色，說甚著不著。（《小心齋箚記》卷十八）

涇陽以經典之說來反駁「無善是不著於善」的說法。《易經》言「無方無體」，〔註7〕是不著於方體，《詩經》言「無聲無臭」，〔註8〕是不著於聲臭，又言「不識不知」，〔註9〕是不著於知識，而不言「無善無惡」及不著於善惡。心體是

〔註7〕《周易・繫辭上》曰：「範圍天地之化而不過，曲成萬物而不遺，通乎晝夜之道而知，故神无方而易无體。」頁147。

〔註8〕《詩經・大雅・文王之什・文王》云：「上天之載，無聲無臭。儀刑文王，萬邦作孚。」頁537。

〔註9〕《詩經・大雅・文王之什・皇矣》云：「帝謂文王：予懷明德，不大聲以色，不長夏以革，不識不知，順帝之則。」頁573。

超越於方體、聲臭、識知的，所以可以言無方體、無聲臭、無識知。而善是心之本體，不能說著與不著。涇陽又反對以金玉瓦礫比喻不著於善：

> 金玉瓦礫之喻，驟聞之似爲有見，再檢之殊覺不倫。然而千百年來，聰明伶俐漢都被他瞞過，何也？夫善者，指吾性之所本有而名之也，惡者指吾性之所本無而名之也。金玉瓦礫就兩物較之，誠若判然，若就眼上看金玉瓦礫均之爲惡也，非善也，以其均之爲眼之所本無也，取所本無喻所本有，非其類矣。竊意借眼喻性，即如所云喜有喜時的眼，怒有怒時的眼，以此爲善惡之比，猶屬第二層事……。況今擬諸金玉瓦礫，有何干涉，然則當何如？曰：性以善爲體，猶眼以明爲體，此體萬象咸備。（《顧端文公遺書·東林商語卷下》）

金玉、瓦礫，一喻善，一喻惡，就眼而言，皆是眼所本無的，所以在善是性所本有，惡是性所本無的情況下，金玉、瓦礫皆是惡的。因此以金玉比喻性所本有的善，如同瓦礫，亦要去之，以言不著善，是不恰當的。同樣的，以眼喻性，如同說喜有喜的眼，怒有怒的眼，亦是不當的。性是以善爲本體，就如同眼以明爲體，而萬象具備。心之體即是善，無所謂著不著善的問題，而善是至實，亦是至空的，他說：

> 翁以無善無惡爲空乎？愚惟言空莫辨于中庸矣。然而始之曰：「喜怒哀樂之未發謂之中」，則是所空者喜怒哀樂也，非善也。終之曰：「上天之載，無聲無臭，至矣」，則是所空者聲臭也，非善也。夫善者，內之不落喜怒哀樂，外之不落聲臭，本至實，亦本至空也，又欲從而空之，將無架屋上之屋，疊牀下之牀邪？（同上）

《中庸》言「喜怒哀樂之未發謂之中」，[註10] 所空者在喜怒哀樂，並非善，最後又引《詩經》言「上天之載，無聲無臭」，[註11] 所空的是聲臭，而非善。善是心體所本有的，因此是「至實」，而善又不落於喜怒哀樂，又不著於聲臭，所以是「至空」的，因此涇陽才會說善至實至空。[註12] 由此，我們可以知

〔註10〕 《禮記·中庸第三十一》言：「喜怒哀樂之未發謂之中，發而皆中節謂之和。中也者，天下之大本也，和也者，天下之達道也。」頁879。

〔註11〕 《禮記·中庸第三十一》言：「聲色之於以化民，末也。詩曰：『德輶如毛，毛猶有倫，上天之載，無聲無臭。』至矣。」頁902。

〔註12〕 唐君毅言：「蓋善原爲一純粹之價值性之名。此與一切存在事物之名，初不同其類。是乃可橫貫於此一切存在事物之名之所指之中，亦初不爲此中之任一

道，涇陽以為善不僅是心之屬性，更是心之本體，善體至實而至空，善是實體而不著於方體、聲臭，善已被提高到本體的地位。

性之本體為善，涇陽認為陽明說的善惡與他所說的善惡，意義是不同的：

> 蓋以予之所謂善，乃本體之善，陽明之所謂無善之善，乃名相方隅之善也，其剖析精矣。雖然名相方隅之善，畢竟從何而來？若從性外來，即一切出于安排造作，不得謂之善。若從性中來，即一切皆吾之所固有，不得謂之無矣。中庸曰：「喜怒哀樂之未發謂之中，發而皆中節謂之和。」中，本體之善也，和，名相方隅之善也，總來只是一箇。（《顧端文公遺書‧證性編‧罪言上》）

涇陽所說的善是指本體無所對的善，而陽明所謂的無善之善，是指名相上有所對之善，陽明所無的即是此善。涇陽以為本體之善與名相方隅之善是相同的，因名相方隅之善從性中來，是人所本有，因此是相同的。就如同《中庸》說：「喜怒哀樂之未發謂之中，發而皆中節謂之和」，中是指本體之善，和是指名相方隅之善，和由中而發，因此只是一個，是相同的。他並以此說明統體之善即是散殊之善，反駁東溟以仁義禮智等散殊之善非統體之善：

> 翁謂性善之善不與惡對，即無善無惡之善與惡對矣。一指其統體而言，所謂大德敦化也，一指其散殊而言，所謂小德川流也。仁義禮智既列四名，便屬散殊，故翁亦指為有對之善。要之此只就散殊之中互相為對，如成己成物之說，則仁與智對，如人心人路之說，則仁與義對，如制事制心之說，則義與禮對，譬諸方與圓對，縱與橫對，春夏與秋冬對。不應曰仁與不仁對，義與不義對，禮與不禮對，智與不智對也。且統體之善即散殊之善也，何曾餘卻一毫，散殊之善即統體之善也，何曾欠卻一毫。今以其為散殊也，不得等于統體，因別而名之，孰為無對，孰為有對，頗已過于分析矣。然而固有說也，無庸吹疵，若以其為散殊也，遂抑而夷諸惡，謂與惡對，則凡是非可否，邪正淑慝，皆等而為一，無復區別于其間矣，流弊可勝言乎？（〈再與管東溟書〉）

名之特定指之所限者。故此中之任一名之特定所指雖空，而善自不空，而此任一之名之特定所指，固皆有其善不善之辨。即曰空一切以成虛明湛寂，虛明湛寂仍在此善之項下。此即善之所以至實。」見《中國哲學原論——原性篇》，頁 488。

東溟認爲至善之善是不與惡對，是統體之善，即大德敦化，而無善無惡之善與惡相對，是散殊之善，即小德川流，仁義禮智是散殊之善，即是有對之善，亦要去之。「統體之善」即涇陽所說的「本體之善」，「散殊之善」即是「名相方隅之善」。涇陽反對以仁義禮智爲散殊之善，等之於惡，而要去之的說法。他解釋仁義禮智之對與東溟所言的不同。仁義禮智四者，就成己成物而言，仁與智對；就人心人路而言，仁與義對；對制事制心而言，義與禮對，而不是東溟所說的仁與不仁對，義與不義對，禮與不禮對，智與不智對，即不是善與惡對，因此仁義禮智並非散殊之善，亦是不與惡相對的。而且他認爲統體之善即是散殊之善，散殊之善即是統體之善，完全相等，散殊之善毫無欠缺。他認爲東溟的說法會使是非邪正等而爲一，無所區別。所以涇陽認爲仁義禮智，非東溟所謂的散殊之善，而是本體之善，是性體所本有的，而且是與惡無對的。

　　由以上論述，我們可以知道，涇陽以太極爲性，太極是宇宙本體，並非在太極之上還有一無極本體。太極自有主宰，自有天則，是純粹至善的，因此由太極而降生的性，亦是善的。他並將善提高至本體的地位，善成爲心之本體，超越方體、聲臭，至空而至實，而反駁無善無惡論者以不著於善爲無善的觀點。

二、無善無惡與異端思想

　　宋代理學家以闢佛老爲己任，並闢告子的性無善無不善論，而力主孟子性善說。至明代，陽明亦闢佛老，只是他主張無善無惡論，在表面字義上，似等同於告子。無善無惡又將儒佛之別泯除，而無善無惡又謂至善，似可通孟子的性善論。涇陽力主性善論，因此他嚴明孟、告之別，並分辨孟子與陽明的性論，亦力闢佛家之說。以下即分二部分論述涇陽的觀點。

（一）無善無惡與告子之說

　　涇陽認爲儒家一脈相承的性論是性善說，從《詩經》、《易經》、《尚書》、《左傳》，乃至《論》、《孟》、《學》、《庸》皆是如此，無善無惡論則與儒家經典不合。〔註13〕其中，涇陽認爲最嚴重的是無善無惡論者認爲無善無惡論可

〔註13〕涇陽曾在《顧端文公遺書・證性編・罪言上》言：「書曰：『惟皇上帝，降衷于下民，若有恆性。』詩曰：『天生蒸民，有物有則。』易曰：『大哉乾元，萬物資始』、『至哉坤元，萬物資生。』春秋傳曰：『人受天地之中以生。』論語曰：『人之生也直。』中庸曰：『喜怒哀樂之未發謂之中。』世之上下千有

以通孟子性善論，他反駁這樣的說法：

> 或曰：「陽明劈頭雖說無善無惡，下文依舊說知善知惡、為善去惡，
> 安得謂與孟子異。」曰：「正緣陽明善遁，往往被其籠罩，且道陽明
> 之所謂善，果即孟子之所謂善乎？陽明嘗曰：『無善無惡是謂至善』，
> 然則知善、為善云者，即知此為此無善無惡之善，非孟子之所謂善
> 也。」（《顧端文公遺書‧還經錄》）

無善無惡論者以為陽明言無善無惡，又說知善知惡及為善去惡，與孟子性善
之旨是相同的。涇陽則認為陽明即使說「無善無惡是謂至善」，看似通孟子之
義，然陽明所說的善是無善無惡之善，而非孟子之善，參照上面所言即陽明
之善為有對之善，孟子之善為無對之善。因此他認為說陽明無善無惡論與孟
子性善論相通，不但是「誣性且誣孟子」（《小心齋箚記》卷一）。

涇陽認為陽明無善無惡論與孟子性善論不同，而等同於告子無善無不善
論，他說：

> 陽明以無善無惡為心之體，以有善有惡為意之動，將心與意分做兩
> 件看，分明是見一箇無善無不善的性在內，見一箇有善有惡的物在
> 外，卻以此議告子何故？卻又恐人窺破，不得已說：「告子只是執定
> 看了便差」，而亟賞王畿四無之說，其巧為遁如此。告子只說：「性
> 無善無不善」，其有善有不善，別是當時一種議論，非盡出于告子也。
> 陽明卻謂：「告子見一箇性在內，見一箇物在外，便于性有未透徹
> 處」，何歟？夫亦自知其無善無惡之說原從告子來，而恐人之以為告
> 子也，故為是說以別之。若曰：「吾之所謂無善無惡，非告子之所謂
> 無善無不善也歟？」雖然，吾卒未見其異也。（《顧端文公遺書‧還
> 經錄》）

涇陽以為陽明以無善無惡為心之體，有善有惡為意之動，將心與意分做兩

餘載，言人人殊，要其指歸若合符節。至戰國時異論蜂起，于是孟子特為拈
箇善字出來，一語之下令人洞見性真，可謂昭昭乎揭白日而行中天矣！乃陽
明先生超悟絕世，又標無善無惡為宗，將使學者直遡先天，就沖漠之中認取
自家本來面目，語意最奧。……于時聞者亦皆以為得未曾有，翕然信嚮，流
播至今，家誦戶述，幾盈天下。予何人，斯敢有擬議，獨其進而徵之于古昔，
不得也，退而印之于此心，不得也，間以正之于海內長者，或合或離，又不
得也。」頁443。他認為儒家經典所言雖不同，而旨歸全在於性善，孟子特將
古籍所言之性拈出「善」字出來。而無善無惡論徵之於古籍，無所憑據，以
此來否定陽明的無善無惡論。

件，即有一無善無不善的性在內，另有一有善有惡的物在外，同於告子的「仁內義外」說。陽明言無善無惡，怕人說他是告子，而批評告子執定無善無不善，於頭腦處便差，又說告子見性在內，見物在外，見性有未透徹處。這是怕人說他的無善無惡論是從告子而來的遁詞。由此可見，涇陽是認定陽明的無善無惡論，即是告子的性無善無不善論。在《顧端文公遺書・東林會約》記載：

> 或曰：「告子曰：『性無善無不善』，專欲抹下一善字。今曰：『無善無惡是謂至善』，卻乃拈上一善字。其立言之指，儻亦微有不同乎？」
> 曰：「固也惟是均一善也。在彼既看得太低，極意排擯，以矯揉造作者當之，而善之本相盡被埋沒在此。又看得太高，極意描寫，以杳冥恍惚者當之，而善之本位突被掀翻。竊恐均之不必有當于性體耳。」

有人問涇陽告子無善無不善論，要去除一善字，而陽明無善無惡是謂至善，要拈出一善字，兩者是不相同的。涇陽則認為兩者是相同的。告子看得善太低，極意排除，矯揉造作，善之本體盡被埋沒。陽明看得善太高，極意描寫，以杳冥恍惚來形容性體，則掀翻善之本體，兩者皆不當於性體。

　　涇陽除等陽明於告子，又認為告子即是佛老。有人認為：「告子以無善無惡之說凌跨性善，陽明先生無善無惡之說描寫性善，兩下語意迥爾不同。」涇陽則說：

> 嘗觀竺經所載七佛偈〔註14〕及七十二祖轉相囑付之語，總其大指不越無善無惡四字，而告子業已道破。老子言：「失道而後德，失德而後仁，失仁而後義。」而告子亦曰：「以人性為仁義，猶以杞柳為桮棬。」乃知告子之學正與二氏相表裏。（《顧端文公遺書・證性編・罪言上》）

佛經大旨為無善無惡，告子性無善無不善即是佛家之義。《老子・第三十八章》言「失道而後德，失德而後仁，失仁而後義」，而告子認為以人性為仁義，就如同以杞柳為桮棬，是戕賊人性，因此告子之說與老子相同。如此一來，涇陽認為告子之論等於佛老，所以他認為告子「將這善字打破，本體只是一箇空，將這求字打破，工夫也只是一箇空，故曰告子禪宗也」（《小心齋箚記》卷三）。涇陽等陽明於告子，又等告子於佛老，無疑是在說陽明亦是佛老。

〔註14〕七佛偈是指「諸惡莫作，諸善奉行，自淨其意，是諸佛法」。

（二）無善無惡與佛家之說

涇陽認為無善無惡即是佛氏之學，在《小心齋箚記》卷十中記載：

> 或問佛氏大意。曰：「三藏十二部五千四百八十卷，一言以蔽之曰：
> 『無善無惡』，試閱七佛偈便自可見。」曰：「永嘉證道歌謂：『棄有
> 而著無，如舍溺而投火。』恐佛氏未必以無為宗也。」曰：「此只就
> 無善無惡四字翻弄到底，非有別義也。」曰：「何也？」曰：「棄有，
> 以有為惡也；著無，以無為善也，是猶有善有惡也。無亦不著，有
> 亦不棄，則無善無惡矣。自此以往節節推去，埽之又埽，直埽得沒
> 些子賸，都是這箇意頭。故曰此只就無善無惡四字翻弄到底，非有
> 別義也。」

有人問涇陽佛家學說大旨，涇陽認為即在「無善無惡」四字，即使是「永嘉
證道歌」亦是以無為宗，亦是無善無惡之意。因「棄有」是以有為惡，「著無」
是以無為善，「棄有著無」即是有善有惡，而不著無、不棄有，則是無善無惡。
永嘉證道歌雖去除「棄有著無」，然仔細分析，仍是無善無惡之意思。因此，
一言以蔽之，佛學大旨在無善無惡。所以他認為「以性善為宗，上之則羲堯
周孔諸聖之所自出，下之則周程諸儒之所自出也。以無善無惡為宗，上之則
曇聃二氏之所自出，下之則無忌憚之中庸、無非刺之鄉原之所自出也」（《顧
端文公遺書·東林會約》）。性善是儒家一脈相承之旨，上從堯舜，下至宋明
周程諸儒，皆以性善為宗，而無善無惡則是異端之學、佛老之旨。儒釋之別
即在於此。

涇陽認為儒釋之別亦在於兩者所言之「無」或「空」是不同的，他說：

> 自釋氏以空為宗，而儒者始惡言空矣。邇時之論不然，曰：「心本空
> 也，空空孔子也，屢空顏子也，奈何舉而讓諸釋氏。」則又相率而
> 好言空。予竊以為空者名也，要其實當有辨焉。無聲無臭，吾儒之
> 所謂空也；無善無惡，釋氏之所謂空也。兩者之分，毫釐千里，混
> 而不察，概以釋氏之所謂空當吾儒之所謂空，而心學且大亂于天下，
> 非細故也。（《涇皋藏稿·心學宗序》）

無聲無臭是儒家所謂的空，無善無惡是佛家所說的空。涇陽認為兩者所言的
「空」是不同的，參照前面善是至空至實的說法，他以為儒家言空而實有，
無聲無臭是說性體不落於聲臭，而不是不落於善惡，所以是至善的。而釋氏
言空並無之，即性是無善無惡，不落於善惡，而等善於惡。而無善無惡論者

將兩者混之，等無善無惡爲無聲無臭。因此涇陽又說：

> 無聲無臭，儒宗也，無善無惡，釋宗也。如無善無惡有加于無聲無
> 臭之上也，誠宜以無善無惡爲宗矣。如其同也，又何必舍無聲無臭
> 而艷他宗乎？況乎無善無惡須借無聲無臭作註腳而後分明，無聲無
> 臭卻不待取證于無善無惡也。由此觀之，兩言亦有辨矣，吾儕宜何
> 從焉？（《小心齋箚記》卷十四）

涇陽認爲聖人以無聲無臭爲宗，而不以無善無惡爲宗。而且無善無惡論者常
藉著無聲無臭來解釋無善無惡，無聲無臭卻不待無善無惡的解釋，而意義自
明。由此可見，涇陽嚴明儒釋言空之別，並以無聲無臭掃除無善無惡。

　　涇陽力辨無善無惡與儒學之別，直指爲佛氏之說，東溟稱此爲「理障」，
涇陽則反過來批評他：

> 釋氏理障、事障之說，總只是無善無惡註腳耳。竊謂理障礙道，視
> 事障更甚，不知喚何者爲理？易言：「窮理盡性以至于命」，又不知
> 何以解也？將所謂理者，于性命之外另爲一物，而所謂道者，又于
> 理之外另爲一物手？乃翁又曰：「不生不滅之理，只在日用飲食間，
> 遺人倫以求道，非上乘之道也。」信斯言也，理即事，事即理，雖
> 欲遺之而不可得也，何自而爲障乎？又曰：「上士聞道，日用莫非天
> 機，其次多習氣之累焉，不入事障，則入理障矣。」信斯言也，本
> 之習氣之爲障也，非特與理無干，抑且與事無干也，何必并袪二者，
> 而後可以聞道乎？（〈與管東溟書〉）

他認爲事障、理障之說，即是無善無惡，佛家去理障、事障，將理、事去除，
其意同於無善無惡論者的不著善之說。他認爲東溟以理障礙道，是認理爲性命
外之物，認道是理外之物。涇陽則以爲窮理自能盡性，即能至命，因此理即性
命，理即是道。接下來他順著東溟自相矛盾的話來反駁理障、事障之說。東溟
說不生不滅之理只在日用飲食間，遺人倫以求道，非上乘。涇陽以爲日用飲食
即理，人倫即道。因此理即事，事即道，不得遺之，則無「理障」、「事障」之
說。東溟又說上士聞道，日用皆是天機，其次受習氣之累，而入於事障、理障。
涇陽以爲此是說習氣爲障，而不是以理、事爲障，所以不能說要去除理事才能
入於道。由此引申，我們可以看出涇陽認爲佛家以理爲障，以事爲障，皆要去
除理、事，而無善無惡論者以善爲障，要不著善，而將善去除，所以涇陽說理
障、事障之說即是無善無惡註腳。而且就儒者而言，不但不視理、事爲障，更

要在人倫事物上求理，因此涇陽認為儒釋之別即在「理」上。

　　涇陽反覆論述，嚴明儒釋之別，指出無善無惡為釋氏之宗，原因即在於當時許多學者以無善無惡為理論根據，認為儒、釋之學是合一的，甚至倡導儒、釋、道三教合一。〔註15〕涇陽認為從陽明開始即有這樣的觀點：

> 陽明嘗曰：「孟子說性亦是說箇大概如此。」又曰：「性無善無不善，如此說亦無大差。」故一則曰：「無善無惡心之體」，一則曰：「無善無惡是謂至善」。若曰：「吾之所謂善，非孟子之所謂善；吾之所謂無，非告子之所謂無也。」故其言曰：「儒佛老莊皆吾之用。」居然欲網羅三教，為生民以來未有之一人，其亦異矣。(《顧端文公遺書‧還經錄》)

涇陽認為陽明收各家性論，即將儒、釋、道三者糾合，倡明三教合一，此中的關鍵即在「無善無惡」。他又說：

> 無善無惡，凡為釋氏者皆能言之，陽明卻又搭箇為善去惡來說，蓋曰：「做得如此工夫，然後我之無善無惡，與釋氏之無善無惡，似同而實異。」雖儒者不得疑其墮于無耳。為善去惡，凡為儒者皆能言之，陽明卻又搭箇無善無惡來說，蓋曰：「透得如此本體，然後我之為善去惡，與世儒之為善去惡，似同而實異。」雖釋氏不得疑其滯于有耳，此是陽明最苦心處。(《顧端文公遺書‧證性編‧罪言上》)

涇陽認為陽明言無善無惡又言為善去惡，游走於儒釋二道之間。無善無惡是釋氏之宗，陽明又說為善去惡，則陽明所說的無善無惡與釋氏的名同而實異，使儒者不疑陽明墮於釋氏之空無。為善去惡是儒宗，陽明又說個無善無惡，以透得無善無惡本體為最終目的，則陽明的為善去惡又與儒家不同，使釋氏不會懷疑陽明滯於有。如此一來，陽明的無善無惡論就能通儒釋之道，消彌儒釋之別。

　　涇陽力闢無善無惡之說，指陽明為告子、為佛氏，不得與孟子相混。他嚴明性善與無善無惡之別，即在分別儒釋、王霸之分，他說：

> 夫儒釋、王霸非可區區形跡間較也。釋學遺情絕累，以清淨寂滅為

〔註15〕林國平在〈論林兆恩的三教合一思想〉一文中言：「三教合一論十分盛行，成為當時的社會思潮。……諸如與林兆恩同時代的王畿、胡直、焦竑、羅汝芳、管志道、袁黃、袁宗道、蕭雲舉、王圖、吳應賓、鄒元標、袾宏、真可、德清等等都主張三教調和、三教合一。」頁117。他所列的人物中，其中大半都是王門學者。

極則，得無善無惡之精者也，是予向所云最玄處也，究也超其性於
空矣，儒則實。霸學挾智弄術，以縱橫顛倒為妙用，得無善無惡之
機者也，是予向所云最巧處也，究也戕其性於偏矣，王則誠。是故
認性為實，性在善中，認性為空，性在善外；誠於為善，善在性中，
偽於為善，善在性外，此不可不精察而慎擇也。是故性善之說與無
善無惡之說分，即儒釋、王霸亦隨而分，從其分而辨之也易。性善
之說與無善無惡之說合，即儒釋、王霸亦隨而合，從其合而辨之也
難。（《涇皋藏稿・朱子二大辨續說》）

釋氏之學以人倫事物為累，於是去除人倫事物，以求涅槃寂靜為最終目的，
是得無善無惡之精者，即涇陽所說的玄妙處，以超越性而求空為究竟，儒者
之性則實有。霸學挾術弄智，顛倒是非善惡，是得無善無惡之機者，即涇陽
所說的巧妙處，戕害本性而偽，王道之性則誠而無偽。儒學認性體為實有、
王道誠於為善，因此皆認性為善。釋氏認性為空，霸道偽於為善，因此性是
無善無惡，所以性善與無善無惡分，儒釋王霸亦隨之而分。因此他嚴明性善
與無善無惡之別，目的即在於此。

　　總之，涇陽嚴明孟、告之分，認定陽明的無善無惡論即是告子的性無善
無不善論，與孟子的性善說是不能相合的。又嚴明儒釋之別，陽明無善無惡
論與儒家言空不同，而等同於佛家之說。許多王門學者以無善無惡為三教合
一的根據，涇陽此言，不僅認告子、陽明為佛家，且嚴明儒釋之別，打破三
教合一的理論依據。

三、無善無惡與工夫論

　　涇陽以性善為宗，以善為性之本體，而無善無惡則使人無所趨向，在善
惡之間游移，將有蕩越工夫的可能。首先，涇陽認為既然無善無惡，則如何
為善去惡，他說：

今曰：「無善無惡心之體，為善去惡正所以復其無善無惡之體。」何
也？試按而評之。既曰：「無善無惡」，當其為善去惡，善從何來？
既曰：「為善去惡」，當其無善無惡，善從何往？本有而強之無是截
鶴也，豈性可得而損歟？本無而強之有是續鳧也，豈性可得而加歟？
（〈與管東溟書〉）

無善無惡論者認為為善去惡工夫是要恢復無善無惡的心體，所以言心之體為

無善無惡。涇陽卻認爲既然無善，如何爲善？又說無惡，如何去惡？所以他
說善本有而說無是「截鶴」，惡本無而說有是「續鳧」，性體是不得加以增損
的，因此爲善去惡與無善無惡，兩者是互相矛盾的。他又反過來說如果爲善
去惡，心體就不是無善無惡了，他說：

> 心之體無善無惡，則凡所謂善與惡皆非吾之所固有矣，皆非吾之所
> 固有，則皆情識之用事矣，皆情識之用事，則皆不免爲本體之障矣，
> 將擇何者而爲之，猶未也。心之體無善無惡，則凡所謂善與惡皆非
> 吾之所得有矣，皆非吾之所得有，則皆感遇之應迹矣，皆感遇之應
> 迹，則皆不足爲本體之障矣，將擇何者而去之，猶未也。心之體無
> 善無惡，吾亦無善無惡已耳，若擇何者而爲之，便未免有善在，若
> 擇何者而去之，便未免有惡在，若有善有惡，便非所謂無善無惡矣，
> 將以何者而爲心之體？（〈再與管東溟書〉）

他先以情識、感應之跡解釋心體無善無惡則無爲善去惡工夫。心體爲無善無
惡，善惡不是吾性所有，而是情識之用，善惡爲情識之用，則爲性體之障，
善惡就在所去之列，如何說「爲善」。心體是無善無惡，善與惡是與物相感應
之後所產生的，善惡爲感應之跡，不足以障蔽本體，如何說「去惡」。因此如
果說心體無善無惡，則沒有爲善去惡的工夫。接下來他論述如果有爲善去惡
工夫，則心體非無善無惡。說爲善，則有善在，說去惡，則有惡在，則心體
爲有善有惡，並非無善無惡的。因此不論說心體爲無善無惡，必定掃去爲善
去惡工夫；說爲善去惡工夫，必定掃去無善無惡心體，無善無惡與爲善去惡
互相矛盾。

　　再者，涇陽認爲本體工夫是合一的，所以「儒者以性善爲宗，則曰爲善
去惡。釋氏以無善無惡爲宗，則曰不思善不思惡」（《顧端文公遺書‧證性編‧
罪言上》）。而陽明四句教既言心之體是無善無惡，又說有爲善去惡的工夫，
是分本體、工夫爲二。涇陽說：

> 學者學以求盡乎其心也。心本有善無惡，故聖賢之教人也，惟曰爲
> 善去惡，爲善因其有而有之也，去惡因其無而無之也。本體如是，
> 功夫如是，其致一而已矣。今以無善無惡語心，以爲善去惡語格物，
> 似已不免判而兩岐。若曰意有善有惡，即爲善去惡但從意上檢點，
> 是又所謂舍源而尋流也。……愚故曰：「惟其執上一語，雖欲不忽下
> 二語，不可得也。」（〈再與管東溟書〉）

心體有善無惡，善本有而爲之，惡本無而去之，所以聖人教人做爲善去惡工夫。而四句教以無善無惡言心，以爲善去惡言格物工夫，是兩歧工夫、本體。而且意爲有善有惡，爲善去惡工夫只在意上做，不在心體上做，是捨源而尋流。所以在工夫本體合一的情況下，無善無惡與爲善去惡互相矛盾。

　　四句教是王門的立教宗旨，並立無善無惡與爲善去惡。涇陽以爲兩者在理論上互相矛盾，他並指出王門諸子皆有重無善無惡心體，輕爲善去惡工夫的傾向，並有以無善無惡掃爲善去惡的觀點，他說：

> 往聞陽明弟子稱有超悟者，莫如王龍谿。翁謂有超悟而又有篤行者，莫如王心齋。翁，心齋之門人。嘗問爲善去惡功夫。心齋謂之曰：「見在心地有惡否？」曰：「何敢有惡。」心齋曰：「既無惡，更去何惡？」良久，乃謂之曰：「見在心地有善否？」曰：「不見有善。」心齋曰：「即此是善，更爲何善？」是心齋以無善無惡埽卻爲善去惡矣。龍谿謂錢緒山曰：「先生云：『無善無惡心之體，有善有惡意之動，知善知惡是良知，爲善去惡是格物。』恐未是究竟話頭，心、意、知、物只是一件，心既無善無惡，意、知、物亦無善無惡，若說意有善有惡，畢竟心亦未是無善無惡。」緒山曰：「若爾，即工夫亦不消說也。」是龍谿以無善無惡埽卻爲善去惡矣。（同上）

他指出心齋、龍溪皆有以無善無惡掃去爲善去惡的傾向。他先引《心齋語錄》中的言論來證明他的說法。《心齋語錄》中記載有人問心齋爲善去惡工夫，他只回答說見在之心有惡、有善嗎？人皆答無，心齋於是說既無惡更去何惡，不見有善，此心即是善，更何來爲善。所以心齋此說是以心體爲無善無惡，而言爲善去惡工夫的不必要。龍溪〈天泉證道紀〉記載四句教是權法，不是究竟定本，心、意、知、物只是一個，心爲無善無惡，則意、知、物亦爲無善無惡，如果說意有善有惡，心體則不是無善無惡的。緒山認爲如此一來，則無爲善去惡工夫。涇陽以爲此是龍溪以無善無惡心體掃卻爲善去惡工夫的證明。心齋、龍溪是王門的兩大弟子，其言如此，甚至連陽明亦有這樣的說法，涇陽接著說：

> 夫豈惟心齋、龍谿，即陽明亦曰：「四無之說爲上根人立教，四有之說爲中根以下人立教。」又謂龍谿曰：「汝中所見，我久欲發，只恐人信不及，故含蓄到今。此是傳心祕藏，顏子明道所不敢承當者。今既說破，亦是天機該泄時，豈容復祕。」又謂緒山曰：「有只是你自有，良知本體原來無有。」其于有無之際，低昂如此。是陽明且

自以無善無惡埽卻爲善去惡矣。既已埽之，猶欲留之。縱日自初學
至聖人究竟無盡，彼直見以爲是權教，非實教也，其誰肯聽。既已
拈出一箇虛寂，又恐人養成一箇虛寂。縱重重教戒，重重囑付，彼
直見以爲是爲衆人設，非爲吾輩說也，又誰肯聽。夫何故？欣上而
厭下，樂易而苦難，人情大抵然也。投之以所欣而復困之以所厭，
畀之以所樂而復攖之以所苦，必不行矣。故日：「惟其執上一語，雖
欲不忽下二語，而不可得。至于忽下二語，其上一語雖欲不弊，而
不可得也。」（同上）

他引陽明在「天泉證道」的衡定，來論證陽明以無善無惡掃除爲善去惡。陽明
說四有之說接中根以下之人，四無之說爲上根人之教法，又說四無論是傳心祕
藏，顏子、明道所不敢承當，又對緒山說有只是你自有，本體原來無有。陽明
的說法，分明是肯定四無，而以無善無惡掃去爲善去惡。後來陽明恐人養成虛
寂，以四句教爲徹上徹下，從初學至聖人皆要做爲善去惡工夫。涇陽以爲陽明
先點出無善無惡的上乘之境，又重重囑咐爲善去惡的中下根工夫，人必厭下欣
上，只求悟本體。而且工夫是繁難的，境界的認取則看似簡單，人是取簡單而
放棄困難的，因此人必取境界而忽略工夫。所以言無善無惡心之體，必然會忽
略爲善去惡的工夫，而忽略爲善去惡的工夫，只徒去認取無善無惡的境界，則
只是懸空捕捉光景而已。所以兩者在涇陽看來是互相矛盾的。

　　由以上論述，我們可以知道，涇陽反對無善無惡論在於無善無惡有可能
導致無工夫可爲的弊病。就字面而言，因心體無善，則無善可爲，因心體無
惡，則亦無惡可去，因此造成爲善去惡工夫的落空。另外就本體、工夫合一
的理論而言，說無善無惡心體，工夫必是不思善不思惡的，說爲善去惡工夫，
心體必是有善無惡的，因此爲善去惡工夫與無善無惡本體是相矛盾的。

四、無善無惡與世道

　　涇陽主張性善，反對無善無惡論，是因爲無善無惡論對世道有非常大的
負面影響，他說：

管東溟曰：「凡說之不正，而久流於世者，必其投小人之私心，而
又可以附于君子之大道者也。」愚竊謂惟無善無惡四字當之。何者？
見以爲心之本體，原是無善無惡也，合下便成一箇空。見以爲無善
無惡，只是心之不著于有也，究竟且成一箇混。空則一切解脫，無

復挂礙，高明者入而悅之，于是將有如所云：以仁義爲桎梏，以禮
法爲土苴，以日用爲緣塵，以操持爲把捉，以隨事省察爲逐境，以
訟悔遷改爲輪迴，以下學上達爲落階級，以砥節勵行、獨立不懼，
爲意氣用事者矣。混則一切含糊，無復揀擇，圓融者便而趨之，于
是將有如所云：以任情爲率性，以隨俗襲非爲中庸，以閹然媚世爲
萬物一體，以枉尋直尺爲舍其身濟天下，以委曲遷就爲無可無不
可，以猖狂無忌爲不好名，以臨難苟安爲聖人無死地，以頑鈍無恥
爲不動心者矣。由前之說，何善非惡？由後之說，何惡非善？是故
欲就而詰之，彼其所占之地步甚高，上之可以附君子之大道，欲置
而不問。彼其所握之機緘甚活，下之可以投小人之私心。即孔、孟
復作，亦奈之何哉！此之謂以學術殺天下萬世！（《小心齋箚記》
卷十八）

東溟認爲一種不正的學說流傳於世一久，流弊就漸漸產生，下之可以投小人
之私心，上之可以附君子之大道。涇陽以爲無善無惡四字，即是這句話的最
好註腳。心之體不著於有，是無善無惡，會造成空與混的弊病。空則解脫一
切，無所掛礙，高明的人喜歡這樣的境界，於是在一切解脫的情形下，仁義
禮智等道德被視爲束縛人心的東西，而人倫日用被視爲世俗塵緣，操持的工
夫被視作把捉，隨事物省察被視爲逐外境，遷善改過被視爲因果輪迴，下學
上達被視爲落階級，而有節義者的砥節勵行，不受外物干擾而改變氣節，則
被視爲意氣用事。總之視一切道德修養爲束縛，而不做工夫。混則含混一切，
無所分辨，追求圓融含混者必樂而趨之。於是以任意情識的作用爲率性，視
同流合污爲行中庸之道，以媚世爲與萬物一體，視枉尋直尺爲捨身救天下，
將委曲遷就視爲無可無不可，視猖狂忌憚爲不好名，臨難苟免爲聖人無死地，
而頑鈍無恥爲不動心。如此一來則不但不去惡，甚至爲非作歹。空則使善的
行爲變成惡的，混則使惡的行爲變成善的，所以無善無惡所佔的地步甚高，
所握的機緘甚活，上可依附君子之道，下可以投小人之心，其流弊非常大，
涇陽才會說無善無惡是「以學術殺天下萬世」。由這段話，我們可以知道，無
善無惡論會造成空與混的局面，空則何善非惡，而不爲善，混則何惡非善，
而不去惡，使善惡是非的道德標準一起抹殺，而薄善任惡，使人不做爲善去
惡的工夫，助長鄉愿氣習，入於無忌憚之地步。

　　首先，涇陽以爲無善無惡會助長鄉愿氣息。鄉愿即是上面所說的「上之

可以附君子之大道，下之可以投小人之私心」，游走在君子小人之間的人，涇陽言：「忠信廉潔既足以媚君子，惟其不爲眞而爲似，則小人亦安之而不忌矣，同流合汙既足以媚小人，惟其不爲倡而爲從，則君子亦略之而不責矣，鄉愿之巧如此。」（《顧端文公遺書・證性編・罪言上》）忠信廉潔即是君子，鄉愿只是表面上行爲的做作，看似君子，所以可以投小人之所好；同流合污即是小人，鄉愿不倡導同流合污，只是隨俗，君子亦不能責怪他。鄉愿既非君子，亦非小人，而在君子、小人之間，這是他可以附君子與投小人的理由。鄉愿之巧如此，涇陽才會屢屢言及鄉愿之弊，並將責任歸於無善無惡論。〔註16〕

再者，無善無惡論會使人任惡薄善，行爲有惡，任之而不去，亦不行善，他說：「所謂無善無惡，離有而無邪？即有而無邪？離有而無，于善且薄之而不屑矣，何等超卓。即有而無，于惡且任之而不礙矣，何等脫洒。故一則可以擡高地步，爲談玄說妙者樹標榜。一則可以放鬆地步，爲恣情肆欲者決隄防。宜乎君子小人咸樂其便，而相與靡然趨之也。」（《小心齋箚記》卷四）無善，將心體本有之善無之，是薄善而不屑爲善；無惡，將心體本無之惡即有而無之，是任惡而不去惡。前者不著善，可以抬高境界，使談玄說妙者有標榜可立；後者不去惡，可以放鬆工夫，使肆情縱欲者更無分際。如此一來，薄善會使人蹈虛，任惡會使人放浪形骸。

無善無惡除了會使人任惡薄善，成爲游走於君子、小人之間的鄉愿，更重要的是無善無惡會消弭是非善惡的標準。在《顧端文公遺書・東林商語》中，涇陽曰：

> 單以無惡言性，固自直截分明。單以無善言性，宛轉說來，亦自分明。惟概善惡而歸之無，竊恐始也一切脫略以見卓，卒也兩下鶻突以藏偷。于是天下所謂善獨不謂善，天下所謂惡獨不謂惡。其流之弊有不可勝言者，非但區區議論之得失而已也。

涇陽認爲單以無惡或無善言性，比較容易使人清楚明白，性無惡即是善，則要爲善，性無善即是無惡，即要去惡。並立無善無惡以言性，在善惡雙泯的情況下，善惡的道德標準亦被模糊，使行爲在模擬兩可之間，形成不是善又不是惡的行爲。無善無惡不僅會混淆善惡標準，更會抹殺道德標準，他說：「善與惡相

〔註16〕同樣的言論在《顧端文公遺書・證性編・罪言上》亦有：「鄉愿何以爲無善無惡也？曰：其于流俗汙世不爲倡而爲從也，即欲名之以惡而不得矣，其于忠信廉潔不爲眞而爲似也，即欲名之以善而不得矣，是謂無善無惡。」

為貞勝，不並立者也，從上聖賢勤勤懇懇發明性善，正欲壓倒一惡字，今也并欲壓倒一善字。壓倒一惡字，惡字不得出頭，壓倒一善字，善字亦不得出頭矣。惡之來也，其萌甚微，賴有善以密消之耳。惡之發也，其力甚猛，賴有善以顯制之耳。誠使善不得出頭，其亦何所不可為哉！」（《小心齋箚記》卷十三）聖賢主張性善，即立一道德標準，要人去惡。而無善無惡，不但去除惡字，又壓倒善字，即壓倒善惡的道德標準，使善不得出頭，惡亦不去。惡念產生，必待善來衡鑑而消除，惡行的發生，亦待善來控制。因此如果不講善，即沒有善惡的道德標準來衡鑑人的行為，則人將無所不為。如此一來，不但不做道德修養，甚至「併道德於浮雲」（《小心齋箚記》卷十），而流於猖狂自肆了。

　　總之，無善無惡對世道的影響，是順著掃除為善去惡工夫而來的。涇陽論無善無惡對世道的影響，不論是任惡薄善、混淆或抹殺道德標準，皆是助長鄉愿之習，上之可以附君子之大道，下之可以投小人之私心，而使小人、君子的界限逐漸模糊。涇陽在《顧端文公遺書・還經錄》中說：「無善無惡四字，最險最巧。君子一生兢兢業業，擇善固執，只著此四字便枉了為君子；小人一生猖狂放肆，縱意妄行，只著此四字便樂得做小人。語云：『埋藏君子，出脫小人』，此八字乃無善無惡四字膏肓之病也。」君子兢兢業業於為善去惡的道德修養，說無善，便使君子枉為君子。小人是猖狂自肆、縱意妄行的，說無惡，便使小人樂得做小人。所以無善無惡造成「埋藏君子，出脫小人」，使君子不得出頭，小人反而凌駕在君子之上。因此他才力闢無善無惡之說，力主性善論以維護世教：

> 翁痛世之糠秕仁義，而謂性善二字亦救不得乎？試思仁義性也，誰
> 得而糠秕之？糠秕仁義從無善無惡之說來。然則揭性善二字，縱未
> 必能挽回時弊萬分一，猶可以關糠秕仁義者之口。若揭無善無惡四
> 字，仁義之為糠秕審矣，非惟無咎而又佐之。君子于此亦當分任其
> 咎焉，安得上諉諸天而曰有命，下諉諸人而曰道權不在乎？（〈再與
> 管東溟書〉）

東溟認為世人視仁義為糠秕糟粕，提倡性善說亦無法挽救。涇陽以為仁義是性，會糠秕仁義，是因無善無惡之說而引起的，揭舉性善說，即使不能挽救時弊，至少可以使人不視仁義為糟粕，杜絕糠秕仁義的無善無惡論。因此他認為君子應當起而救世，不因道權不在我或天命的理由，而放任世道。由此我們可以看到涇陽企圖以性善論救世道的苦心，也是他反覆論述無善無惡之

弊，力闢無善無惡說的最大原因了。

　　涇陽反對陽明無善無惡論，是因爲他看到當時士風衰頹，習俗敗壞。思考原因，他歸結於無善無惡論。他認爲無善無惡論會造成道德標準的混淆，而任惡薄善，使君子、小人之防漸漸泯滅，形成在君子、小人之間游走的鄉愿，而且造成玄虛狂蕩的社會風氣。因此他力主性善論，以挽救世道。

五、無善無惡與陽明之評價

　　涇陽極力批判陽明四句教首句「無善無惡心之體」，有人試圖爲陽明迴護，而認爲無善無惡之弊多從龍溪四無論來，如前章論述的許敬菴，而與涇陽辯論的東溟以爲陽明的無善無惡論非佛家之見，龍溪的四無論才是。涇陽以爲四無論正是從無善無惡心之體而來的：

> 記者謂陽明先生言心無善無惡則是，王龍谿言心、意、知、物皆無善無惡則非，恐未必然。就血脈上看，體用一源，顯微無間，心既無善無惡，意、知、物安得有善有惡，意、知、物若有善有惡，心安得無善無惡。就地分上看，謂意、知、物無善無惡可，謂心無善無惡不可，夫何故？心包體用、徹顯微，滿腔子都是一箇善，不以無感而無也，不以有感而有也，惟意乃因感而發，當其有感，或善或惡，雜出而無常，當其無感，竟意且不可得，何況善惡？故曰謂意、知、物無善無惡可，謂心無善無惡不可。（《顧端文公遺書・證性編・罪言下》）

有人說陽明無善無惡論是正確的，而龍溪以心、意、知、物皆無善無惡則是錯的。涇陽則以爲在「體用一源，顯微無間」的情況下，「既以心爲無善無惡，安得不以意、知、物爲無善無惡也。」（《顧端文公遺書・證性編・質疑上》）另外他又反駁陽明的無善無惡論與龍溪的四無論。他認爲意、知、物可以說是無善無惡，心體卻不能說是無善無惡的，因心含體用、徹顯微，滿腔子都是善，在寂然不動時是如此，在感而遂通時亦是如此，而意的產生是與物交感而發動，當有交感時，或善或惡，當其無感時，意尚未發動，則無善惡。所以他認爲心體是純然至善的，只有意、知、物可以說無善無惡。在他看來，陽明、龍溪的觀點都是相同的，如此，他反駁了陽明的無善無惡論，亦反駁了龍溪的四無論，更反駁了有人迴護陽明而將罪過歸於龍溪四無論的觀點。

涇陽直指陽明四句教首句「無善無惡心之體」的錯誤，然而對陽明所提倡的「致良知」卻多所讚揚：

> 大學言致知，文成恐人認識爲知，便走入支離去，故就中間點出一良字。孟子言良知，文成恐人將這箇知作光景玩弄，便走入玄虛去，故就上面點出一致字。其意最爲精密，至于如鬼如蜮，正良知之賊也，奈何歸罪于良知。獨其揭無善無惡四字爲性宗，愚不能釋然耳。
> （《小心齋箚記》卷四）

《大學》言致知，陽明怕人認識見爲知，向外追求識見，而走入支離，所以點出一「良」字。孟子言良知，陽明怕人將良知當作光景玩弄，不做工夫，而走入玄虛，因此點出一「致」字，致良知學說正使人彰顯內在的道德主體，並重視致之工夫。所以涇陽說：「陽明之揭良知眞足以喚醒人心，一破俗學之陋」（《顧端文公遺書・東林會約》）。然而他卻對陽明揭舉無善無惡爲性不能釋然，雖然他心契於致良知說，認爲陽明有功於後學，然而眼見無善無惡所造成的流弊，而不能違心附和陽明之說，做聖學中的鄉愿，因此他力闢無善無惡論。

涇陽又在他爲方本菴《心學宗》所寫的〈序〉中，認爲無善無惡與陽明良知說不合：「蓋昔王文成揭良知，自信易簡直截，可俟百世，委爲不誣，而天泉證道又獨標無善無惡爲第一諦焉。予竊惟良即善也，善所本有，還其本有；惡所本無，還其本無，是曰自然。夷善爲惡，紐有爲無，不免費安排矣。」（《涇皐藏稿・心學宗序》）他認爲就良知而言，良即是善，善是人所本有，還其本有，惡是人所本無，還其本無，即是自然。而無善無惡，等善於惡，有變成無，則已非易簡直截了。涇陽以爲良知並非無善無惡，而是善的，所以陽明的無善無惡論與致良知學說相異。因此，他認爲陽明之功在致良知說，過在無善無惡論，他說：

> 嘗讀翁與于如菴書有曰：「凡命世聖賢立教未睹其利，先睹其弊，不以一己之超見爲學術，而以天下後世之準繩爲學術。」最是確論。竊惟無善無惡，陽明之超見也，如遂以之提宗，與天下後世作榜樣，揆諸中庸教體得無少間。是故尚解悟者就此覓出種種元妙，高標無上之法門。喜脫落者就此覓出種種方便，旁啓無窮之弊孔，誠不勝私憂過計耳。然則陽明不念及此歟？曰天泉證道獨于爲善去惡反覆丁甯，殆亦有槩于中而然也。特其見地過圓，矯枉過正，未免將無之一字提掇太重，以致合下便種卻病根，即扁鵲醫授以神方，畢竟

用力多而收效寡耳。然則陽明再生，目擊茲弊，將有推心扼腕，不
能一日安者，何但攢眉，又當長慮卻顧。惟恐至于殺天下萬世者，
何況肯舉而張諸顏子、明道之上。是故重陽明之功而掩其過，闕而
不論可也，所以存厚也。體陽明之心而拯其弊，須於提宗處一照可
也，所以救時也。(〈再與管東溟書〉)

陽明有見於心體之無善無惡，於是提出以爲教法，無善無惡風行天下，產生
許多弊端。陽明亦有見於無善無惡可能引起的蹈虛弊病，所以在天泉證道中，
反覆叮嚀做爲善去惡工夫，不要懸空想個本體。然而涇陽以爲陽明見識過圓，
而矯枉過正，將無字提掇太重，種下許多病根，即使事後以工夫收之，也不
能挽救狂禪之弊。所以他認爲陽明如果看到王學後來的流弊，亦會錐心扼腕，
就不會以無善無惡之說爲教法，而以學術殺天下萬世。因此涇陽引東溟的話
認爲聖賢立教未看到好處之前，要先能知道此學說所可能引起的弊端，而事
先預防，不能以自己超然的見解爲主張，而應以天下後世的情況爲標準來立
教。無善無惡，正是陽明的超見，無善無惡會引起種種流弊，所以他不應以
此立教。陽明之過在於以無善無惡爲教法。

　　涇陽極力批評陽明無善無惡論，並以朱學來導正王學，他在《小心齋箚
記》卷三中言：

　　　以考亭爲宗，其弊也拘；以姚江爲宗，其弊也蕩。拘者有所不爲，
　　　蕩者無所不爲。拘者人情所厭，順而沒之爲易；蕩者人情所便，逆
　　　而挽之爲難。昔孔子論禮之弊而曰：「與其奢也寧儉。」然則論學之
　　　弊亦應曰：「與其蕩也寧拘」，此其所以遜朱子也。

朱子之學，重在格物窮理，容易使人拘於外物的考索，陽明之學，重在開發
本心，容易使人重本體而蕩越工夫。朱學拘束之弊，使人有所不爲，王學蕩
越之弊，則使人無所不爲。拘束是人情所厭，然順而導之較易，蕩越是人情
所喜，要逆人情挽救之則非常困難。因此他說「與其蕩也寧拘」，即在朱王之
學各有弊端的情況下，要挽救拘束之弊較易，而且即使有弊病也仍然在規矩
繩墨之內，而王學之弊如脫韁野馬，要收束非常困難，所以他寧取朱學拘束
之弊，而捨棄王學。我們從涇陽的學說中，可以看到許多朱學的影子，如他
的學說大旨：「語本體只是性善二字，語工夫只是小心二字」，〔註17〕皆可看

〔註17〕涇陽重提性體，又主程朱性即理之說。他曾言：「程子曰：『性即理也』。此語
　　　　斷得十分直截分明，亙古亙今，攧撲不破，從上聖賢只是于此認得分曉。這

出他主張以朱學挽救王學之弊。

　　由上可知，涇陽對於陽明學說，不滿的只在無善無惡論，對於他的致良知學說則大加讚揚，認為他開發人的道德本心，使人的主體顯現，有功於後學。陽明之弊在以無善無惡論立教，而產生種種弊端，於世道有不良的影響，所以他主張以朱學來導正王學。

第二節　管東溟之「無善無惡」論

　　管志道，字登之，別號東溟，蘇之太倉（今江蘇太倉）人。生於明世宗嘉靖十五年，卒於神宗萬曆三十六年（1536～1608），年七十三。受業於耿定向。《明儒學案》將其列入「泰州學派」。其著作有《問辨牘》、《續問辨牘》、《從先維俗議》及文集《惕若齋集》等。

　　東溟是泰州學派的王門學者，《明儒學案‧泰州學案一》說他：「著書數十萬言，大抵鳩合儒釋，浩汗而不可方物。……按東溟所言，亦只是三教膚廓之論」。他主張儒釋道三教合一。從他的著作中，《問辨牘》、《續問辨牘》收錄論學的書信，其中大部分是他與當代學者論辯三教合一的問題，他為三教合一找了許多立論的根據，包括性論上的同一，並以周濂溪《太極圖說》、明太祖糾合三教為例來論證三教是合一的。〔註 18〕而《從先維俗議》更是專門討論三教合一的問題。〔註 19〕在「惠泉講會」上，他主張三教合一、無善無惡論，涇陽與之反覆辯論，主題始終圍繞在無善無惡與儒釋的問題上。以下即分四部分，來論述東溟對無善無惡論的看法與引申。

　　　　簡理堯舜如此，塗人如此，乃至桀紂蹻跖亦如此。若就氣上看，便千般百樣，萬萬不齊，如何說得是性？」見《顧端文公遺書‧還經錄》，頁 486。在《小心齋箚記》卷十二記載有人問涇陽以「小心」名齋之意，而言：「小心是簡敬，聞之程子之言敬曰『主一無適』，謝上蔡之言敬曰『常惺惺法』，尹和靖之言敬曰『其心收斂，不容一物』，似說得甚精。」頁 317。涇陽曰：「總不出小心二字。」由此可知小心即是程朱所說的「敬」。

〔註 18〕東溟在《問辨牘‧答吳侍御安節丈書》中言：「考太祖御製集中，有三教論、宦釋論、道德心經等序、還經示僧遊新菴記等篇，蓋已先得我心之同然矣。兄謂聖祖闡明道術，三教無二，而制科範士，專尚程朱，為慮深遠，正與愚見相合。」頁 658。他以明太祖以三教為一，來作為其理論的根據。

〔註 19〕《從先維俗議》所附的《四庫全書總目‧從先維俗議五卷》提要曰：「明管志道撰是書，多論往來交接之禮，其四五卷皆講學之語，理雜二氏，且明立三教主賓之說。」《從先維俗議》（臺南：莊嚴出版社，1995，《四庫全書存目叢書》），頁 540。

一、無善無惡之本體論

東溟認爲宇宙本體即是太極，並指出太極即是性之來源：

> 朱子不云乎：「天地間本一氣之流行而有動靜耳。」此語最精。然一
> 氣實出於太極，太極只是混成一物而已。陽即太極之性，陰即太極
> 之質也，質從性生，則陰從陽立，故《太極圖說》先言動而生陽，
> 繼言靜而生陰。當其生也，有陽無陰，不成太極；究其成也，陰未
> 盡而陽未純，不還太極。從太極生兩儀論，謂太極爲陰陽之統體可
> 也，此是人物受性之因；從陰陽還太極論，謂太極爲元陽之純體亦
> 可也，此該聖人盡性之果。（〈續答顧涇陽書〉）

在此東溟指出太極的狀態以及其創生陰陽的過程。他引朱子的話：天地間本
一氣流行，以爲這一氣出於太極，太極只是混沌的一物。《太極圖說》言「動
而生陽」後又言「靜而生陰」，所以太極創生陰陽，先生陽，後生陰，陽是太
極之性，陰是太極之質，質由性生，即陰從陽立。陰陽之生，雖稍有先後，
然當其生時，陰陽皆生，不會只生陽而不生陰，否則即不成太極。其生成之
後，陰盡陽純才能返回太極。所以從太極生兩儀論，太極是陰陽之統體，亦
是人物受性的開始。就陰盡陽純而返回太極言，說太極是純陽之體亦可，此
即聖人盡性之果。東溟在此說明太極是萬物之本體，亦是人性的本源。他又
藉著「無極」描寫太極，所謂「無極而太極」，是說「其無而非無」，所謂「太
極本無極」，是說「其有而非有也，皆所謂強名也」（同上）。濂溪的《太極圖
說》合言無極、太極。東溟以爲濂溪言「無極而太極」，是說太極的虛無之性，
但並非空無一物。言「太極本無極」，是說太極的實體性，卻又含有虛無性。
而且不論說太極，說無極，皆是難以形容宇宙本體，所以以「無極」、「太極」
描寫。無極只是太極，是一物而二名，並非在太極之上又有一個無極本體。
東溟又解釋：

> 無極太極，一者其體，而二者其名，然曰無極，畢竟從超於陰陽五
> 行之上者說，曰太極，畢竟從寓於陰陽五行之中者說。究而言之，
> 則陰陽五行之上，實非眞有個無極，即太極之不落方所者便是。陰
> 陽五行之中，實非眞有個太極，即無極之不落頑空者便是。（同上）

他在此又申明無極、太極，是指同一本體，並非二物。[註20] 說無極，是就

〔註20〕步近智以爲：「管志道是想從『太極本無極』中，尋求『無善無惡』之說的本
體論的根據，企圖把『無善無惡』說成即是『無極』。」見〈明萬曆年間理學

本體超越陰陽五行之上而言；說太極，是就本體寓於陰陽五行之中而言的。所以陰陽五行之上，並非有個無極，無極只是指本體不落於陰陽的方所對待之中，而陰陽五行之中，並非有個太極，太極是指本體不落於頑空的虛無之中。這段話的意思即是太極生陰生陽，即寓於陰陽之中，而太極是超越於陰陽的，不受陰陽所限，然亦非虛無的。

　　萬物的本體是太極，太極生陰陽，即為陰陽之統體，亦是人性的本原，然則善惡由何而生？東溟言：

> 乾元、坤元，天地之德性也，故曰「天地之大德曰生」，又曰「元者善之長也」，可謂性非善乎？然曰「萬物資始」，則不但善始而惡亦始矣，曰「萬物資生」，則不但善生而惡亦生矣，善惡從陰陽而分也。陰陽一太極也，故曰「一陰一陽之謂道」，陽善而陰惡。陰陽之中，又分剛善剛惡，柔善柔惡，一成而不可易，故曰「成之者性也」，然其所以生陰生陽，生善生惡，永無間斷者，誰為之？太極為之也。太極，即乾元、坤元之總名也，故曰「繼之者善也」。元既為善之長，何以生出惡來？太極一本而萬殊也，以其萬殊，故對惡而稱善，萬殊原於一本，則何對之有？故性善之善，不與惡對也。（〈答顧涇陽書〉）

太極是宇宙本體，創生萬物，因此《周易·繫辭》曰：「天地之大德曰生」，又曰：「元者善之長」（〈乾卦文言〉），所以東溟以為性是善的。而太極生陰生陽，由陰陽而分善惡，陽善而陰惡，所以《易傳》又說「萬物資始」（〈乾象〉）、「萬物資生」（〈坤象〉），即在萬物創生時，善始惡亦始，善生惡亦生，善惡是同時產生的。他以為太極是一本而萬殊，生萬物時即寓於萬物之中，陰陽之善惡亦寓於萬物。因此說萬殊，是對惡而為善；說一本，是因萬殊源於一本，一本不與惡對，為超越的至善。所以：「蓋陰陽既由動靜而分，則太極之本體，必不囿於陰陽，而在陰陽未分之始矣。善惡又由陰陽而分，則吾性之真體，必不逐於善惡，而在善惡未分之始矣。」（〈續答顧涇陽書〉）陰陽由太極而生，太極必不被陰陽所限定，所以言本體必在陰陽未分之時。善惡是陰陽之分而有的，是太極生陰陽後才產生的，而太極是人性之源，必不受善惡之限定，因此言性必在善惡未分之始，所以是無善無惡的。即是「言太極，

内部的一場論辯〉，頁 76。他認為東溟是以「無極」為本體，即在太極之上還有一無極本體，此說明顯有誤。

必於陰陽未判之先；言眞性，必於善惡未分之始」（〈答顧涇陽書〉）。東溟認爲「性者太極，太極萬善之母」（同上），太極即是至善，性亦是。在「陰陽未分」時，善惡皆無，在「五性感動」之後，才有善惡之分，所以在「未感未動之先」時，是無善無惡的。因此性是無善無惡亦是至善的。（同上）在此，東溟爲無善無惡論找到本體論的根據。

東溟以太極說性，性體是無善無惡的至善，而「心之體即性也，蓋心、性一而二，心體、性體則二而一」（〈續答顧涇陽書〉）。心體即是性體，因此心體亦是無善無惡而至善的。他混同心體、性體，亦在混言當中，尋求無善無惡的確定意義。所以他由太極本體，論性爲「無善無惡，正至善之體」（〈答顧涇陽書〉），在心體即是性體的情形下，心之體亦是無善無惡的至善本體。

性體無善無惡，東溟除了從太極來說明其無善無惡義外，又以性體的無著性來論述。他認爲無善無惡即性體不著於善惡。他說：

> 老子之言乎：「有物混成，先天地生，不可得而名，強名曰道。」道尚強名，而況善乎！究其極，豈但善爲強名，性亦強名也，古聖見得人物身中，隱然有個生生不息與天地同根者，無以名之，而名曰性。孟子又見得此性降本流末，善者寡而不善者眾，人將執其末之惡，而疑其本之善，則何以返其天地同根之原，故破眾論而表之曰善。其實性中著不得一善字，見性之時，雖性字亦著不得，只是一個光光淨淨無極之眞而已。（同上）

東溟認爲「性」字、「善」字皆是強以名之。他引用老子之說認爲宇宙本體難以形容，名之曰「道」，是強以名之。所以聖人見人身之中，有個生生不息與天地相同之根，無以名之，而名爲性。而孟子看見在現實之中善人少，不善的人多，人將以外在表現的惡懷疑本來的善，而無法返回天地同根之原，於是提出一善字。東溟以爲性體只是一個本來清淨的無極眞體而已，是著不得善的，因此是無善。他又言道：「若陽明所云無善無惡，則眞如也，非識神也。謂清淨中一物不可著，不但惡無所容，而善亦無所容，正是性善之本色也。性體原是無朕，原是森然，以爲超乎有而包乎有，未嘗不是，但一毫著見不得。」（同上）陽明說的無善無惡是指眞性本體，並非識神。性體虛無清淨，森然無朕，超乎有而實有，不能著一毫之見，不但不容於惡，亦不容於善，因此是無善無惡的。他又以理障、事障來說明「無著」之意：

> 事障、理障之說，根於釋氏之書。釋書有所謂煩惱障、所知障者，

煩惱屬事，所知屬理，此二障之所自來。……若夫學欲見性，則二
障委著纖毫不得。事障，則塵勞煩惱是已，理障最爲幾微。禪士云
金屑雖貴，落眼成塵，縱是古聖精義妙道之言，入在胸中，執而不
化，便是理障。愚所以謂性不空空，則無善無惡之塵固障，而性善
之塵亦障也。見性之人，如撥雲霧而見青天，空空蕩蕩，了無一物，
而又不入斷滅，故曰「本來無一物，何處惹塵埃。」然見無則著於
無，亦是理障，此理障之所以難除也。（同上）

理障、事障之說，即佛家「所知障」、「煩惱障」。事障是人與事物相交所引起
心裡的勞擾煩惱，而理障是指人執著於知識見聞所生的障礙，所以即使是聖
人精妙的言論，執著於胸中，就如同金屑雖然貴重，一落於眼中，即成障蔽，
此即理障。因此東溟才會說不見性體之眞，執著任一言皆是理障，不論是無
善無惡，甚至性善亦是理障。因此他認爲學者要以見性爲要，性體空無一物，
不生不滅，如果見性善而著於善，見無善無惡而著於無，皆是理障，是不見
性體之眞。因此言無善無惡是強調性體的無著性，不執著於善惡等概念。

　　東溟又以無對來解釋性體是無善無惡是謂至善之義，他說：

愚言無極之無，無聲無臭之無，不與有對，及愼獨之獨，一善之一，
俱不必以對義反之。謂其體無對，不謂其名義無對也，名義則何常
之有。《道德經》中，所謂「無，名天地之始；有，名萬物之母。」
此有無，亦屬名義而不屬體，體則不可以有無名也。強名有無，則
言無不必更與有對，有即在於無中，如云：「上天之載，無聲無臭」
是也。言有不必更與無對，無即在於有中，如云：「有物混成，先天
地生」是也，所謂其體無對者以此。若言善，則定與惡對矣，故但
可言有在無中，無在有中，不可言善在惡中，惡在善中，唯至善之
善爲無對。蓋至善之體即中也，中體不與過不及之體對，無對之謂
一善，又謂之獨，此論性家之第一義諦。（〈續答顧涇陽書〉》）

「對」分爲有對、無對，本體是無對的，名義一定是有對的。無極之「無」、
無聲無臭之「無」，是本體上無對之義，而不是名義上的無對。《老子・第一
章》說：「無，名天地之始；有，名萬物之母」，此有無則是指名義上的，而
不是本體上的。對本體而言，不能以有無說之。以有無強名本體的無對，則
是言無而不與有對，有即在無中，如《詩》云：「上天之載，無聲無臭」；言
有而不與無對，有即在無中，如《老子・第二十五章》說「有物混成，先天

地生」。善與惡是屬於名義上的有對，善必與惡對，只有至善是無對的。因至善之體即中體，中體不與過、不及之體相對，無對即是「一善」，即是「獨體」。性體無對，所以是至善的。東溟又以爲：

> 愚前者無對之説，從愼獨二字而來。……而此心之獨體，則眞是無對也，謂之含著有善之善則可。見此獨體，種種對待，一切俱落第二義矣。是非可否，邪正淑慝，獨體中又自惺然也，善自善，惡自惡，豈有等而爲一之理。（同上）

心之體是無對的，說其含有相對之善亦可。而心體雖然沒有種種的善惡對待，但是非善惡，淑慝邪正，心體自知，善自善，惡自惡，而不會混淆。心體非善惡等相對概念所能描述，是超然無對的，所以是無善無惡的純粹至善。

由無對之意引申，東溟言善有二義善有二種，一是指與惡相對之善，這是有對之善，名爲「萬善」，一指與過不及相對之中體，而稱至善之善，這是無對之善，名爲「一善」。心體是無對之善，是「一善」，而非有對之「萬善」。（《續問辨牘・答張儀部文石丈書》）以涇陽的話來說，「一善」指統體之善，「萬善」指散殊之善。東溟認爲一善不等於萬善，統體之善不等於萬殊之善，仁義禮智是萬殊之善，因此他不認爲仁義禮智是性，他說：

> 孟子析性體爲四德，亦不無意圓語滯之過。故程子曰：「纔説性時，便已不是性也。」其意蓋謂不但纔説食色時不是性，纔説仁義禮智時，亦不是性也。若曰是性，則又不但仁義禮智是性，而食色亦是性矣。性只是「人生而靜」一言，足以蔽之。愚前譬仁義爲本色，食色爲染色，亦就孟子、告子所指之性而云然，苟知仁義禮智之德性，亦從夙習中修來，即權謂之染色亦可。……若但以仁義禮智爲善，則世固有偏於仁而傷義，偏於義而傷仁者，亦豈性善之本色乎！
> （〈續答顧涇陽書〉）

他認爲孟子析性體爲仁義禮智四德有「意圓語滯」之病。明道說「纔説性時，便已不是性也」，即是說仁義不是性，食色亦不是性，說仁義禮智是性，則食色亦是性，性只是人生而靜而已。仁義禮智四德，是從夙習聞見中得來，是染色而非本色。如果以仁義禮智爲性善，則世人有偏於仁而傷義，有偏於義而傷仁者，則可證明仁義禮智非性之本色。因此他認爲仁義禮智是萬殊之善，不足以言性，言性必在萬善之上，所以說仁義非性。他以爲仁義禮智來自夙習見聞，此即「習性」，與「眞性」是不相同的：

眞性即是太極，不待言已，曷言習性，習之久而成性也，習性何自
而生，從陰陽五行雜揉中生也。……蓋論眞性，則堯舜誠與途人同，
論習性，則不但多生之熏染迥殊，就一生而論，其聞見亦隨俗而別
矣。即如中國先父而後母，胡人則先母而後父，不以爲無禮也，中
國重父母之喪，重男女之別。西南諸夷，有父死而析其屍，毀其骨
者，恬不爲怪。胡俗娶群母，娶寡嫂，以爲固然。滇南婦人，至以
多淫內地男子，誇耀鄰里，其夫亦以是爲妻榮，此其羞惡、是非之
心何如哉？要亦習聞習見之所熏，而非因地一聲之時即然也。(同上)

眞性是太極，習性則從陰陽五行中來，習之久而成性。眞性是堯舜與路人相
同的，而習性，不僅是多生（幾輩子）熏染的不同，即使在一生中，其習性
亦隨俗而不同。因此他藉著各地習俗的不同來說明是非、羞惡之心是從習聞
習見而來，而非眞性，所以他說：「不但食色之性爲習性，即仁義禮智，雖曰
天然之性，亦是習成之性」(同上)。由此可見，東溟認定仁義禮智爲習見習
聞的萬善，而非眞性之至善，亦反駁涇陽以統體之善爲萬殊之善。

　　東溟以太極爲宇宙本體，太極創生萬物，是人物受性之始。他以無極來
說明太極是實存又具有虛無性。太極生陰生陽，善惡之分別由陰陽始，因此
太極是陰陽之統體，不受陰陽、善惡所限制，所以是無善無惡的。性即是太
極，所以性亦是無善無惡的。太極是萬善之總源，是至善的，所以性亦是至
善的。東溟由「無極而太極」、「太極本無極」，爲心體無善無惡論找出本體論
上的根據。

二、無善無惡與告子、佛家之說

　　涇陽主張孟子性善論，反對無善無惡論，並將無善無惡論等同於告子、
佛家之說，而繼承儒家闢異端之傳統爲己任，他所說的異端即是告子、佛家。
東溟以爲言性爲善是一偏之論，他主張性體爲無善無惡的純粹至善。在異端
問題上，他反對涇陽的說法，以下即分二部分說明他的觀點。

　　（一）無善無惡與告子之說

　　涇陽主張孟子的性善說，以性善來反駁告子的無善無不善，以及陽明的
無善無惡論。東溟則認爲孟子說性善大致無誤，然亦有其不完滿之處，他說：

孟子道性善，則專以眞性言也。然孟子雖專言眞性，而其以情驗性，

卻易混於習性。何者？孟子謂：「孩提之童，無不知愛其親。」此固
是真性之苗。然孩提之愛生於欲，所欲在乳，順之則喜，拂之則啼，
此即告子所謂食色之性也，豈是太極本來面目？蓋習性已混於其中
矣。故有初生即懷逆性，如真西山之所斷者，宿習使然也，君子不
謂性也。孟子惻隱、羞惡、辭讓、是非之心，人皆有之，此亦言其
大概耳。（〈續答顧涇陽書〉）

孟子道性善以真性言之，然他卻以情驗性，而使真性混淆於習性。他說孩提
之童，無不知愛其親，此是言真性。東溟以為孩提之愛生於欲，所欲在乳，
順之則喜，逆之則啼，此即同於告子的食色之性，並非太極之本來面目，習
性已混於其中，所以有人生而非善。因此東溟以為孟子性善之說言仁義禮智
四端為性、孩提之愛敬為性，是以情言性，已雜入習性，而非真性。他又認
為：

蓋性善誠窮源之論，而苟窮其源，亦須於孟子言外求之則得，若逐
孟子以仁義禮智之端言性，以孩提愛親敬長之良言仁義，則亦有可
駁者。……惟窮至於天地與我同根，萬物與我同體之初，而後見性
之無不善耳，然而追及於此，則太極本無極，善不足以名之矣。（〈答
顧涇陽書〉）

孟子以情說性，並不完備，東溟以為言性必須窮至天地與我同根之時、萬物
與我同體之初，即是太極初落人身之時。此時性是無不善的，而窮至此，則
太極本無極，善亦不足以名性，因此是無善的。東溟的看法即是至善無善。
他對孟子的批評主要在孟子以情驗性，以有對之善言無對之性，而孟子言性
善，只要善之源頭認清，亦是確論。

相對於孟子，東溟認為告子之性論有其顛撲不破處，亦有其不足之處，
他合言孟、告論性之別：

孟子直從物則上論性，此則隱然通極於天命之初，故其說不可易，
而其詰辭卻難執。據其詰曰：「然則犬之性猶牛之性，牛之性猶人之
性歟？」其意固自有在，而辭則頗近於拙，何可以破「生之謂性」
之案。內典不云乎：「蠢動含靈，皆有佛性。」胡得謂犬牛之性，非
人之性也？告子正見得犬牛與人同有本來之生性，故以為無善無不
善。孟子似以仁義之性專屬人，以食色之性偏屬物，故曰：「人之所
以異於禽獸也者，幾希！」然則宇宙間，唯人性為善，而禽獸則有

善有不善也，豈知人物同根太極，並無不善之性。……孟子似未究
及於此，故但論及性善之發端，而未及性善之究竟也。(《從先維俗
議・犬牛人性》)

孟子從物則上說性，通於天命之初。然孟子說犬牛之性與人性不同，東溟以
為如此說則不能破告子「生之謂性」(《孟子・告子上》)。佛經言含靈之物皆
有佛性，所以犬牛之性同於人之性。告子以人與犬牛同有本來之生性，所以
無善無不善。孟子則以仁義之性專屬人，食色之性屬物，而言「人之所以異
於禽獸也者，幾希」(《孟子・離婁下》)。東溟以為人物同由太極所生，人或
禽獸之性是相同的。因此孟子未及性善之究竟，而告子「生之謂性」亦有其
根據之處。他又認為：

告子謂性是生來之物，不是修來之物，此語與「天命之謂性」，與「天
生蒸民，有物有則」之詩俱相通。其曰「無善無不善」，亦通孔子性
相近之旨。但其所謂生者，向在食色上，不向在仁義上。又謂「仁
在性內，義在性外」，則與「有物有則」之義相違，此其所以受孟子
之推敲耳。然而仁內義外，告子亦非浪說。蓋性必與生俱生，不由
外鑠，仁愛根心而出，正與甘食悅色之性一揆，故謂之內。如節飲
食，戒渙色，則義也，義必從先王之禮法，及師友之薰陶得之，故
謂之外，此杞柳桮棬之說所自起也。果如此說，則物則非性，而物
欲是性矣，故違於有物有則之義。(同上)

告子說性是天生的，不是後天修來的，與「天命之謂性」、[註21]「天生烝民，
有物有則」相通，而性無善無不善亦與孔子「性相近」[註22] 之說相通。他說
生之謂性，是指食色，不指仁義，又說仁在性內，義在性外，則與「有物有則」
相背。東溟以為告子仁內義外之說亦有所根據，性與生俱生，不由外鑠，仁愛
由心而出，與食色之性一樣，所以說內。而節飲食、戒渙色是義，義必循先王
禮法，以及師友薰陶而來，所以是外，告子如此說，則「物則」非性，而「物
欲」是性，所以有背「有物有則」之義。東溟以為告子「已窺到人生而靜之時」
即「生之謂性」，「但不知有向上之善原在，故其說似是而非」(〈續答顧涇陽書〉)。
這是他受孟子批評的地方，也是東溟認為不足之處。他又言道：

[註21]《禮記・中庸第三十一》曰：「天命之謂性，率性之謂道，修道之謂教。」頁
879。
[註22]《論語・陽貨第十七》言：「子曰：『性相近也，習相遠也。』」頁154。

> 告子言性無善無不善，蓋必有宗矣。生之謂性，此告子之宗也，性
> 本與生俱生，而字義亦從心從生，可謂性非生乎？孟子引「天生蒸
> 民，有物有則」之詩以證性善，蓋亦以生爲性也。但告子之所謂生，
> 非孟子之所謂生耳。耳能聽，目能視，心能思，告子之所謂生也，
> 即食色之性，犬牛與人之所同也；聽有則，視有則，思有則，孟子
> 之所謂生也，即仁義禮智之性，人之所以異於禽獸者幾希也。蓋人
> 有眞性、有習性，猶物之有本色、有染色。告子以食色爲性之本色，
> 仁義爲性之染色，故曰：「人性之無分於善不善也，猶水之無分於東
> 西也。以人性爲仁義，猶以杞柳爲桮棬也。」孟子則以仁義爲性之
> 本色，食色爲性之染色，故曰：「人性之善也，猶水之就下也。聲色
> 臭味之性，君子不謂性也。」其故何哉？告子之所見者，識神之性，
> 而孟子之所見者，眞如之性也。（〈答顧涇陽書〉）

告子論性無善無不善，是因生之謂性而來的，性本與生俱生，所以生是性。
孟子則以「天生烝民，有物有則」證性善，亦是以生爲性。然孟子所說的生
與告子所說的生不同。耳有聽、目有視、心有思等等功能，是告子所說的生，
即是犬牛與人同的食色之性，而聽、視、思皆有其則，是孟子所說的生，是
人之異於禽獸的仁義禮智之性。告子以食色爲性之本色，以仁義爲性之染色，
所以人性無分善與不善。孟子以仁義爲性之本色，食色爲染色，所以人性是
善的。孟子所見的是「眞如之性」，告子所見的是「識神之性」。所以孟、告
之性論皆有根據。

　　涇陽主張性善，他認爲陽明「無善無惡心之體」與孟子性善說相違背，而
等同於告子。東溟則以爲陽明無善無惡非告子無善無不善論，而可通於孟子：

> 告子曰：「性無善無不善」，言非大錯，乃其所認源頭處錯也。……
> 告子蓋以食色爲天然之性，而不以仁義爲天然之性，故曰源頭處認
> 錯也，……。陽明曰：「無善無惡者心之體」，其言大類告子，而意
> 迥然不同。陽明對意之有善有惡，而言心體無善無惡，此指未發之
> 中言也，其究使人去情見以還性眞。告子對孟子之言性善，與或人
> 之有善有不善，而言無善無不善，此指血氣中之識神言也，其究率
> 人殉食色而禍仁義。（同上）

告子性無善無不善之說，亦有諦當之處，而其以食色爲天性，不以仁義爲天
性，偏於一邊，所以認性之源頭有誤。陽明言無善無惡心之體，類似告子，

然其意義是不相同的。陽明以意之有善有惡，言心體之無善無惡，是指未發之中體，最終目的是要人去除情識聞見，以復返真性之體。告子因孟子言性善、或人言有善有不善，而言無善無不善，是指血氣之識神，非真性之體，最終會使人殉於食色而泯滅仁義。因此兩者是不同的。孟子言性善指真性之體，陽明亦言真性，則兩者有可相通之處，東溟言：

> 蓋君子見性之後而言性，直下拈出本體，不必盡合於前人之言，而意自不相悖。如孔子言性相近，已精矣，孟子復從相近之中，拈出善字來，不爲悖孔子也，謂之發孔子之未發可也。孟子道性善，蓋精矣，陽明復從善處，拈出無善無惡之體來，不爲悖孟子也，謂之發孟子之未發可也。（同上）

孔子言性相近，孟子從中點出善字來，不但不違背孔子，而且發孔子所未發。孟子道性善，陽明從善處，點出無善無惡來，不但不違背孟子，甚至補足孟子的說法。即是前面所說的，孟子言性眞爲善，而性體無對，以情之有善言無對之性，是強以名之，因此性是無善無惡的，所以東溟言「陽明通孟子之性善」（〈續答顧涇陽書〉）。

（二）無善無惡與佛家之說

東溟之學以三教合一爲中心，尤其是糾合儒佛二道。在性論上，他認爲佛家亦主張性善論，來反駁涇陽言無善無惡爲佛家論性宗旨。他說：

> 兄疑無善無惡之宗，出於釋氏乎！非也，釋氏固道性善也。曰「寶明妙性」，曰「圓成實性」，非性善而何？頌華嚴之性海者曰：「富有萬德，蕩無纖塵，至矣。有無二見，皆圓教之所訶也。」未嘗以無善無惡爲性宗也。唯曹溪六祖指點惠明於不思善不思惡時，認出本來面目，而惠明立悟，有近於無善無惡之說，然亦曷嘗以無爲宗。永嘉證道於曹溪則曰：「棄有著空，猶如避溺而投火矣。」至於曹溪初呈見地，有本來無一物之偈，則性體之眞空，原自如此，即吾夫子之空空如也。孟子道性善，豈能於本來無物之中添一物哉！（〈答顧涇陽書〉）

東溟舉出佛家言「寶明妙性」、「圓成實性」，來證明佛家亦言性善。又舉頌華嚴之性海言富有萬德，而無一毫之染，有無皆圓教所訶，證明佛家未嘗以無善無惡爲論性之宗。六祖指點惠明在不思善不思惡時認本來面目，不思善不思惡與無善無惡說法相近，然亦未以「無」爲宗。永嘉證道歌曰：「棄有著空，

猶如避溺而投火」，及六祖證道言「本來無一物」，皆是說明性體眞空，而不言「無」，即是孔子所說的「空空如也」。〔註23〕孟子道性善，亦不能在眞空的性體中添加任何東西。如此說來，東溟以佛家不言性善而有性善之義，不言無善無惡，而言性體眞空。引申來說，性體眞空，不著一物，即是無善無惡的，而寶明妙性、圓成實性，即此眞空性體，富有萬德，故是至善的。東溟又以佛家生滅之說，以及孔子、濂溪之論來解釋這個道理：

> 今且置佛乘之不生不滅，而言人心之生滅，心生則種種法生，善生惡亦生也；心滅則種種法滅，惡滅善亦滅也。善惡皆生滅，則孰為不生不滅，蓋必有立於無善無惡之先，而為佛乘之因地者矣。孔子所謂「大哉乾元」，周子所謂「無極而太極」，非耶？是故均之為善去惡，而以生滅心為因，必入人天之果，以不生不滅為因，必入佛乘之果。不生不滅之因，是謂眞如妙性，亦不可不謂之至善也。（同上）

佛家講心生則種種法生，所以善生惡亦生，心滅則種種法滅，則惡滅善亦滅。善惡皆在生滅之中，只有無善無惡才是不生不滅的，即佛家所說的因果之「因地」，即孔子說的「大哉乾元」、濂溪說的「無極而太極」。不生不滅即是眞如妙性，即前面所說的眞空性體，不生亦不滅，所以是無善無惡，亦可說是至善的。因此佛家性論是無善無惡的，又是純粹至善的，再參照前說，則儒家與佛家之性論可以相合。東溟又以為：

> 釋經云：「一切眾生，皆以淫慾而正性命。」即所謂無明實性，與孟子口之於味等性相合。然釋家言性最活，又有所謂圓成實性、寶明妙性者，則孟子道性善之性也。……竊謂天命之性，正所謂天然自有之衷，禪家謂之本來面目，循之何適非道。若以性兼善惡，循善為道，循惡為非道，則釋典有不斷性惡而證菩提之說，何者？惡業可斷，惡性不可斷，若惡性可斷，則善性亦可斷也。性是善惡之統宗處，性譬則水，善惡譬則波，波不離乎水，而水非波也。陽明先生云：「無善無惡心之體」，心之體即是性，循其無善無惡之本體，是謂至善。（《愓若齋集・尺牘・奉復天臺耿先生筆示排異學書》）

〔註23〕《論語・子罕第九》言：「子曰：『吾有知乎哉？無知也。有鄙夫問於我，空空如也，我叩其兩端而竭焉。』」頁78。

佛經說「無明實性」即是孟子所說的「食色之性」，佛家說的「圓成實性」、「寶明妙性」，即是孟子道性善之「善性」。他又引申說，天命之性即禪家所謂的本來面目，循之皆道，如以性兼善惡，循善為道，循惡非道，則佛書有不斷性惡而證菩提之說要如何解釋？東溟認為惡業可斷，惡性不可斷，如惡性可斷，善性亦可斷，正如性可喻為水，善惡如波，波不離水，然波不是水，性是善惡之統宗，而非善惡。即陽明所說的無善無惡心之體，心之體即是性，循無善無惡之本體即是至善。儒家、佛家皆有性善之論，以及無善無惡之說，因此佛家與儒家的性論可以相通。

東溟引陽明之性論證儒佛之說可相通，並非指陽明出入儒佛，或即是佛家：「無善無惡者心之體，自是陽明悟後之言，非蹈襲佛氏語也。……非以此一語為釋氏之宗指，……陽明原未深於佛道，特其悟意有近於禪，故見有不期而合處。然其所標無善無惡，不從禪書中來也，亦自道其性境云爾。」（〈答顧涇陽書〉）無善無惡心之體是陽明悟後之語，並非從佛家竊取而來。東溟認為陽明未深入研究佛學，而在悟得心體之後，描寫心體之語與佛家之意相通，是「見有不期而合處」。在此東溟反駁涇陽言陽明是佛家，無善無惡由佛書而來，以及陽明「援儒入佛，借佛入儒之疑」（同上）。

前面我們說過，涇陽與東溟論辯無善無惡，亦力闢三教合一之說，明辨儒釋之分，以及言無善無惡為佛家性宗。對於涇陽的看法，東溟除秉持一貫儒釋合一的觀點外，對於儒者的闢佛態度亦多有批評：

> 然兄為此兩重口案，駁辨不已，只為認性善二字，為東魯之家珍，
> 認無善無惡四字，為西竺之番貨故也。豈知無善無惡，即孔門在笥
> 之藏，而性善亦佛氏通行之鈔哉。吾嘗視世儒未窮佛道，且毋輕議
> 佛學，程朱立身行己，無一不可法，獨其未知佛而議佛，不足法也。
>
> （同上）

東溟認為涇陽重重辨駁，是因認性善為儒宗，無善無惡為佛宗。他認為孔門亦言無善無惡，佛家亦言性善，是可以相通的。而世之儒者未深究佛學，而輕言闢佛，如程朱立身行己，可以為後世模範，然而只有闢佛之說不可法，因其未知佛而闢佛，所以他們闢佛的觀點亦有許多可議之處。他又言道：

> 兄謂聖人未嘗不言無，而引詩之「無聲無臭」、易之「無方無體」、
> 論語之「無意無必無固無我」為說，則亦未敢便信。兄雖真見聖人

之言無處，假令此三言者，不出於儒書而出於佛氏之口，兄亦必吹
毛而求其疵。試觀考亭夫子，最惡佛門空字，其註論語於孔子之「空
空如也」，寧屬鄙夫，不屬孔子，於顏子之「屢空」，寧言財空，不
言心空，則於佛口所親說者，其詆排又當如何也？故知三言倘出佛
口，亦難保兄之不疑矣。（同上）

涇陽言聖人之無與佛家的不同，儒家言「無聲無臭」、「無方無體」、「無意無
必無固無我」，而不言「無善無惡」。東溟以為如果這三句話出自佛書，涇陽
亦會吹毛求疵。他的意思是說許多儒家學者未明白真實意義，只因是佛家之
說，而一概抹殺。他批評朱子，朱子力闢佛家學說，尤其是「空」，在註解《論
語》時，遇到「空空如也」時，不說孔子，而說鄙夫。〔註 24〕註到顏子「屢
空」時，不言心空，而說財空，〔註 25〕已扭曲了《論語》的真實意義了。此
是承上而論，儒者闢佛皆是意氣之爭，不知佛而輕議佛。東溟接著說闢佛即
是理障：「宋儒自程伯子而後，儒者必以闢佛老為大題目，而橫此一障於胸中，
此即所謂理障也。無善無惡，……今乃疑其出於佛而駁辨不置，又添一無善
無惡之障也。不特此耳，心不空空，即性善二字亦是障。」（同上）他認為宋
儒自明道後，皆以闢佛老為己任，闢佛老即成理障，因「闢佛老」一念橫於
胸中，無法真實了解其學說義理，不論是非曲直，只要是佛老學說，即一概
抹殺。如無善無惡論，儒者懷疑其出於佛家學說而不去探討真實內涵，即又
增加一無善無惡之障。不僅如此，心體本空，言性善，性善即成理障。因此
他強調不知佛不要輕議佛。

由以上兩部分之論述可知，他認為孟子性善說，以有對之情言性，善之
源頭認不清，而陽明無善無惡心之體並不等同於告子，而與孟子之說可相通，
即無善無惡是謂至善。而佛家也講性善，也講無善無惡，因此佛家與儒家性
論是相合的，而且在儒釋相通的情況下，儒者的闢佛就變得有點意氣之爭，
不知佛而輕議佛了。而陽明「無善無惡是謂至善」，是他在有悟於心體的情況
下，與佛家「不期合而合」的，並非從佛家而來，因此陽明不是佛家。

〔註24〕 「空空如也」同上，朱子註曰：「孔子謙言己無知識，但其告人，雖於至愚，
　　　　不敢不盡耳。」見宋‧朱熹集註，蔣伯潛廣解，《廣解語譯四書讀本‧論語》
　　　　（臺北：啟明書局，出版年不詳），頁 121。

〔註25〕 《論語‧先進第十一》言：「子曰：『回也其庶乎！屢空。賜不受命而貨殖焉，
　　　　億則屢中。』」頁98。朱子註曰：「屢空，數至空匱也。不以貧窶動心而求富，
　　　　故屢至於空匱也，言其近道，又能安貧也。」同上，頁 162。

三、無善無惡與世道

涇陽以爲無善無惡論會取消道德修養的必要性，沒有爲善去惡的工夫，而且兩者在理論上互相矛盾，東溟則以爲：「捨惡趨善之工夫，何以合於無善無惡之本體也？太極匪陰匪陽，而不能不分陰陽，有陰陽，則必扶陽而抑陰。性體無善無惡，而不能不起善惡，有善惡，則必捨惡而趨善，易道然也。」（〈答顧涇陽書〉）他以本體論來解釋爲善去惡工夫，是合於無善無惡本體。太極生陰生陽，而非陰陽，有陰陽，善惡亦隨之而起，陽善而陰惡，所以必當扶陽抑陰。太極即性，性體是無善無惡的，感物而動則有善惡，有善惡，必捨惡而趨善，與扶陽抑陰之意義相同。他又以爲：

> 兄疑無善無惡之本體，與爲善去惡之工夫相悖乎？則《太極圖說》既言「太極本無極」，又言「五性感動而善惡分」，又言「聖人定之以中正仁義」，又言「君子修之吉」，豈亦慮性之空而實之，慮性之雜而汰之耶？且爲善者，必至於無善可爲而善斯純，去惡者，必至于無惡可去而惡斯淨，卒亦歸於無極耳。……知太極本無極，則知性善本無善。知聖人之主靜立極，正所以還無極，則知君子之爲善去惡，正所以還於無善無惡。（同上）

《太極圖說》言「太極本無極」、言「五性感動而善惡分」、言「聖人定之以中正仁義」，又言「君子修之吉」，即是說明性體是至實又至空，即是無善無惡的純粹至善。所以爲善，必至於無善可爲時，去惡，必至於無惡可去之時。爲善去惡，必以無善可爲，無惡可去爲究竟，而返於無極。太極本無極即性善本無善，因此爲善去惡工夫，正要返於無善無惡，也就是做爲善去惡的道德修養，以返回本體無善無惡的境界。因此兩者是不矛盾的。

涇陽認爲無善無惡消融爲善去惡工夫，造成玄虛狂蕩的風氣，對世道有不良的影響，東溟以爲無善無惡正所以證爲善去惡工夫，對世道有正面的影響，他說：

> 亦當知今日之流敝，非必盡出于無善無惡一語，而此語亦有可以藥時病處。蓋小人固難於無惡，而君子亦嫌於有善。目見今之君子，崇聖學者有聖學，習禪學者有禪學，負氣節者有氣節，敦行誼者有行誼。書曰：「有其善喪厥善。」老子曰：「天下皆知善之爲善，斯不善已。」安可謂此語非藥石哉！（〈續答顧涇陽書〉）

他認爲晚明的流弊，未必是無善無惡所引起的，相反的無善無惡還能對治某

些時弊，也就是《尚書》所說的「有其善喪厥善」。當時的學者，尊崇孔孟之說者執著孔孟學說，習禪宗者執著禪學，負氣節者執著於氣節，敦行誼者執著行誼，皆著於己之善，著於有善非真善，而且他們又以己善來非人之善，形成君子小人之對立。而無善無惡之說，使人不著於善，能平息君子小人之爭，有益於世道。他的說法與上一章周海門「以無善戒著善」的說法相同。對於世道，涇陽力闢無善無惡說，而主張性善論，東溟亦明白涇陽的用心，〔註26〕只是他認為涇陽的方法不能扭轉世道，他說：

> 涇陽見講學家，多藏二種人物，故疾首而痛懲之，然涇陽能為懲之之言，而不能得懲之之法。即如韓子原道論中，欲絕二氏之根，便謂人其人，火其書，其勢果能行乎？必如周元公會二氏之精髓，消歸六經語孟中，點開二程眼目，屬之興起斯文，四傳及於紫陽夫子，而儒風遂為之一變，此元公之深心所召也。大概以人治人則易，以己治人則難，以善養人則易，以善服人則難。元公得治人養人之法矣，程朱尚有服人之意在，是以入主出奴，俟百世而難乎不惑。(《續問辨牘・答張儀部文石丈書》)

他以為涇陽見世多鄉愿及無忌憚之小人，〔註27〕而極力以性善論救之。東溟認為涇陽所說的弊端一針見血，然卻不得解決弊端之方法。如同韓愈在〈原道〉中的闢佛論，以人其人、火其書來扼止二氏之風，是行不通的，而要像濂溪會合佛老，消融於四書五經中，指點二程，興起聖學，才能使儒風為之一變。韓愈的方法是「以己治人」、「以善服人」，濂溪的作法是「以人治人」、「以善養人」。「以人治人」是了解他人的思想精髓，並與己說融合為一，用以治人，是比較容易收效的，相反的以己說來凌駕他說，甚至改變他人的想法是「以己治人」，則難以收到效果。「以善養人」是啟發人人共同的善性，使人人由本心自發去做道德修養，要改正世道是比較容易的。「以善服人」是認為人有不善，而拿一個「善」去馴服人，要人遵守，比較容易引起反彈之

〔註26〕 東溟曾在〈續答顧涇陽書〉曰：「若兄篤信孟子性善之旨，則非緣於附和也，實從精思中拈弄出來，力排陽明心體無善無惡之言，亦非一於苛求也，實從世教上推敲過來，謂從見性明心中發，則吾未敢輕許。」頁108。他認為涇陽是因道之弊而力排陽明無善無惡論，而主張性善說，然涇陽卻認性不清，排無善無惡論非真見性者之言。

〔註27〕 東溟在《續問辨牘・答張儀部文石丈書》中說：「深疾亂德之鄉愿，與無忌憚之中庸，此是涇陽與不肖之莫逆處也。」頁153。引文中所言的「多藏二種人物」，所指的即是鄉愿及無忌憚中庸之小人。

心，而難以收到效果。這樣的說法與前一章周海門的說法如出一轍。東溟認為濂溪得治人養人之法，程朱則有以善服人之意，而涇陽極力提倡性善論，其對治流弊所提出的方法，亦是以善服人之法，所以東溟提出可行之法，即「因勢而利導」（同上），「以孔矩收二氏」之方法，他說：

> 曩者與天臺先生論及儒釋之際，而有孔矩收二氏之說，……然而以矩為言，則為近儒之染禪狂，而以恣情為率性者發也。孔氏之矩，猶釋氏之律，禪至於五宗之衰而釋氏之律掃地。儒至於姚江之衰，而孔氏之矩亦掃地矣。故今之狂儒與狂禪合為一途，口吻單傳直指之宗，而相率為曠蕩不羈之行，鼓浮薄險怪之徒而從之，其流何所底止，此孔矩收二氏之言所自發也。蓋不言收二氏，是儒者止有經世之道，而無與於出世之宗，將謂身死則神隨形滅，所不朽者惟名而已矣，名豈足以絆上乘之豪傑？然收二氏而不言矩，則宗風峻而皇綱卑，匪但狂禪無所檢束，而士之希慕上乘者，必且裂冠毀冕以為高矣，其敝也不以出世妨經世，則以經世濫出世，二者之所流，皆過也。易傳曰：「範圍天地之化而不過」，收之為言範圍也，以孔矩收二氏，言以從心不踰之矩，範圍二氏之化而不過也。蓋不但通其本來出世之宗，亦挽其末流誣世之弊焉。及其至也，豈直孔矩能收二氏，二氏之矩，亦足以收孔子。（《問辨牘·答吳侍御安節丈書》）

以孔矩收二氏，主要是針對當世狂禪、狂儒恣情縱欲者而發。東溟認為禪至五宗而佛家之律盡掃，而儒至王學末流，孔氏之矩亦被決破，所以當世狂儒、狂禪合為一路，只言單傳之旨，而放浪形骸，狂蕩率性，流風所向，何所底止，因此他提出以孔子之矩收二氏。如果只言孔矩，不言收二氏，是只有經世之道，而無出世之學，身死神隨形滅，所留的只有名而已，是無法收高明之徒的。而只言收二氏不言孔矩，則使狂禪之人無所束縛，希慕上乘之人，必以裂冠毀冕為尚，其流弊不是以出世妨經世，就是以經世濫出世，所以孔矩與二氏並言之。以孔矩收二氏，是以不踰心之矩，範圍二氏，使之不為過，不但能通本來出世之說，亦可挽救末流誣世之弊，到最後，不但孔矩能收二氏，二氏之矩亦可收孔氏，如此則是「三教合一」了。

東溟與涇陽論辯大旨，一是無善無惡，一是以孔矩收二氏，他自述他闡明無善無惡之說，並非為陽明作說客，而是要人見真性，認性善之源頭，而有所自得，「毋徒拾孟子之唾餘」，以為「道性善為儒門一大題目」。他闡明以

孔矩收二氏，並非「爲三教作講和客」，而要人眞正求得孔子一貫之道是與二氏不悖，而能深造之，不要「徒拾程朱之唾餘」，以爲「闢佛老爲儒門一大功勳」。(〈答顧涇陽書〉》)因此他言無善無惡是謂至善，言三教合一，以孔子之矩收二氏之說，亦是有見於世道之弊，而提出的解救之法。他雖然屢屢言及以孔矩收二氏，試圖扭轉狂禪、狂儒之風，然而他又將世道之救與不救歸之於天命，他對涇陽說：

> 兄言何以爲救之之術，愚蓋窮焉而無以爲計矣。此際此風，豈但提陽明無善無惡四字救不得，即提孟子性善二字，亦救不得，蓋世人之糠秕仁義也久矣。而道權又不在我，不尊不信，疇能以草澤之空言，移天下之忒志哉！愚只願與二三豪傑，闇然自修，見性見到徹處，修行修到密處，言可以俟百世之聖人。而世之救與不救，曰有命，如是而已矣。(同上)

東溟認爲對於世道，他無以爲計，因糠秕仁義之風已久，已非二三在野君子之言論所能救之，因改善風俗、教化百姓之道權不在我，而在朝廷。因此他只求與二三知己同修道德，以見得眞性。東溟之意亦要涇陽以修養性命爲先，「見性見到徹處，修行修到密處」，以止息這場論辯。

總之，東溟認爲無善無惡與爲善去惡之說並不相悖，爲善去惡的道德修養工夫，即要達到無善無惡的本體之境。無善無惡對於執著爲善者，反而有警醒作用，有益於世道。在挽救鄉愿、無忌憚之中庸所引起的世道之弊上，他以爲性善、無善無惡論皆不足以救之，而提出「以孔矩收二氏」的「三教合一」的理論來挽救世道。

四、無善無惡與陽明之評價

涇陽有見於世道之弊，士習敗壞，舉目皆見鄉愿、無忌憚之小人，推本極源在陽明無善無惡之說，他將世道之弊完全推給陽明，認爲陽明立教不嚴，東溟則以爲：

> 宋自南渡而後，兩程之徒徧天下，至使正心誠意之說，爲人主所厭聞，此非正心誠意之過也，習其學而泥焉者之過也。我朝自嘉靖以來，陽明之徒徧天下，至使學者仕者，影射致良知，及無善無惡之說，非詭遇以投時，則狂恣以敗禮，而守道者亦厭之，此非無善無惡之過也，影其見而流焉者之過也。(〈答顧涇陽書〉)

他認爲世道之弊，非陽明之過，過在不善學者。他以爲二程主格物窮理，南宋之後，二程門人遍天下，而正心誠意之說卻爲人主所厭，此並非學說本身的過錯，而是學習二程者拘泥於格物窮理而產生支離之弊。同樣的，陽明主張致良知以及無善無惡之說，嘉靖以後，王門弟子遍及天下，學者影射致良知學說及無善無惡論，蕩越禮法，落入狂禪之地，並非無善無惡之過，而是不善學者之過。此即世道之弊，並非「陽明一言，遂能鼓動天下之人心」，而且「今天下導狂導僞之端多矣，豈盡出于陽明之徒」（〈續答顧涇陽書〉）。東溟以爲晚明狂蕩之風來源於：

> 然不可以士習之流，而苛責於陽明之學術也，蓋其所由來者漸矣。大概鼓舞之權，在上不在下，宦機猾而士習污，固亦有爲之導者，而過不在陽明。陽明之學，豈無流弊，而亦不在無善無惡一語。當斯際也，縱無致良知之學，而曲學阿世之輩，亦即在程朱之教中，言其言□不行其行，還復有所托而逃焉以自解。……吾見世有文豪焉，論陽明，則以程朱之繩墨裁之，論程朱，則以孔子之時中裁之，論孔子，又以大雄氏之神妙裁之，絕不信良知之說，而亦能爲性善之說稽其行，則與時浮沉，節義掃地，豈亦入於無善無惡之宗而然歟！（〈答顧涇陽書〉）

他認爲世道之弊是逐漸形成的，鼓動天下風習之權在上不在下，在朝爲官的人機詐狡猾，就會影響士風。陽明之學有流弊，亦不在無善無惡一句。他認爲即使當時沒有致良知說，曲學阿世之學者，亦會託程朱之說而有所蕩越，所以不能將責任歸結於無善無惡論。他接著以某些當世學者爲例來說明這個道理。他們以程朱之繩墨論陽明，以孔子之時中裁程朱，又以佛家之說論孔子，不信良知之說，而主性善之說。然而他們的行爲與世浮沈，不講道德節義，並不是因無善無惡論而來的。由此證明世道之責不在無善無惡，亦不在陽明。東溟接著說：

> 如陽明雖以無善無惡爲說，而程朱忠孝節義之遺矩猶在也。末年所撮大學要旨四語，可謂發程朱之未發，使學者於性體之無善無惡處，果見得十分親切，則何患乎不易惡至中而還於至善哉！否則以名利之僞根，插腳道中，……雖日以性善之說導之，無益也。（同上）

陽明雖主無善無惡之說，仍以程朱的道德規範爲行爲之矩。根據《大學》所言的四句教，亦是發程朱之未發，使學者眞實體認性體之無善無惡，爲善去

惡以達到至善之境，否則名利之心作祟，插腳道中，日以性善說勸導，亦無益。因此東溟認爲：「學者不肯真實用心耳，如肯真實用心，自能討个真消息出來，或從性善話頭悟入，或從無善無惡話頭悟入」（〈續答顧涇陽書〉）。晚明士習之弊在學者不肯真實體認心體，而假託無善無惡之說，以資狂蕩，所以陽明學說之弊不在無善無惡。

東溟不僅認爲無善無惡論無弊，更認爲陽明四句教徹上徹下，他認爲所謂「無善無惡」，是「至善之體」，所謂「爲善去惡」，是要「復其無善無惡之體」，所以四句教「徹上徹下，本自無弊」（《惕若齋集・文類・題學的教衡》）。而陽明學之弊，在陽明以四無、四有分接上根之人以及中根以下之人，分《大學》爲兩種教法：

> 而大學正心誠意之教，以知止爲入門，以止至善爲實際，此則頓漸兼
> 該，亦接上根，亦接中下根，所以爲徹上徹下之道。今陽明折衷二子
> 之說，謂四無之說，爲上根人立教，四有之說，爲中根以下人立教，
> 是雖存四有，實重四無，雖兼接中下根，實重在接上上根。此以宗門
> 之聲臭未忘，而判大學爲兩岐之教也，泥其說，則無善無惡者心之體，
> 似以正心接上根，有善有惡者意之動，似以誠意接中下根，而語意之
> 不圓亦甚矣。……二本之嫌，則不敢爲陽明諱焉。（〈答顧涇陽書〉）

《大學》正心誠意之教，以知止爲入門，止至善爲最終目的，是頓漸兼備，可接上根之人，亦可接中根以下之人。而陽明折衷龍溪、緒山之說，以四無爲上根人之教法，四有爲中根以下人之教法，雖存四有，而重在四無，雖兼接中下根人，實際重在接上根之人，使《大學》之教偏於接上根人。而四句教言「無善無惡心之體」，似以正心接上根之人，「有善有惡意之動」，似以誠意接中下根人，使大學之教歧爲二本，使止於至善與格致誠正分歧，故其弊在：專提四無，只說止至善而不做格致誠正工夫，則止至善成爲玄虛之境；專提四有，只言格致誠正而不言止至善之最終目的，則工夫漫無標準，因此以四無、四有分《大學》之教爲二，必使止至善落空。

總之，東溟認爲晚明王學之弊在鄉愿，在無忌憚之小人，這些弊端由來已久，非無善無惡一言所能造成，亦非陽明一人所能鼓動天下，因此王學之弊不在無善無惡，世道之責不全在陽明。如果說陽明學說有弊，則在於他在天泉證道上的衡定，歧《大學》之教爲二本，以格致誠正接中根以下之人，以止至善接上根之人，造成止至善的落空。

第三節　爭論之焦點

在「惠泉講會」上，顧涇陽主張性善論，與主張無善無惡論的管東溟，進行了一場激烈的辯論。雙方在本體論、工夫論、無善無惡與告子、佛家的關係，以及無善無惡對世道的影響等方面，皆存在著很大的歧異。

在本體論上，兩人藉著濂溪《太極圖說》「無極而太極」、「太極本無極」說明宇宙本體爲太極，太極即性。「無極」是太極的虛無狀態，並非在太極之上，還有一個無極本體。然而東溟由「無極」的虛無狀態，指出無善無惡，涇陽則指出太極的至善性。另外，東溟以善惡配陰陽，強調論太極當在陰陽未分之際，論性當在善惡未分之時，所以是無善無惡的。涇陽則認爲太極未生陰陽時，已含有陰陽之質，因此在「體用一源」的情況下，太極爲善，陰陽未分之統體亦是至善的。

在心體與性體的問題上，涇陽以爲陽明以心爲本體，才認心體爲無善無惡，所以他提出「性即理」，以性爲矩來制心，以防「心即理」的無善無惡論可能引起的弊病。而東溟亦認爲陽明言無善無惡是講心體，非講性體，然而他混言心體、性體，甚至認爲心體、性體爲一，所以性體亦是無善無惡。另外涇陽強調善的至實至空性，將善與性相結合，使善提高到本體的地位。

在散殊之善與統體之善的關係上，東溟以爲仁義禮智等散殊之善，並非統體的至善，以此論證無善無惡是謂至善的無對性。涇陽則以爲統體之善即散殊之善，仁義禮智即是至善之性，也就是作爲抽象本體的統體之善，具有仁義禮智的道德屬性，仁義禮智又歸結爲統體之善，使統體之善有具體的內容。

在工夫論上，涇陽以爲無善無惡的本體與爲善去惡的工夫抵消，無善，則無善可爲，無惡，則無惡可去，取消了爲善去惡的道德修養，並且在本體、工夫合一之旨下，無善無惡之工夫應是不思善不思惡，並非爲善去惡的。因此，在無善無惡與世道的關係上，他以爲無善無惡論取消工夫，會混淆是非善惡的道德標準而助長鄉愿惡習，對世道有極大的影響。東溟則認爲無善無惡與爲善去惡兩者不但不相矛盾，而且缺一不可。爲善去惡工夫，正要以無善無惡本體之境爲終極目的，無善無惡本體必得爲善去惡工夫才能達到。因此無善無惡並不會造成無工夫可爲的弊端，相反的，無善無惡可以對執著爲善者有一點醒作用，對世道反而有正面的影響。

在無善無惡論與告子、佛家的關係上，涇陽認爲陽明無善無惡論即是異

端之說，等同於告子、佛家。東溟則以爲陽明之說可與孟子性善說相通，亦不同於告子無善無不善論，而且陽明並非佛家，他只是有悟於心體的無善無惡，與佛家心性論是「不期合而合者」。

在世道上，同樣有見於鄉愿、無忌憚之小人，涇陽將流弊指向陽明無善無惡論，極力批判陽明立教不嚴，並主張以性善論來挽救世道之弊。東溟則以爲世道之責不能歸結於陽明一人，亦非無善無惡一言所能鼓動的。而且世道之弊，性善論、無善無惡論皆不足以救之，他提出「以孔矩收二氏」，即三教合一的理論，在原有的「儒釋道合一」的學風上導正世道。雖然東溟主張「以孔矩收二氏」，挽救狂禪之弊，但是他將世道之救與不救歸諸天命，與涇陽殷殷以世道爲念是不相同的。

東溟爲無善無惡論找到本體論上的根據，以濂溪《太極圖說》爲理論根據，以太極、無極、陰陽論證性之無善無惡。而且他又以無善無惡論爲基礎，認爲無善無惡與佛家「性空」之說相同，而在儒學的內部糾合儒釋，倡導三教合一。他以《太極圖說》爲無善無惡根據的看法，是陽明、龍溪甚至是海門所沒有的，不論其是否合於王門思想，他的說法可以說是對無善無惡論的引申，補充無善無惡論在本體論上的不足。而他又以無善無惡論來糾合三教，爲晚明三教合一的思潮提出根據，則顯然是過度引申了。

涇陽惟恐無善無惡論者以無善無惡言性體，使心體無所束縛，流於放縱。又唯恐無善無惡論陷入佛家「性空」之說，使道德、天理等儒家謹守的規範，有被視爲理障的危險，〔註28〕而「視道德如浮雲」，善與惡一併去之，流於恣情縱欲，而且更加危險的是它會從儒家內部腐蝕儒家根基。〔註29〕因此他主張以性體控制心體，並論述無善無惡論對世道的影響，力主無善無惡爲佛家之說，而極力闢佛、嚴明儒佛之別，以防儒佛交涉所可能引起的弊病。雖然涇陽在思想上承襲孔孟、程朱心性論，並未開出不同於前人的觀點，但他卻充份掌握到時代的脈動，以性善主體的建立來化解無善無惡論所衍發的時代問題。

〔註28〕溝口雄三言：「他們（按：東林學者）正確地掌握到無善無惡思想的危險部份（即，它與「真空」的論理結合後，很容易粉碎綱常的規範）。」見溝口雄三原著，林右崇翻譯，《中國前近代思想的演變》（臺北：國立編譯館，1994），頁143。

〔註29〕曾陽晴著，《王龍溪思想研究》，國立臺灣大學中國文學研究所碩士論文，1989，頁193。

　　由上可知，此次辯論與第二次論辯相較，此次論辯內容範圍較大，不僅討論雙方理論在本體論上的依據、亦討論各家包括從先秦到宋代的儒家、以及告子、佛家的性論，並深入探討晚明世道之弊，以及儒佛之別的問題。這些問題除儒佛之問題外，其他問題在第二次論辯時已有談論，只是沒有第三次辯論的深入與詳細，論述範圍亦較小。因此第三次論辯可說是第二次論辯的引申。

　　雙方論辯的焦點，主要集中在四句教首句「無善無惡心之體」上，以及由此而引申的儒佛之辨。一方是主張無善無惡論與儒佛合一的王門弟子管東溟，一方是主張性善論與闢佛的東林學者顧涇陽。由這次論辯，我們可以看到王門弟子管東溟對無善無惡論的解釋與引申，以及非王門學者顧涇陽對無善無惡論的看法與爭議。因此這次的辯論是不同學派學者對本體——性善或無善無惡的爭論。

第五章　黃梨洲《明儒學案》對
各家疏解之衡定

　　黃宗羲，字太沖，號南雷，又號梨洲，浙江餘姚（今浙江餘姚）人。生於明萬曆三十八年，卒於清康熙三十四年（1610～1695），年八十五。其父黃尊素爲東林名士，受魏忠賢迫害而死，他依照父親遺言從學於劉蕺山。明亡從事於反清復明的活動，後來眼見復國無望，於是回到家鄉著書講學。其著作非常多，以反省傳統專制政體的《明夷待訪錄》、總結明代思想的《明儒學案》、以及總結明代文學的《明文海》最爲有名。

　　《明儒學案》是梨洲總結有明一代學術的巨著，其體例非常完整，每一思想家皆以傳略爲先，其次論述主要思想並予以批評，最後摘錄相關之著作言論，以客觀的記錄各家思想。從《明儒學案》中，除了可以大概看到各家學說思想外，更重要的是可以看出他對各家思想的簡擇與衡鑑。對四句教的問題，他站在衡鑑各家思想的立場上，[註1] 不僅對各家說法提出說明，保存了有關論辯的資料，並且提出了他對各家說法之衡定，重新疏解四句教。因此，以下即分三部分探討黃梨洲對各家說法之衡定以及其對四句教的疏解。

〔註 1〕 在《明儒學案・明儒學案發凡》中，梨洲曰：「學問之道，以各人自用得著者爲眞。凡倚門傍戶，依樣葫蘆者，非流俗之士，則經生之業也。此編所列，有一偏之見，有相反之論，學者於其不同處，正宜著眼理會，所謂一本而萬殊也。」頁 18。在〈明儒學案序〉中，他又說：「夫道猶海也，江、淮、河、漢以至涇、渭蹄踐，莫不晝夜曲折以趨之，其各自爲水者，至於海而爲一水矣。」頁 7。梨洲所謂「一本」者，即道，「萬殊」者，即各家學術，萬殊的學術都是由一本的道體中產生的，所以他說「一本而萬殊」，由此並可看出他著《明儒學案》的動機，以及他對於各家學術所秉持的立場。

第一節　衡定之進路

梨洲對四句教的看法，明顯呈現兩種不同的進路，在康熙六年（1667），約在《明儒學案》成書前九年的時候，他在回復董吳仲的一封書信中提到：「夫此四句，無論與大學本文不合，而先與致良知宗旨不合。」（《黃宗羲全集・南雷詩文集・書類・答董吳仲論學書》），他認為四句教不僅不合乎《大學》本文義理，更與陽明致良知教不符合，他接著詳細解釋道：

> 其與大學本文不合者，知善當惡，而後為善去惡，是為善去惡之工夫，在知善知惡。則大學當云：格物在致知矣。若大學非倒句，則是先為善去惡，而後求知夫善惡也，豈可通乎？……陽明提致良知為宗，……若必守此四句為教法，則是以知覺為良知，推行為致知，從其心之所發，驗其孰為善、孰為惡，而後善者從而達之，惡者從而塞之，則方寸之間，已不勝其憧憧之往來矣。……如以陽明之四句，定陽明之宗旨，則反失之矣。（同上）

四句教言知善知惡而後為善去惡，即致知在格物之先，則《大學》應當言格物在致知，如此一來即成倒句，所以四句教與《大學》文義不相契合。再者，四句教以知覺為良知，擴充良知為致知，從心之發動處，驗證所發之意為善或為惡，善從而為之，惡從而去之，則人隨時處在善惡的起滅之間，不勝煩擾。因此四句教又與致良知不符合。梨洲顯然認為陽明四句教不僅不符合儒家所傳之思想，亦不符合陽明的思想。

然而，令人不解的是，同年，他又在〈與友人論學書〉中，試圖疏解「無善無惡心之體」，他說：「陽明先生無善無惡心之體，亦猶中庸言上天之載無聲無臭，恐人于形象求之，非謂并其體而無之也。」（《黃宗羲全集・南雷詩文集・書類・與友人論學書》）他認為無善無惡心之體即是《中庸》所言的「無聲無臭」，陽明怕人以經驗界的種種形象來規範心體，所以稱心體為無善無惡。在此梨洲又認為陽明無善無惡心之體，與聖學所傳之宗旨相契，並可互相發明。這兩種相悖的思想進路－四句教不契合聖學宗旨與陽明思想、四句教又相契於聖學宗旨－同時存在梨洲身上。〔註2〕梨洲這種相悖的思想進路，

〔註2〕楊自平以為：「梨洲對於四句教之批判有其思想歷程，即前期受其師蕺山觀點之影響，但後期卻有所轉向，遂產生由否定到肯定的思想歷程。」見〈黃梨洲對四句教的理解、批判與創造性詮釋〉，《孔孟月刊》第34卷第2期（1995年10月），頁23。他將梨洲對四句教的相悖進路視為前後期思想的轉變，我

集中表現在康熙十五年（1676）所完成的巨著《明儒學案》中，在各學案錯雜著這兩種看似矛盾的思想進路。他試圖將四句教從陽明思想中抽離出來，又欲將四句教重新定位回去，進而衡定陽明以下各家對四句教的回應與反駁。

　　梨洲認爲四句教非陽明之思想，將四句教從陽明思想體系中抽離出來。首先，在文獻記載上，他舉出鄒守益〈青原贈處〉所記載的「天泉證道」一事，來證明四句教非出於陽明：

> 先生青原贈處記陽明赴兩廣，錢、王二子各言所學，緒山曰：「至善無惡者心，有善有惡者意，知善知惡是良知，爲善去惡是格物。」龍溪曰：「心無善而無惡，意無善而無惡，知無善而無惡，物無善而無惡。」陽明笑曰：「洪甫須識汝中本體，汝中須識洪甫功夫。」此與龍溪天泉證道記同一事，而言之不同如此。……今觀先生所記，而四有之論，仍是以至善無惡爲心，即四有四句亦是緒山之言，非陽明立以爲教法也。今據天泉所記，以無善無惡議陽明者，盍亦有考於先生之記乎？（《明儒學案・江右王門學案一・文莊鄒東廓先生守益》）

〈青原贈處〉記載之四句教首句爲「至善無惡者心」，明顯與第二章所提的三條資料記載的「無善無惡心之體」不同，梨洲以此證明四有（他以爲即是四句教）首句應爲「至善無惡者心」，而且是緒山所言，並非陽明所立之教法。他以此爲證據來證明四句教非出於陽明，以此來止息議陽明者之非難。他也認定四句教是龍溪所言：「斯言（按即四句教）也，於陽明平日之言無所考見，獨先生（按即龍溪）言之耳」（《明儒學案・浙中王門學案二・郎中王龍溪先生畿》）。四句教並不見於陽明平時的言論，他直指此是龍溪之論。這是繼承蕺山的說法，在《明儒學案・師說・王龍溪畿》中，他記載蕺山曰：「愚按：四句教法，考之陽明集中，並不經見。其說乃出於龍溪。則陽明未定之見，平日間嘗有是言，而未敢筆之於書，以滋學者之惑。」蕺山以爲四句教不見於陽明集中，是陽明的未定之見，平日雖言及四句教，然因怕增加學者的困惑，所以未曾寫定。他明白指出四句教出自龍溪，而非陽明晚年定論。蕺山這樣的看法被梨洲所繼承。梨洲屢屢言及四句教非陽明晚年定論，「四無」、「四有」只是龍溪、緒山各言所學的一偏之論，他並將四句教在晚

　　個從梨洲在同一年中的兩封信〈答董吳仲論學書〉、〈與友人論學書〉，即可以知道他這兩種相悖的進路是並存的，而非有前後期思想之差別。

明所引起的弊病歸之於龍溪，而有「天泉證道，龍谿之累陽明多矣」(《明儒學案‧東林學案一‧端文顧涇陽先生憲成》) 之嘆。在此，他藉著文獻上的記載，將四句教，尤其是「無善無惡心之體」一句，排除於陽明思想體系之外。

　　除了尋求文獻上的證據外，梨洲更進一步指出「無善無惡心之體」與陽明思想不符合之處：

> 平時每言「至善是心之本體」。又曰「至善只是盡乎天理之極，而無一毫人欲之私」。又曰「良知即天理」。錄（按即《傳習錄》) 中言天理二字，不一而足，有時說「無善無惡者理之靜」，亦未嘗徑說「無善無惡是心體」。(《明儒學案‧江右王門學案一‧文莊鄒東廓先生守益》)

他舉出《傳習錄》中的例子，〔註3〕無非是說明心之體或良知是至善的，而不是無善無惡的，而且在《傳習錄》中只有「無善無惡者理之靜」，而沒有「無善無惡心之體」一句，所以梨洲認定四句教與陽明思想不符合。這樣的觀點，亦是承襲蕺山。蕺山曾將陽明的著作編為《傳信錄》，他在一段按語中指出：

> 先生（按即陽明）每言：「至善是心之本體。」又曰：「至善只是盡乎天理之極，而無一毫人欲之私。」又曰：「良知即天理。」錄中言「天理」二字，不一而足，有時說：「無善無惡者理之靜」，亦未嘗徑說：「無善無惡是心體」。若心體果是無善無惡，則有善有惡之意又從何處來？知善知惡之知又從何處來？為善去惡之功又從何處來？無乃語語絕流斷港！(《劉子全書遺編‧袞纂三‧陽明傳信錄三‧傳習錄‧王畿記》)

我們可以發現梨洲幾乎一字不改的套用蕺山的說法。由此可以看出梨洲對四句教的部分看法，絕大部分是承襲蕺山的說法。梨洲更詳加說明「無善無惡理之靜」與「無善無惡心之體」之間的不同，在《明儒學案‧粵閩王門學案‧行人薛中離先生侃》中記載：

〔註3〕梨洲所舉出的四條例子分別見於《王陽明全集‧語錄一‧傳習錄上》：「至善是心之本體，只是『明明德』到『至精至一』處便是。然亦未嘗離卻事物，本註所謂『盡夫天理之極，而無一毫人欲之私』者得之。」頁2。《傳習錄中‧答歐陽崇一》：「良知是天理之昭明靈覺處，故良知即是天理。」頁40。而「無善無惡理之靜」出於《傳習錄上》薛侃「去花間草」一段，頁29，詳細引文見下面論述。

考之傳習錄，因先生（按即薛侃）去花間草，陽明言：「無善無惡者
理之靜，有善有惡者氣之動。」蓋言靜爲無善無惡，不言理爲無善
無惡，理即是善也。……獨天泉證道記有「無善無惡者心之體，有
善有惡者意之動」之語。夫心之體即理也，心體無間於動靜，若心
體無善無惡，則理是無善無惡，陽明不當但指其靜時言之矣。……
就先生去草之言證之，則知天泉之言，未必出自陽明也。

梨洲將「無善無惡理之靜」與「無善無惡心之體」對勘，將心體等同於理。
就「無善無惡理之靜」一句而言，陽明只指理之靜爲無善無惡，而不言理爲
無善無惡，就理而言是至善的。在心體、理的套換下，心體無分於動靜，亦
是善的，不是只指靜時而言無善無惡。梨洲不僅依據文獻的記載，更從陽明
思想內在理路的解釋，將四句教排除在陽明思想體系之外。

　　梨洲對四句教的態度明顯呈現兩種相悖的路線，一是否定四句教爲陽明
思想，他從外部的文獻記載上，以及陽明思想的內在理路，來論證四句教不
見於陽明集中，或不符合陽明思想，此即本節主要論述的。另外一條進路則
是他將四句教重新定位回陽明思想中，試圖提出疏解，並以此來衡定各家說
法（詳下面二節），而認爲「新建（按即陽明）之流弊，亦新建之擇焉而不精，
語焉而不詳，有以啓之也」（《劉子全書·附錄·行狀》）。他將四句教語焉不
詳的地方予以疏通，以別於後學的解釋，因此他即以所認定的陽明思想來衡
定各家說法。

第二節　對各家疏解之衡定

　　梨洲將四句教排除於陽明思想體系之外，主要原因在於晚明許多學者，
將王學末流所呈現的蹈虛之弊，以及社會上形成普遍的狂禪之風，歸罪於四
句教首句「無善無惡心之體」以及四句教思想的來源者陽明。梨洲亦有見於
王學末流之弊，然而從他尋求文獻、義理上的證據，證明四句教非陽明思想，
以止息議陽明者之批評來看，他的立場是宗陽明的。他屢屢言及：

後來顧涇陽、馮少墟皆以無善無惡一言，排摘陽明，豈知與陽明絕
無干與！（《明儒學案·泰州學案五·尚寶周海門先生汝登》）

錢啓新曰：「無善無惡之說，近時爲顧叔時、顧季時、馮仲好明白排
決不已，不至蔓延爲害。」當時之議陽明者，以此爲大節目。豈知

與陽明絕無干涉。(《明儒學案・東林學案一・端文顧涇陽先生憲成》)
他直指四句教與陽明絕無干涉,以此來衡定「議陽明者」:顧憲成、顧允成及
馮從吾之批評是不當的。

　　另一方面,梨洲將衡定的重點放在「學陽明者」,也就是重新疏解四句教
的王門學者上。他首先批評的是學陽明者以「無善無惡」解釋心體,亦解釋
性體,他反對這樣的說法:

> 陽明言「無善無惡心之體」,原與性無善無不善之意不同。性以理言,
> 理無不善,安得云無善?心以氣言,氣之動有善有不善,而當其藏
> 體於寂之時,獨知湛然而已,亦安得謂之有善有惡乎?且陽明之必
> 爲是言者,因後世格物窮理之學,有先乎善者而立也。乃先生 (按
> 即周汝登) 建立宗旨,竟以性爲無善無惡,失卻陽明之意。(《明儒
> 學案・泰州學案五・尚寶周海門先生汝登》)

在前面,我們曾說王門學者多有混言心體與性體的現象,在心性合一的情形
下,心體爲無善無惡,性體亦爲無善無惡。梨洲以爲性即理,理是至善,性
亦是至善的,而不能說是無善無惡的。因此他認爲以性體言,是至善的,以
心體言,在「靜」時,即前面所說的「理之靜」時,才可言無善無惡。因此
不能說性體爲無善無惡的。這樣的說法,梨洲亦是一字不動的套用蕺山的看
法。〔註4〕所以他直接說:「今錯會陽明之立論,將謂心之無善無惡,是性」(《明
儒學案・東林學案一・端文顧涇陽先生憲成》)。陽明只說心體爲無善無惡 (更
確切的說,梨洲認爲陽明只言心之靜、寂然不動時爲無善無惡),說性體爲無
善無惡乃是後學的錯解。

　　學陽明者,對於無善無惡心之體還有一種說法,也就是「無善無惡斯
爲至善」,將無善無惡與至善等同起來,梨洲反對這樣的看法:「彼以無善
無惡言性者,謂無善無惡斯爲至善。善一也,而有有善之善,有無善之善,
無乃斷滅性種乎?」(《明儒學案・姚江學案》)他認爲善只有一種,而沒有
所謂有善之善或無善之善,言性只有一個善而已。同樣的,蕺山亦有相同
的看法:

〔註4〕 蕺山在《劉子全書・語類十一・學言中》說道:「陽明先生言無善無惡者心之
　　　　 體,原與性無善無不善之意不同。性以理言,理無不善,安得云無!心以氣
　　　　 言,氣之動有善有不善,而當其藏體於寂之時,獨知湛然而已,亦安得謂之
　　　　 有善有惡乎!」《劉子全書及遺編》(京都:中文出版社,1981),頁164。

王門倡無善無惡之說，終於至善二字有礙，解者曰：「無善無惡斯爲
至善」，無乃多此一重之繞乎？善一也，而有有善之善，有無善之善，
古人未之及也，即陽明先生亦偶一言之，而後人奉以爲聖書，無乃
過與。（《劉子全書・語類十二・學言下》）

王門學者因無善無惡與至善相礙，而認爲超越善惡價值的心體或性體是純粹
至善的，所以解之爲「無善無惡斯爲至善」。蕺山以爲說「無善無惡斯爲至善」
是多此一舉，善只有一個，而無分於有善之善或無善之善。梨洲承繼這樣的
觀點，而認爲將無善無惡解爲至善，「多費分疏，增此轉轍」，王門弟子爲「求
直截而反支離矣」（《明儒學案・泰州學案五・尚寶周海門先生汝登》）。

　　另外，梨洲認爲王門弟子對無善無惡的疏解除了不得陽明之意外，更會
使王學與佛學相涉，甚至使學者直指陽明爲佛家，他言道：「世疑陽明先生之
學類禪者三，曰廢書，曰背考亭，曰涉虛。……然皆不足辨也，此淺於疑陽
明者也」（《明儒學案・粵閩王門學案・行人薛中離先生侃》）。學者懷疑陽明
思想類禪，在於束書不觀，違背朱子思想及思想走向虛無不實，梨洲以爲這
些都是淺疑陽明者，不足與之辯論。而所謂深疑陽明者，他們認爲陽明涉禪
的地方在「心即理」與「無善無惡」上。他即就這兩點加以辨正：

深於疑陽明者，以爲理在天地萬物，吾亦萬物中之一物，不得私理
爲己有。陽明以理在乎心，是遺棄天地萬物，與釋氏識心無寸土之
言相似。不知陽明之理在乎心者，以天地萬物之理具於一心，循此
一心，即是循乎天地萬物，若以理在天地萬物而循之，是道能弘人，
非人能弘道也。釋氏之所謂心，以無心爲心，天地萬物之變化，皆
吾心之變化也。……又其所疑者，在無善無惡之一言。……釋氏言
無善無惡，正言無理也。善惡之名，從理而立耳，既已有理，惡得
言無善無惡乎？（同上）

首先在「心即理」上，深疑陽明者認爲理在天地萬物，不得私而有之，陽明
以理存乎心體，是遺棄天地萬物，與佛家的說法相同。梨洲卻以爲陽明所說
的「心即理」，是指天地萬物之理具於吾心之中，循此心體，即是人能弘道，
如果以理在天地萬物而向外循之，則反而支離了。釋氏所說的心是無心之
心，天地萬物的變化，皆吾心之變化，並非有實理、實性的存在，而陽明所
言之心，卻是有實理、實性的存在。所以梨洲以爲儒釋之別即在「理」，一
爲實理，一爲空理，也說明了陽明之學不是佛學。在「無善無惡」之疑上，

他舉《傳習錄》「去花間草」中「無善無惡者理之靜，有善有惡者氣之動」
來言心即理，是至善的，無善無惡只是指心體寂然不動時的狀態，而非言心
體或理是無善無惡的。釋氏雖然亦言「無善無惡」，然而所指的是無理。他
認為善與惡的價值是從理而來的，理已存在，就不能說是無善無惡，以此反
對言心體為無善無惡。他進一步以此條資料為證，將無善無惡心之體排除在
陽明思想體系之外，以無善無惡疑陽明涉佛的看法亦可不攻自破，所以最後
他說：「二疑既釋，而猶曰陽明類於禪學，此無與於學問之事，寧容與之辨
乎！」（同上）

　　陽明與禪學相涉之疑既釋，而梨洲認為陽明後學對四句教的疏解，與佛
學相雜，卻是不爭的事實。他在《明儒學案‧浙中王門學案二‧郎中王龍溪
先生畿》中，介紹龍溪四無論後，下一結論：

> 夫良知既為知覺之流行，不落方所，不可典要，一著工夫，則未免
> 有礙虛無之體，是不得不近於禪。流行即是主宰，懸崖撒手，茫無
> 把柄，以心息相依為權法，是不得不近於老。雖云真性流行，自見
> 天則，而於儒者之矩矱，未免有出入矣。

梨洲以為龍溪四無論不僅涉入佛家，亦涉入道家，與儒家思想已有距離。龍
溪以知覺為良知，不涉方所，不為典要，所以言無善無惡，不談工夫，以免
妨礙無善無惡的心體，如此說則是近於禪學。龍溪又主張流行即是主宰，沒
有工夫可言，只是「懸崖撒手」，以心息相依為權法，如此說則是近於道家。
蕺山亦曾言：

> 至龍溪先生……有無不立，善惡雙泯，任一點虛靈知覺之氣，從橫
> 自在，頭頭明顯，不離著於一處，幾何而不蹈佛氏之坑塹也哉！夫
> 佛氏遺世累，專理會生死一事，無惡可去，并無善可為，止餘真空
> 性地，以顯真覺，從此悟入，是為宗門。若吾儒日在世法中求性命，
> 吾慾薰染，頭出頭沒，於是而言無善惡，適為濟惡之津梁耳。（《明
> 儒學案‧師說‧王龍溪畿》）

龍溪主張四無說，善惡相泯，有無不立，任憑虛靈明覺之氣縱橫自在，已涉
入佛家。蕺山接著說明儒佛之別在佛家以人情事物為累，善惡一併去之，無
善可為亦無惡可去，只求悟得真空性體。儒家則在人倫事物上求性命之道，
在人倫事物間為善去惡，龍溪的無善無惡論，明顯是佛家的說法。因此他感
概的說：「先生孜孜學道八十年，猶未討歸宿，不免沿門持鉢。習心習境，密

制其命，此時是善是惡？只口中勞勞，行腳仍不脫在家窠臼，孤負一生，無處根基，惜哉！」（同上）龍溪把良知作佛性看，只是在玩弄光景，懸空期悟，已是操戈入室了。

　　除了龍溪，梨洲也認爲海門對四句教的疏解涉入佛家，他說：

> 先生九解，只解得人爲一邊。善源於性，是有根者也，故雖戕賊之久，而忽然發露。惡生於染，是無根者也，故雖動勝之時，而忽然銷隕。若果無善，是堯不必存，桀亦可亡矣。儒釋之判，端在於此。先生之無善無惡，即釋氏之所謂空也。（《明儒學案‧泰州學案五‧尚寶周海門先生汝登》）

他認爲海門的無善無惡論即是佛家的「空」。因爲善源於性，是有根的，雖然性體受到蒙蔽，亦會忽然發露，而惡生於習染，是無根的，所以即使在與物交感中產生惡，只要性體一發露，惡就會消失無蹤。無善無惡論，將善惡一併去之，人將如何立根，堯桀之別亦無可見，因此他認爲儒釋之別即在於此，海門之論已涉入佛家之說。王學末流涉入禪學是晚明的普遍現象，〔註5〕許多學者不僅認定王門後學出入佛老，更懷疑此風是由陽明開啓之。梨洲則認爲涉禪的只有王門後學，而陽明思想是與禪學無涉，兩者是涇渭分明的。

　　由以上論述，我們可以發現梨洲將陽明以後學者對四句教的疏解與回應分爲二種：一是「議陽明者」即批評者，一是「學陽明者」即詮釋者，他的衡定即依此二方面。在議陽明者部分，他以爲「無善無惡心之體」非陽明晚年定論，來止息議陽明者對陽明思想的質疑以及類禪的批評。在學陽明者部分，他反對王門後學將無善無惡解釋爲至善，又將無善無惡解釋爲性體，並指出王門後學疏解四句教已涉入佛學。所以梨洲言：「故學陽明者，與議陽明者，均失陽明立言之旨，可謂之繭絲牛毛乎！」（《明儒學案‧泰州學案五‧尚寶周海門先生汝登》）不論梨洲的衡定是否符合陽明思想，他是藉著衡定後學之說，來分辨陽明本義與王門後學疏解間的不同，甚至認爲兩者存在著根本性的歧異，而認定王學末流的疏解，已非陽明本旨了。

〔註5〕梨洲曾在蕺山的行狀中寫道：「當是時，浙河東之學，新建一傳而爲王龍溪，再傳而爲周海門、陶文簡，則湛然澄之禪入之。三傳而爲陶石梁，輔之以姚江之沈國謨、管宗聖、史孝咸，而密雲悟之禪又入之。會稽諸生王朝式者，又以捭闔之術鼓動以行其教，證人之會石梁與先生分席而講，而又爲會於白馬山，雜以因果僻經妄說，而新建之傳掃地矣。」見《劉子全書‧附錄‧行狀》，頁877。

第三節　重新疏解四句教

　　對梨洲而言，不論是學陽明者或議陽明者，皆誤解陽明之意。學陽明者曲解了陽明「無善無惡心之體」的意義，議陽明者以此被曲解的意義指責陽明，兩相爭辯，而使陽明本旨愈離愈遠。因此除了衡定各家說法外，重新定位、疏解四句教是必要的，亦是梨洲思考四句教問題，要將陽明思想與王學末流執定的無善無惡之義分隔開來的最好辦法。

　　首先，他認為四句教本身存在著義理上的矛盾，他說：

　　　　若心既無善無惡，此意知物之善惡，從何而來？不相貫通。意既雜
　　　　於善惡，雖極力為善去惡，源頭終不清楚，故龍溪得以四無之說勝
　　　　之。(《明儒學案·江右王門學案四·主事何善山先生廷仁》)

他認為四句教的首句與後三句存在著矛盾，因此龍溪才會以四無論代之。意、知、物由心體下貫而來，心體為無善無惡，意、知、物亦是無善無惡，而非有善有惡。如說意、知、物為有善有惡，則其善、惡從何而來？又工夫在意上做，因意有善惡，而要為善去惡，源頭不清，善惡在生滅之間，工夫終究無了期。他的推論方法與龍溪在「天泉證道」完全相同，龍溪順此而論心、意、知、物一體皆無善無惡，梨洲則順此而言四者皆「有善而無惡」(詳下面論述)。蕺山在《劉子全書·說·良知說》中有相似的看法：

　　　　且大學明言止於至善矣，則惡又從何處來？心意知物，總是至善全
　　　　副家當，而必事事以善惡兩糾之。若曰去其惡而善乃至，姑為下根
　　　　人說法，如此則又不當有無善無惡之說矣。有則一齊俱有，既以惡
　　　　而疑善，無則一齊俱無，且將以善而疑惡，更從何處討知善知惡之
　　　　分曉？

他將四句教與《大學》對照，《大學》言止於至善，心、意、知、物一體下貫，應一齊皆為至善。四句教言為善去惡，又與無善無惡之說矛盾，在「有則一齊俱有」、「無則一齊俱無」的情況下，四句教首句與後三句是互相矛盾的。〔註6〕

　　蕺山認為四句教的矛盾主要在於陽明「將意字認壞」、「將知字認粗」(同

〔註6〕劉述先以為：「蕺山……從哲學上提出反對這句話(按即無善無惡心之體)的
　　　　理由是，既有有善有惡之意，知善知惡之知，為善去惡之功，則心體不能無
　　　　善無惡，否則它們便沒有根源，不能回答它們從何處來的問題？……但有趣
　　　　的是，龍溪由無善無惡心之體推下來，乃謂意知物皆無善無惡，而立四無之
　　　　說。蕺山反其道而行，由意知物之有善無惡逆推回去，而斷定心體也必有善
　　　　無惡。」見《黃宗羲心學的定位》，頁45。

上）。首先在「將知字認粗」上，蕺山曾言：「且所謂知善知惡，蓋從有善有惡而言者也。因有善有惡，而後知善知惡，是知爲意奴也，良在何處?又反無善無惡而言者也。本無善無惡，而又知善知惡，是知爲心祟也，良在何處?」（同上）四句教先意動爲有善有惡，而後有分別善惡之良知，起爲判斷善惡的作用，蕺山認爲如此則良知成爲意奴，落於第二義。又心體爲無善無惡，良知如何知善知惡，如此則良知爲心祟，已不成其爲良知了。同樣的梨洲以爲：

> 所謂知善知惡者，非意動於善惡，從而分別之爲知，知亦只是誠意
> 中之好惡，好必於善，惡必於惡，孰是孰非而不容已者，虛靈不昧
> 之性體也。爲善去惡，只是率性而行，自然無善惡之夾雜。先生所
> 謂「致吾心之良知於事事物也」。（《明儒學案·姚江學案》）

他認爲知善知惡之良知，並非在意動爲有善有惡時，才起判斷善惡的作用。良知只是誠意，是好善而惡惡，見善而好之，見惡而惡之，是不容已的虛靈不昧的性體，爲善去惡只是率性而行，使之無善惡之夾雜。即是陽明的「致吾心之良知於事事物物」。所以他認爲就陽明而言，良知是好善惡惡，〔註7〕良知的衡鑑能力是時時存在的，不隨善惡而起滅，所以沒有所謂的「知爲意奴」的問題。然而「知爲意奴」卻是後學疏解四句教所產生的問題，他說：

> 天泉問答：「無善無惡者心之體，有善有惡者意之動，知善知惡是良
> 知，爲善去惡是格物。」今之解者曰：「心體無善無惡是性，由是而
> 發之爲有善有惡之意，由是而有分別其善惡之知，由是而有爲善去
> 惡之格物。」層層自內而之外，一切皆是粗機，則良知已落後著，
> 非不慮之本然。……彼在發用處求良知者，認已發作未發，教人在
> 致知上著力，是指月者不指天上之月，而指地上之光，愈求愈遠矣。
> 　（同上）

王門後學疏解四句教爲：心體無善無惡是性，發之而爲有善有惡之意，從而有分別善惡之良知，於是有爲善去惡的格物工夫。如此一來，四句教是有程序步驟的，梨洲以爲如此則良知已落後者，隨意之有善有惡而起滅，非不慮之本然了。他認爲後學是在發用上求良知，將已發作未發，就如同「指月者

〔註7〕梨洲言良知爲「好善惡惡之意」，亦是順著蕺山思想而來的。蕺山曾在《劉子
　　　全書·語類十一·學言中》言：「心無善惡，而一點獨知知善知惡。知善知惡
　　　之知，即是好善惡惡之意，好善惡惡之意，即是無善無惡之體，此之謂無極
　　　而太極。」頁164。

不指天上之月，而指地上之光」一樣，反而愈求愈遠了。因此他將良知解釋為「好善惡惡」之誠意，以避免後學之疏解使良知落於後者之病。

在「將意字認粗」上，梨洲的疏解完全集中在這部分。他認為陽明言「有善有惡意之動」有「語焉不詳」之處，是「以念為意」（《明儒學案‧東林學案一‧端文顧涇陽先生憲成》）。這樣的說法是承襲蕺山而來的。蕺山晚年提倡「誠意」之教，[註8] 即從四句教言「有善有惡意之動」而發的，他將意從「心之所發」提昇為「心之所存」，是為心之本體：「意者，心之所以為心也。止言心則心只是徑寸虛體耳，著箇意字，方見下了定盤鍼，有子午可指。然定盤鍼與盤子終是兩物，意之於心只是虛體中一點精神，仍只是一箇心。」（《劉子全書‧語類九問答‧答董生心意十問》）意是心之所存，非所發，心只是虛體，此體之本質即在於有定向的「意」，所以意如同定盤鍼，心如同盤子，意成為心之本體，是「有善而無惡」（《劉子全書‧語類十二‧學言下》）的。因此意是指價值意識超經驗的本體，與念是有分別的：

> 意者心之所存，非所發也。或曰：「好善惡惡非發乎？」曰：「意之好惡與起念之好惡不同，意之好惡，一機而互見，起念之好惡，兩在而異情，以念為意，何啻千里。」（《劉子全書‧語類十一‧學言中》）

意即是好善惡惡，與念之好惡不同。意是本體，是價值意識本身，是一能作肯定及否定的自覺能力，[註9] 意之好善惡惡是就其作用而言，遇善則好之，遇惡則惡之，不涉及所好所惡的具體內容，所以只是「一機」，而且否定與肯定的作用是同時進行的，所以言「互見」。而具體的念，有具體的內容，或善或惡，成為特殊的念，所以是「兩在而異情」。因此意是超越經驗界而又對具體事物一一簡別，念則只存在具體的各別經驗中。所以蕺山又言「化念歸心」：

> 心意知物是一路，不知此外何以又容一念字。今心為念，蓋心之餘氣也，餘氣也者，動氣也，動而遠乎天，故念起念滅為厥心病。故念有善惡，而物即與之為善惡，物本無善惡也；念有昏明，而知即與之為昏明，知本無昏明也；念有真妄，而意即與之為真妄，意本無真妄也；念有起滅，而心即與之為起滅，心本無起滅也。故聖人化念歸心。（同上）

[註8] 蕺山之子劉汋在《劉子全書‧附錄二‧年譜下》中曾言蕺山的學說演變：「先君子學聖人之誠者也，始致力於主敬，中操功於慎獨，而晚歸本於誠意。」頁 939。

[註9] 見勞思光著，《新編中國哲學史（三下）》，頁 589。

他以爲念是經驗界的意識活動，故屬於氣動，有起有滅，而沒有固定的內容，所以念有善惡，物即有善惡，而物本身是無善惡的，同樣的念有昏明、有眞妄、有起滅，因此知隨之有昏明、意隨之有眞妄、心隨之有起滅，而心、意、知本身是無起滅、無眞妄、昏明的。因此他主張要「化念歸心」，使念在心的規範之中，而不影響心、意、知、物。

　　由蕺山對意與念的看法，我們就可以知道梨洲如何解釋四句教，他說道：「其實無善無惡者，無善念惡念耳，非謂性無善無惡也。下句意之有善有惡，亦是有善念有惡念耳，兩句只完得動靜二字。」（《明儒學案・姚江學案》）四句教首句的「無善無惡」是指無善念無惡念，即前面所說的心體處在寂然不動的狀態，不動於氣，因此無善念惡念的產生，而非指性無善無惡。第二句的「有善有惡意之動」是指動於氣的狀態，即產生善念惡念，不是指意有善有惡。以念解釋陽明的無善無惡，東林學派高景逸亦有這樣的看法：

> 竊以爲陽明先生所爲善，非性善之善也，何也？彼謂有善有惡者意之動，則是以善屬之意也。其所謂善第曰善念云而已，所謂無善第曰無念云而已。吾以善而性，彼以善爲念也：吾以善自人生而靜以上，彼以善自吾性感動而後也。故曰非吾所謂性善之善也。（《高子遺書・序・方本菴先生性善繹序》）

景逸主張性善，他認爲陽明所指的善與性善之善是不相同的。陽明所指的善是指念，無善無惡即是無善念無惡念，而非性善之善。梨洲的看法與他不謀而合。

　　梨洲認爲念有善惡，意則有善而無惡，因此他引劉邦采（1528 舉人）的話來說明心、意、知、物一齊皆「有善無惡」。他說：

> 乃先生之言心意知物，較四有四無之說，最爲諦當。謂「有感無動，無感無靜，心也：常感而通，常應而順，意也。常往而來，常化而生，物也：常定而明，常運而照，知也。……心不失無體之心，則心正矣：意不失無欲之意，則意誠矣：物不失無住之物，則物格矣：知不失無動之知，則知致矣。」夫心無體，意無欲，知無動，物無住，則皆是有善無惡矣。劉念臺夫子欲於龍溪之四無易一字，心是有善無惡之心，意亦是有善無惡之意，知亦是有善無惡之知，物亦是有善無惡之物，何其相符合也。（《明儒學案・江右王門學案四・同知劉師泉先生邦采》）

劉邦采以為心不失無體之心，意不失無欲之意，物不失無住之物，知不失無動之知，則心正、意誠、物格、知致。梨洲由此而言心、意、知、物皆是有善無惡的，誠如蕺山所說的「心是有善無惡之心，意亦是有善無惡之意，知亦是有善無惡之知，物亦是有善無惡之物」，即心、意、知、物是純粹至善的，與無善無惡完全不相涉，所以不能等同視之。因為「心既至善，意本澄然無動，意之靈即是知，意之照即是物」（《明儒學案・江右王門學案四・主事何善山先生廷仁》），所以心、意、知、物一體皆是有善而無惡的。因此他在《明儒學案・東林學案一・端文顧涇陽先生憲成》中總結四句教為：

> 按陽明先生教言：「無善無惡心之體，有善有惡意之動，知善知惡是良知，為善去惡是格物。」其所謂無善無惡者，無善念惡念耳，非謂性無善無惡也。有善有惡之意，以念為意也；知善知惡，非意動于善惡，從而分別之。為知好善惡惡，天命自然，炯然不昧者，知也，即性也。陽明於此，加一良字，正言性善也。為善去惡，所謂有不善未嘗不知，知之未嘗復行也。良知是本體，天之道也；格物是工夫，人之道也。蓋上二句淺言之，下二句深言之，心意知物只是一事。

四句教首句的無善無惡是指無善念無惡念，非指性體。第二句有善有惡之意，是以念為意。第三句知善知惡，並非意動於善惡，而起知善知惡之作用，而是好善而惡惡，炯然不昧的自然天命，即是性，陽明加一良字，表示性善。第四句為善去惡，在有不善知之而去之，有善知之而為之。心、意、知、物只是一事，皆是有善而無惡。因此在四句教「本是無病，學者錯會文致」的情況下，梨洲經過這樣層層的疏解，「得義說而存之，而後知先生之無弊也」（《明儒學案・姚江學案》），也使得陽明四句教的義理得以彰顯。

梨洲重新疏解四句教的目的，主要在分辨王學末流執定的無善無惡論及陽明本身義理思想的差別，以顯示陽明的真精神。他順著蕺山所指示的方向，〔註10〕將無善無惡解為無善念無惡念，將意提昇為本體地位，是有善而無惡的。而知善知惡之良知即是好善惡惡之意，並非在發動後才分辨善惡，而是

〔註10〕劉述先認為：「由這一公案（按即四句教），我們也可以清楚地看出，梨洲是如何內化了蕺山的思想變成了他自己的一部分，而且加以進一步的繁演與發揮。他的長處在尊重材料，立論不似蕺山激越，但他以蕺山思想之綱領為判準，簡擇陽明，平章各家學術，謹守繼承自蕺山思想的原則而勿失，應該是朗如日星，毋需我再多饒舌了。」《黃宗羲心學的定位》，頁60。

時時存在，時時知善知惡、好善惡惡，並隨時做爲善去惡的格物工夫。然而與蕺山不同〔註11〕的是，他盡可能站在陽明的立場上，對於學者的責難加以辯解，給予批評性的迴護，並把王門後學的錯會作爲批評的主要對象。暫且不論這樣的疏解是否符合陽明本意，然其針砭王學末流，宗陽明之心是顯而易見的。

〔註11〕吳光以爲：「劉先生（按即劉述先）的結論用於蕺山是完全正確的，用於梨洲則只能說大體正確而略嫌苛刻一些。作爲蕺山門人，梨洲確實是接受了蕺山的誠意慎獨之教並『以蕺山思想之剛領爲判準，簡擇陽明，平章各家學術，謹守繼承自蕺山思想的原則而勿失』的；但作爲一個堅持『一本而萬殊，會眾以合一』辯證方法的思想史家，梨洲對於陽明思想的評價遠高於蕺山，其簡擇亦多蕺山，他並沒有『背棄』陽明的『致良知教』，而是給予了肯定的評價和創造性的修正。」見〈論黃梨洲對陽明心學的批判繼承與理論修正（下）〉，《鵝湖》第 19 卷第 7 期（1994 年 1 月），頁 33。

第六章　各家疏解之衡定

　　有關四句教最重要的三次辯論，已在前三章中各別討論。除了第一次辯論的「天泉證道」，有四句教思想的來源者——陽明的衡定外，其他兩次在辯論發生時，陽明已經謝世，所以在雙方爭論不已的情況下，並無人為其辯論做裁決，更遑論有陽明的衡定了。

　　四句教的思想來源者是陽明，他並沒有對四句教作詳細的疏解，而且在提出後不久，即在平思、田的返師途中謝世，因此引發後學許多的爭辯。而且即使在第一次辯論中，陽明對「四無」、「四有」提出了看法，但仍然遺留許多待解決的問題。所以我們有必要以陽明思想為基礎，為這三次辯論、雙方的觀點，提出一判準。

　　雖然四句教是王學的中心思想，以陽明思想為判準是必要的，然而就各家的觀點而言，其觀點的提出，有其時代意義，因此我們不應只落在各家對陽明四句教是否有相應的理解而已，更應該跳出王學的框架，從思想史的脈絡中，為各家的說法作定位。

　　因此，本章即以以上所說的二部分為重心，一是以陽明思想為基礎之衡定，二是以思想史內在理路為基礎之衡定，以為各家說法作定位，並了解四句教對明代思想的影響。

第一節　以陽明思想為基礎之衡定

　　由上一章，我們可以知道梨洲試圖站在陽明立場，衡定各家疏解，並由此提出關於四句教的解釋，以闡發陽明思想之真義。他的觀點與前三章所論

述的思想家，有一明顯的不同，即在於他認爲四句教非陽明思想，而是龍溪所言的。因此首先，我們必須就梨洲的看法做一考察，確定四句教是陽明思想，或正如梨洲所說的是龍溪之論，才能進行進一步的衡定。

　　梨洲從陽明集中不見四句教，而說四句教非出於陽明。我們考察第二章中所說詳載天泉證道一事的文獻，《傳習錄》是緒山所編，〔註1〕《年譜》是緒山編輯、念菴考訂，〔註2〕另有龍溪等王門弟子爲序，〔註3〕《王龍溪語錄》由龍溪弟子編輯而成。如果眞如梨洲所言，四句教是龍溪與緒山各言所學的一偏之詞，那麼其他王門弟子不會無視於這樣的捏造。而且念菴曾有與緒山論陽明年譜的一封信，他說：

> 天泉橋上與龍溪兄分辨學術，當時在洛村兄所聞亦如此，與龍溪兄續傳習錄所載不悖，此萬世大關鍵，故一字不敢改移。(《念菴文集·書·與錢緒山論年譜》)

此即說明「天泉證道」的經過與《傳習錄》所載相同，並不是龍溪自創的。其次，《年譜》與《傳習錄》之編、序者，俱是天泉證道之參與者，對於四句教之記載亦大致相同，而且就其論辯的主題來看，緒山、龍溪二人的焦點不在四句教是否爲陽明教法，而是在肯定師教的情況下，工夫如何入手的問題上。再者，其他王門弟子亦曾提及四句教，如雙江，緒山曾引雙江之語對周羅山表示：

> 先師曰：「無善無惡心之體。」雙江即謂「良知本無善惡，未發寂然

〔註1〕 緒山在嘉靖三十三年（1554）刻《傳習錄》續錄，他在〈續刻傳習錄序〉中言：「去年秋，會同志於南畿，吉陽何子遷、初泉劉子起宗，相與商訂舊學，謂師門之教，使學者趨專歸一，莫善於傳習錄。於是劉子歸寧國，謀諸涇尹丘時庸，相與捐俸，刻諸水西精舍。使學者各得所入，庶不疑其所行云。時嘉靖甲寅夏六月，門人錢德洪序。」見《王陽明全集·序說·序跋》，頁1585。

〔註2〕 《王陽明全集·年譜附錄一》中嘉靖四十二年（1563）條下有云：「師既沒，同門薛侃、歐陽德、黃弘綱、何性之、王畿、張元沖謀成年譜，使各分年分地搜集成薰，總裁於鄒守益。越十九年庚戌，同志未及合併。……又越十年，守益遺書曰：『同志注念師譜者，今多爲隔世人矣，後死者寧無懼乎？譜接龍場，以續其後，修飾之役，吾其任之。』洪復寓嘉義書院具稿，得三之二。壬戌十月，至洪都，而聞守益訃。遂與巡撫胡松吊安福，訪羅洪先於松原。洪先開關有悟，讀年譜若有先得者。乃大悅，遂相與考訂。……越四月而譜成。」頁1349～1350。

〔註3〕 緒山有〈陽明先生年譜序〉、念菴有〈陽明先生年譜考訂序〉、龍溪、胡松、王宗沐各有〈刻陽明先生年譜序〉等，見《王陽明全集·年譜附錄二》，頁1356～1364。

之體也。養此，則物自格矣。今隨其感物之際，而後加格物之功，

是迷其體以索用，濁其源以澄流，工夫已落第二義。」(《明儒學案‧

浙中王門學案一‧員外錢緒山先生德洪‧論學書‧復周羅山》)

緒山明言陽明「無善無惡心之體」，並引雙江言「良知本無善惡」，他基於「良知本無善惡，未發寂然之體也」的觀點，而推出「養此，則物自格」的「歸寂」說來。而且同是王門弟子的何善山，亦曾作〈格物說〉來解釋四句教的意義。〔註4〕念菴、雙江、善山皆是被梨洲視爲能「推原陽明未盡之旨」(《明儒學案‧江右王門學案一》)，而得陽明眞傳的江右王門學者。因此，綜合以上證據，天泉證道所言陽明以四句教爲教法，應是符合實情的。雖然梨洲引鄒守益〈青原贈處〉所記載天泉證道一事，證明四句教非陽明所言，然而鄒守益並非天泉證道之實際參與者，對天泉證道雖有所聞，然而在記載上則有錯誤，〔註5〕而且我們由上面的引言與第二章所論述的，知道緒山明白主張「無善無惡心之體」，與「至善無惡者心」並不矛盾。因此梨洲以此來反對四句教出於陽明，其證據是非常薄弱的。

因此，在確定四句教爲陽明提示學者之教法，爲陽明思想的情況下，我們可以進一步以陽明思想爲基礎，爲四句教的三次辯論，包括梨洲對四句教的看法，對各學者的觀點，提出一衡定。以下即分二部分論述。

一、本體論

四句教的首句：「無善無惡心之體」是說明本體的。第一次辯論，龍溪、緒山對此皆持肯定態度，第二、三次辯論之焦點則完全集中在心體是否無善

〔註4〕 《明儒學案‧江右王門學案四‧主事何善山先生廷仁》中引善山云：「師（按即陽明）稱無善無惡者，指心之應感無迹，過而不留，天然至善之體也。心之應感謂之意，有善有惡，物而不化，著於有矣，故曰『意之動』。若以心爲無，以意爲有，是分心意爲二見，離用以求體，非合內外之道矣。」接著梨洲說：「乃作格物說，以示來學，使之爲善去惡，實地用功，斯之謂致良知也。」頁453～454。

〔註5〕 東廓〈青原贈處〉記載：「陽明夫子之平兩廣也，錢、王二子送於富陽。」見《明儒學案‧江右王門學案一‧文莊鄒東廓先生守益‧東廓論學書》，頁341。陳來在《有無之境——王陽明哲學的精神》中言：「按東廓非丁亥九月天泉證道的當事者，他把天泉證道與嚴灘有無之辯混爲一事，故誤以天泉爲富陽。富陽即指嚴灘，蓋錢、王送陽明至嚴灘，再論有無，其詳亦見于《傳習錄》下。」頁201。

無惡上。海門、東溟等王門弟子主無善無惡論，敬菴、涇陽等非王門學者主性善論，最後梨洲則認定無善無惡與陽明思想不符。王門弟子不論是第一辯的錢、王或是第二、三辯的海門、東溟，皆將無善無惡與至善結合，並從本體論、工夫論兩方面解釋「無善無惡」之涵義，非王門學者則反對無善無惡論。就陽明而言，除了四句教首句言「無善無惡心之體」外，是否在其他著作中有相同的言論，是我們進一步所要探討的。

　　梨洲曾以陽明著作中屢屢言及「至善」，而否定無善無惡。誠如梨洲所言，在《傳習錄》中，陽明言及「至善是心之本體」（《王陽明全集‧語錄一‧傳習錄上》），是就心體「盡夫天理之極，而無一毫人欲之私」（同上）的本質而言，所以心體是至善無惡的。然而他也曾言道：「光光只是心之本體」，毫無「閒思慮」，只是一個心體，而無所沾滯，本無一物的，是「寂然不動」，而能「感而遂通」，是「未發之中」，而能「發而中節」，是「廓然大公」，而能「物來順應」（同上）。所以陽明又說：

> 爲學工夫有淺深。初時若不著實用意去好善惡惡，如何能爲善去惡？這著實用意便是誠意。然不知心之本體原無一物，一向著意去好善惡惡，便又多了這分意思，便不是廓然大公。書所謂無有作好作惡，方是本體。所以說「有所忿懥好樂，則不得其正」。正心只是誠意工夫裏面體當自家心體，常要鑑空衡平，這便是未發之中。（同上）

爲學工夫在好善惡惡以爲善去惡，而心體是本無一物的，如果著意去好善惡惡，會使心體有所牽滯，有所執著，因此要常使心體「無有作好作惡之心」，即不執著於善惡，所以無善無惡是指本體上「廓然大公」、「未發之中」、「寂然不動」的狀態，亦是指工夫上的「無有作好無有作惡」，即是「無執無著」。他又以金玉屑來比喻無善無惡之義：

> 先生嘗語學者曰：「心體上著不得一念留滯，就如眼著不得些子塵沙。些子能得幾多？滿眼便昏天黑地了。」又曰：「這一念不但是私念，便好的念頭，亦著不得些子。如眼中放些金玉屑，眼亦開不得了。」（《王陽明全集‧語錄三‧傳習錄下》）

眼睛不著一物，才能看得清楚，不僅不能著小沙子，亦不能著金玉屑。不論是沙子或金玉屑，兩者皆是障蔽，一著眼睛，則滿眼「昏天黑地」。同樣的，心體本無一物，不但沒有惡念，善念亦著不得，是無善無惡的。因此當黃勉叔問陽明在無惡念時，心體空空蕩蕩的，是否還要存個善念，陽明的回答是：

「既去惡念，便是善念，便復心之本體矣。譬如日光，被雲來遮蔽，雲去，光已復矣。若惡念既去，又要存箇善念，即是日光之中添燃一燈。」（同上）心體空無一物就是至善，惡念已去，便是善念，而不必再存個善念，此時即是廓然大公，是至善之本體，是不待添加的。所以善惡對陽明來說，「只是一物」，他說：「至善者，心之本體。本體上才過當些子，便是惡了。不是有一個善，卻又有一個惡來相對也。故善惡只是一物。」（同上）善惡並非完全「冰炭相反」的兩物，而「只是一物」，心體的至善是善惡無對的，不是有一個善，又有一個惡與之相對，因此無善無惡與至善不但沒有衝突，而且還能互相解釋，此即是「無善無惡斯爲至善」之眞義。

　　陽明認爲心體本無一物，是至善的，是善惡無對的，又是無善無惡的，而且他認爲無善無惡即「無有作好作惡之心」，因此，就陽明而言「無善無惡」即是「至善」。對照各家對無善無惡的解釋，王門弟子的解釋大多符合陽明本意。龍溪、緒山強調心體的絕對至善、無善惡相以及「無執無著」之義，而海門、東溟除了就這兩方面言無善無惡之義外，更爲無善無惡尋求本體論上的根據，海門言「太虛」、東溟言「太極」，則是陽明無善無惡義的衍申了。相對的，非王門學者認爲本體實有而強調性善，反對無善無惡，更反對無善無惡與至善相通，所以即使明瞭「無善無惡斯爲至善」之義，他們還是站在王門後學的弊病上來理解陽明，亦在這樣的立場上反對之。梨洲站在折衷的角度認爲無善無惡與陽明思想不符，此則對陽明思想無相應的理解。又將無善無惡釋爲無善念無惡念，反對無善無惡即至善，只得陽明一偏，並未完全明瞭陽明思想之眞義。

　　梨洲在《明儒學案》中曾多次引用《傳習錄》薛侃（？～1545）「去花間草」一段來論證他的觀點，我們仔細考察這段話：

　　　　侃去花間草，因曰：「天地間何善難培，惡難去？」先生曰：「未培
　　　　未去耳。」少間，曰：「此等看善惡，皆從軀殼起念，便會錯。」侃
　　　　未達。曰：「天地生意，花草一般，何曾有善惡之分？子欲觀花，則
　　　　以花爲善，以草爲惡；如欲用草時，復以草爲善矣。此等善惡，皆
　　　　由汝心好惡所生，故知是錯。」曰：「然則無善無惡乎？」曰：「無
　　　　善無惡者理之靜，有善有惡者氣之動。不動於氣，即無善無惡，是
　　　　謂至善。」（《王陽明全集・語錄一・傳習錄上》）

薛侃以善惡來分別花草，陽明認爲是從「軀殼起念」，以心之好惡來看待花草，

因此以草爲惡，以花爲善。陽明進一步說明：「無善無惡者理之靜，有善有惡者氣之動」，此與四句教對照，則「理之靜」與「心之體」相應，「氣之動」與「意之動」相應，又言「不動於氣，即無善無惡，是謂至善」，合而言之，陽明的本義在心之體是無善無惡的，亦是至善的。梨洲曾以「心即理」來質疑心體無間於動靜，是無善無惡的，理亦是無善無惡，但陽明何以「指其靜時言之」？我們按照陽明的思想脈絡來看，陽明言「理之靜」，並非指理有「動」、「靜」兩種狀態，他說：

> 「未發之中」即良知也，無前後內外而渾然一體者也。有事無事，可以言動靜，而良知無分於有事無事也。寂然感通，可以言動靜，而良知無分於寂然感通也。動靜者所遇之時，心之本體固無分於動靜也。理無動者也，動即爲欲。循理則雖酬酢萬變而未嘗動也；從欲則雖槁心一念而未嘗靜也。動中有靜，靜中有動，又何疑乎？（《王陽明全集・語錄二・傳習錄中・答陸原靜書》）

良知是無分於有事無事、寂然感通，即無分於動靜，心體亦無分於動靜。理本身即是靜的狀態，動即成人欲，所以「循理之謂靜，從欲之謂動」（《王陽明全集・文錄二・答倫彥式》），循理雖然酬酢萬變，然皆是靜定狀態，從欲即是動。因此陽明是藉「理之靜」來說明心體元自不動，而非言理有動、靜兩種時態。所以循理即是無善無惡，心體即是無善無惡，從欲則有善有惡，氣動於欲，意受欲之干擾歧出心體，成爲有善有惡。所以薛侃又繼續問：

> 曰：「如此又是作好作惡？」曰：「不作好惡，非是全無好惡，卻是無知覺的人。謂之不作者，只是好惡一循於理，不去又著一分意思。如此，即是不曾好惡一般。」曰：「去草如何是一循於理，不著意思？」：「草有妨礙，理亦宜去，去之而已。偶未即去，亦不累心。若著了一分意思，即心體便有貼累，便有許多動氣處。」曰：「然則善惡全不在物？」曰：「只在汝心循理便是善，動氣便是惡。」曰：「畢竟物無善惡。」……曰：「『如好好色，如惡惡臭』，則如何？」曰：「此正是一循於理；是天理合如此，本無私意作好作惡。」曰：「『如好好色，如惡惡臭』，安得非意？」曰：「卻是誠意，不是私意。誠意只是循天理。雖是循天理，亦著不得一分意，故有所忿懥好樂則不得其正，須是廓然大公，方是心之本體，知此即知未發之中。」
> （《王陽明全集・語錄一・傳習錄上》）

好惡皆循理而行，不著一分意，不使心體有所貽累，便是未發之中，便是廓然大公，便是至善。因此，從不著一分善惡之義來看，心體是寂然不動、廓然大公、未發之中，所以是無善無惡的；從循理的角度來看，心體是感而遂通、物來而順應、發而中節，所以是至善的。因此至善與無善無惡並非矛盾，而是心體的不同面向的表現與敘述罷了。〔註6〕所以梨洲的質疑是錯解陽明本意的。

　　另外，在心體、性體的問題上，王門弟子多混言心體、性體，心體是無善無惡，性體亦是無善無惡的。而非王門學者則以爲陽明言心體爲無善無惡，性體則不可以說是無善無惡，應是至善的，他們嚴明心、性之分，梨洲亦有相同的看法，並反對將無善無惡解釋爲性體的觀點。就陽明而言，心性是合一的，他常言：「性是心之體，天是性之原，盡心即是盡性。」(《王陽明全集·語錄一·傳習錄上》) 又言：「心之本體即是性，性即是理。」(同上) 又曰：「心者身之主也，而心之虛靈明覺，即所謂本然之良知也。」(《王陽明全集·語錄二·傳習錄中·答顧東橋書》) 性即是心之體，即是理，心體又是良知。因此「至善者性也，性元無一毫之惡，故曰至善」(《王陽明全集·語錄一·傳習錄上》)。心體至善，性體亦至善，所以性體也可以如同心體一樣不執著於善惡之相對，而是廓然大公的寂然狀態，是爲「無善無惡」。陽明曾云：

> 性無定體，論亦無定體，有自本體上說者，有自發用上說者，有自源頭上說者，有自流弊處說者。總而言之，只是一個性，但所見有淺深爾。若執定一邊，便不是了。性之本體原是無善無惡的，發用上也原是可以爲善，可以爲不善的，其流弊也原是一定善一定惡的。……孟子說性，直從源頭上說來，亦是說個大概如此。荀子性惡之說，是從流弊上說來，也未可盡說他不是，只是見得未精耳。眾人則失了心之本體。(《王陽明全集·語錄三·傳習錄下》)

性無定體，是無善無惡的，因此論性亦無定體，可以從源頭上說性善，從流弊上說性惡，從本體上說無善無惡，從發用上說可以爲善可以爲惡，會有這種種不同的性論，是因見到同一性體的不同面向而言的。因此陽明一方面統合孟荀各家性論的特質，一方面也揭示了「性無善無惡」的本然面目。所以

〔註6〕勞思光以爲：「今就『心之體』講，『心之體』爲『善之根源』，故是『至善』；然正因其爲『善之根源』，故不能再以『善』或『惡』描述之，故說『無善無惡』」。見《新編中國哲學史 (三上)》，頁446。

陽明「心體無善無惡」即「性體無善無惡」，非王門學者顯然錯會陽明之意了。

總之，陽明言無善無惡心之體是指心體本無一物，善惡無對，不執著於善惡而一循天理的狀態，因此是無善無惡又是至善的。而且在心性合一的情況下，心體無善無惡，性體亦是無善無惡的。因此，王門弟子對無善無惡的理解大致順著陽明說法，或詳細疏解，或詳加引申，皆不離陽明本意。而非王門學者並不是不了解陽明看法，而是站在王學末流的弊端上，批駁陽明，以致反對陽明的觀點。梨洲站在會通的角度，試圖加以疏解，其理解亦是偏離陽明原意了。

二、工夫論

四句教的後三句：「有善有惡意之動，知善知惡是良知，爲善去惡是格物」，是討論工夫論的。我們曾說過四無、四有的差別主要在意是否爲有善有惡，意無善無惡則成「四無」，意有善有惡則成「四有」。另外敬菴、涇陽等非王門學者認爲無善無惡心體與爲善去惡工夫互相矛盾，梨洲則順著蕺山思想，認爲良知落於第二義，而以意取代良知。此中之關鍵，都與「意」有關。

陽明曾在與羅欽順的一封信中提到心、意、知、物四者的關係，他說：

> 以其理之凝聚而言，則謂之性；以其凝聚之主宰而言，則謂之心；
> 以其主宰之發動而言，則謂之意；以其發動之明覺而言，則謂之知；
> 以其明覺之感應而言，則謂之物。（《王陽明全集·語錄二·傳習錄
> 中·答羅整菴少宰書》）

在此陽明將性、心、意、知、物收歸到「理」，以理的凝聚、主宰、發動、明覺、感應而言性、心、意、知、物。意是心之發用，是落實在現實世界的，這是說明性、心、意、知、物的體用關係。與前面對照來看，理是至善，又是「無善無惡」的，因此由之而來的性、心、意、知、物亦是至善，亦是無善無惡的。依照此義，意是承心體之發動而來，心之發動全依照天理，而沒有現實的習染，因此意從心而發動，是無善無惡，亦是至善的。龍溪「四無」論：心、意、知、物皆順心體下貫，而一體化爲無善無惡與此義相同的。此「意」即是前面所說的「超越義之意」。所以，四無除了陽明在天泉橋上肯定爲四句教之引申外，更可從此找到陽明思想上的根據。因此四無是從陽明思想進一步衍化而來的，亦符合陽明思想。

然而，除了「超越義的意」外，陽明時時談及的是「現實義的意」，他說：

心之本體，那有不善？如今要正心，本體上何處用得功？必就心之
發動處纔可著力也。心之發動不能無不善，故須就此處著力，便是
在誠意。如一念發在好善上，便實實落落去好善；一念發在惡惡上，
便實實落落去惡惡。意之所發，既無不誠，則其本體如何有不正的？
故欲正其心在誠意。(《王陽明全集‧語錄三‧傳習錄下》)

蓋心之本體本無不正，自其意念發動，而後有不正。故欲正其心者，
必就其意念之所發而正之，凡其發一念而善也，好之眞如好好色；
發一念而惡也，惡之眞如惡惡臭；則意無不誠，而心可正矣。(《王
陽明全集‧續編一‧大學問》)

陽明此處所言的「意」，是關聯著現實的習染而言。心之本體本無不善、不
正，但意念發動時，卻不一定是善、正的，這完全要視意是否順著心體而發
動。如順著心體發動之意，即是前面所說的「超越義之意」，是至善的，亦是
無善無惡的，而不能順著心體發動，受到習染的障蔽，使意歧出於心體之外，
〔註7〕則是「現實義之意」，是有善有惡的。四句教第二句所言的即是此義之
「意」。緒山「四有」論：心體無善無惡，但人有習染，意成有善有惡，亦符
合陽明思想。

　　就陽明而言，他並沒有明顯將意分為「超越義之意」及「現實義之意」，
筆者為講述方便而將他所說的「意」分為兩者。無論他講《大學》的誠意工
夫，或四句教，皆指涉著有善有惡的「意」，此意即同於「念」，如上引他解
釋誠意：「一念發在好善上，便實實落落去好善，一念發在惡惡上，便實實落
落去惡惡」、「就其意念之所發而正之」，此「意」即是指具體的意念，即是《傳
習錄》薛侃「去花間草」一段所說的「隨軀殼起念」之「念」。這樣的「意」
與蕺山、梨洲所言的「意」是不同的。蕺山將意賦予本體的意涵，是指自覺
心之定向能力，將一切經驗的內容抽離，而有經驗內容之意則歸為念。陽明
言本體在良知，具有主宰與定向的能力，而意有經驗意念之意義，亦有超越
的本體之意義，因此兩人所指涉的意只是在名稱概念上的不同，所以蕺山言
意為心之所存，是進一步引申陽明的「超越義的意」。蕺山將四句教首句解釋

〔註7〕　牟宗三言：「然則自心之發動言意，必不是直線地推說，乃是曲折地說。在這
　　　　曲折地說中，必認定心之體為超越的本心自己，發動而為意是在感性條件下
　　　　不守自性歧出而著于物或蔽于物，因而成為意。」見《從陸象山到劉蕺山》，
　　　　頁269。牟宗三所言之「意」是指「現實義之意」，而非「超越義之意」。

爲「無善念無惡念」，而認爲心、意、知、物有善而無惡，顯然蕺山、梨洲的疏解已偏離了陽明本意。因此對陽明而言，有善有惡意之動是指人在經驗世界中，心體發動受到非自身因素（如軀殼、外物）的影響，使意歧出於心體，而成爲有善有惡。

意動爲有善有惡，意不可能對其自身作出最後的判斷，只有知善知惡之良知，才有這種判斷能力，此即四句教的第三句「知善知惡是良知」。良知在陽明思想中是最高的道德本體，他曾說：「良知者，孟子所謂『是非之心，人皆有之』者也。是非之心，不待慮而知，不待學而能，是故謂之良知。是乃天命之性，吾心之本體，自然靈昭明覺者也。」（《王陽明全集・續編一・大學問》）良知即是是非之心，是人生而本有，不待學慮的，因此良知即是道德判斷的依據，是先驗的道德理性。所以心一發動爲意，善惡一顯現，良知即起判斷的作用：「爾那一點良知，是爾自家底準則。爾意念著處，他是便知是，非便知非，更瞞他一些不得。爾只不要欺他，實實落落依著他做去，善便存，惡便去。」（《王陽明全集・語錄三・傳習錄下》）良知是是非善惡判斷的準則，意動爲有是有非、有善有惡，良知即予以判準。所以陽明解釋《大學》致知即是致良知，他言道：

> 然意之所發，有善有惡，不有以明其善惡之分，亦將眞妄錯雜，雖欲誠之，不可得而誠矣。故欲誠其意者，必在於致知焉。……「致知」云者，非若後儒所謂充廣其知識之謂也，致吾心之良知焉耳。……凡意念之發，吾心之良知無有不自知者。其善歟，惟吾心之良知自知之：其不善歟，亦惟吾心之良知自知之；是皆無所與於他人者也。……今於良知之善惡者，無不誠好而誠惡之，則不自欺其良知而意可誠也已。（《王陽明全集・續編一・大學問》）

前面說過誠意即是誠其有善有惡之意，然而如果沒有善惡判斷的標準，則無法誠意，因此誠意必在於致知。陽明認爲致知即是致良知，並非向外充廣知識的意思。良知是先驗的道德理性，所以意念之發，是善是惡，良知知之，在知是知非、知善知惡後，要著實去好善惡惡，不欺良知，才能得意之誠。所以「知善知惡是良知」乃是「有善有惡意之動」之內在的邏輯延展，〔註8〕也才有爲善去惡的可能。

〔註 8〕見董平，〈王陽明「四句教」義蘊發微（下）〉，《孔孟月刊》第 28 卷第 5 期（1990 年 1 月），頁 38。

　　良知是先驗的道德理性，是是非善惡的判斷標準，然而蕺山卻認爲知善知惡在有善有惡之後，是「知」爲「意奴」，心體無善無惡而又知善知惡，是「知」爲「心崇」，因此良知落入第二義。蕺山忽略了良知本身的主動性，而把知善知惡之知理解爲一般常識上的「知道」。〔註9〕然而良知絕不是被動的知道善惡而已，而是先驗道德理性的判斷。意動之結果之所以知道是善是惡，是因爲良知的作用，因此知就不是「意奴」。另一方面，「無善無惡」是就心體而言，「知善知惡」則是相對於意之動的「有善有惡」而言，所以不能說知爲「心崇」。蕺山會有這樣的看法，即是前面所說的對意、念的定義與陽明不同，陽明沒有嚴分意、念之別，而且常常「以念爲意」，蕺山則不是。而且陽明的良知是本體，意念是經驗的，兩者是不同的：「意與良知當分別明白。凡應物起念處，皆謂之意。意則有是有非，能知得意之是與非者，則謂之良知。」（《王陽明全書・文錄三・答魏師說》）陽明認爲人因面對事物而有意念之起，而意念起時就有是非善惡之別，良知在此時就有評價、指導意念的作用，所以陽明的「意」是有善有惡的。由此我們對照四句教來看，「有善有惡意之動」即人應物起念而有是非善惡，因此就有「知善知惡」的良知來作評價、衡定的工作。而蕺山在很大的程度上是將意等同於良知的，〔註10〕與陽明之解釋存在著概念定義上的差別。

　　非王門學者認爲四句教與陽明致良知教不符合，甚至互相矛盾。我們可以從《傳習錄下》的一段話來看：

> 良知，不假外求，若良知之發，更無私意障礙，即所謂充其惻隱之心，而仁不可勝用矣。然在常人，不能無私意障礙，所以須用致知之功，勝私復理，即心之良知更無障礙，得以充塞流行，便是致其良知。

良知是人天生所本有的，無私意障蔽，即能擴充於事事物物之中，〔註11〕使

〔註9〕同上，頁39。
〔註10〕勞思光以爲：「今若以陽明之語言與蕺山之語言比觀，則可知：第一：陽明之『意之動』相當於蕺山之『念』。第二：陽明之『良知』包含『好善惡惡』及『知善知惡』二義，故其中一部份相當於蕺山之『意』。第三：蕺山以爲陽明之『良知』只指『知善知惡』言，而自己又強調『好善惡惡』應屬『良知』，於是『好善惡惡』之意與『好善惡惡』之『良知』又似不可分別。」見《新編中國哲學史（三下）》，頁587。
〔註11〕陽明言道：「若鄙人所謂致知格物者，致吾心之良知於事事物物也。吾心之良知，即所謂天理也。致吾心良知之天理於事事物物，則事事物物皆得其理矣。

事事物物皆是良知心體的自然呈顯、發用流行，此即是龍溪四無論一體化為「無善無惡」之境。但陽明接著說在一般人，則有私意障蔽，所以要用致知工夫，即是「勝私復理」，勝私即是「去人欲」，復理即是「存天理」，使良知無所障蔽，而自然發用呈顯。這樣的意義即是「四有」的去除習心障蔽，以呈顯無善無惡之境，亦是陽明四句教之意義。因此四句教與「致良知」不相矛盾。

　　四句教的最後一句「為善去惡是格物」，雖然沒有引起很大的爭論，然與首句相連的結果，非王門學者認為無善無惡本體與為善去惡工夫相矛盾，而有抵消工夫的可能。我們首先來看陽明對「格物」的解釋，他在〈大學問〉中言：

> 然欲致其良知，亦豈影響恍惚而懸空無實之謂乎？是必實有其事矣。故致知必在於格物。物者，事也，凡意之所發必有其事，意所在之事謂之物。格者，正也，正其不正以歸於正之謂也。正其不正者，去惡之謂也。歸於正者，為善之謂也。……良知所知之善，雖誠欲好之矣，苟不即其意之所在之物而實有以為之，則是物有未格，而好之意猶為未誠也。良知所知之惡，雖誠欲惡之矣，苟不即其意之所在之物而實有以去之，則是物有未格，而惡之之意猶為未誠也。

致知並不是懸空去致，而是有事物對象的，所以致知在於格物。格物之「物」是指事，指意之發動所直接面對的事物，意是有善有惡，意所在之物亦是有善有惡。格是正，正其不正以歸於正，即是為善去惡。良知知善知惡，所知之善、所知之惡，如果不即意之所在之物而為善去惡，則知未盡，意亦未誠。所以格物即是就良知所判斷意所在之物為善或為惡，而實實落落去做為善去惡的道德修養。

　　以上言心、意、知、物以及格、致、誠、正之意義，雖然陽明將心、意、知、物，格、致、誠、正分為四者，然實際上，心、意、知、物只是一物，格、致、誠、正是一工夫之連續體。他說：

> 蓋身、心、意、知、物者，是其工夫所用之條理，雖亦各有其所，而其實只是一物。格、致、誠、正、修者，是其條理所用之工夫，

致吾心之良知者，致知也。事事物物皆得其理者，格物也。」見《王陽明全集‧語錄二‧傳習錄中‧答顧東橋書》，頁 45。

雖亦皆有其名，而其實只是一事。……然後物無不格，而吾良知之
所知者無有虧缺障蔽，而得以極其至矣。夫然後吾心快然無復餘憾
而自謙矣，夫然後意之所發者，始無自欺而可以謂之誠矣。故曰：「物
格而后知至，知至而后意誠，意誠而后心正，心正而后身修。」蓋
其功夫條理雖有先後次序之可言，而其體之惟一，實無先後次序之
可分。其條理功夫雖無先後次序之可分，而其用之惟精，固有纖毫
不可得而缺焉者。（《王陽明全集‧續編一‧大學問》）

他認為身、心、意、知、物只是工夫所在之條理，雖各有不同，然只是一物。
格、致、誠、正、修是物、知、意、心、身所用之工夫，雖然各有所指，然
只是一事，是一連續之工夫。工夫條理雖有先後次序可分，然其體惟一，而
無先後秩序可分，工夫雖然沒有先後次序可分，然其用惟精，做工夫時，是
一項也缺不得的，所以在物格之後，知即致之，意亦誠之，心即正之。所以
敬菴、涇陽說無善無惡心之體與為善去惡工夫相矛盾，就陽明對《大學》的
解釋而言，兩者是不會互相抵消的，而且正如他在天泉證道所說的，人有習
心，要做為善去惡工夫以復無善無惡心體，心體的無善無惡之境是工夫所要
達到的目標，而要達到無善無惡之境又必待為善去惡的工夫修持，兩者是缺
一不可的。

　　綜合上述，陽明著眼於人在現實世界中，有私欲、習心的障蔽，使心體
無法全然朗現，因此他在言心體無善無惡後，又預設意的歧出心體，成為有
善有惡，而有知善知惡及為善去惡的工夫。所以他在肯定龍溪四無論、緒山
四有論後，仍以四句教為徹上徹下之教法，使上根之人、中根以下之人皆有
工夫可為，而不會懸空去想無善無惡的本體之境。因此就對陽明思想是否有
相應的理解而言，非王門學者的質疑是錯解陽明本意的。蕺山、梨洲的以意
代良知，亦是多此一舉。

第二節　以思想史內在理路為基礎之衡定

　　四句教是陽明思想，陽明生前並沒有對四句教解釋太多，在衡定四無、
四有時，亦採開放態度，認可雙方觀點，對四句教本身義理解釋並不詳細，
這就完全開放給後來思想家討論、疏解的空間。因此，我們除了考察各家的
討論、疏解是否相應於陽明思想外，更重要的是考察在這三次辯論中，各思

想家從陽明四句教，繼承了什麼、開創了什麼，甚至產生了什麼與時代相應的觀點。

思想史本身是一連續的有機體，是有生命的、有傳統的，而思想產生的因素，是與時代密不可分。時代影響著思想，思想亦影響著時代。思想本身所具有的歷史延續性、思想傳統，會影響思想家的思想，同樣的，思想家在面對社會的具體情境，在參與社會歷史進程活動時，所具有的不同的角色承擔，不同的活動動機和思維視角，也影響著某一思想家之思想型態。〔註12〕這牽涉到思想的外緣因素，如政治、社會、經濟等背景，以及思想史的內在發展，即「內在的理路」。余英時曾在〈清代思想史的一個新解釋〉一文中談及「內在的理路」的問題，他說：

> 我們大家都知道，現在西方研究 intellectual history 或 history of ideas，有很多種看法。其一個最重要的觀念，就是把思想史本身看做有生命的、有傳統的，這個生命、這個傳統的成長並不是完全仰賴於外在刺激的，因此單純地用外緣來解釋思想史是行不通的。同樣的外在條件、同樣的政治壓迫、同樣的經濟背景，在不同的思想史傳統中可以產生不同的後果，得到不同的反應。所以在外緣之外，我們還特別要講到思想史的內在發展。我稱之為內在的理路（inner logic），也就是每一個特定的思想傳統本身都有一套問題，需要不斷地解決，這些問題，有的暫時解決了，有的沒有解決，有的當時重要，後來不重要，而且舊問題又衍生新問題，如此流轉不已。〔註13〕

思想家並非被動的接受社會時代所給予的刺激，他會主動思考社會情境，思考人類生命走向，甚至主動承擔社會責任，而影響著時代的發展。以外在條件來理解思想史的發展當然是重要的，然而卻容易誤解思想家只是社會刺激被動的反應者，而忽略思想家本身的主動性。

就「思想史的內在理路」而言，一個思想家的思想發展是有進程的，同樣的，思想史是多數思想家的組合連續體，亦是有發展進程的，因此就如同余英時所言一特定的思想傳統都有一套問題，這問題每一思想家都要面對，有的解決了一部分，另一部分沒有解決，或引申出新的問題，這就提供給以後的思想家，思想的材料，以及思考的方向。所以在研究思想時，我們除了

〔註12〕見東方朔，《劉蕺山哲學研究》（上海：上海人民出版社，1997），頁7。
〔註13〕見余英時，《歷史與思想》（臺北：聯經圖書公司，1995），頁124。

對某思想家之思想本身進行通貫的了解外，注重思想流程的內在邏輯理路，注重任一時代思想發展所涵攝的內容，及其給下一時代所遺留的問題，同樣相當重要。〔註14〕

　　四句教的發展，從陽明與龍溪、緒山在天泉證道提出後，一直引起後學不斷的討論，由第一章的說明我們可以知道，本文雖然僅討論有關四句教重要的三次辯論，以這三次辯論來概括整個四句教的發展狀況。然就四句教的發展而言，是有進程的，亦可稱爲「四句教史」。所以余英時以「思想史的內在理路」來考察清代思想史，筆者亦借此方法來考察四句教的發展史，以了解各思想家所面對、解決的問題，以及對此問題的回應與反省。

一、王學分化與辯論原因

　　在前面兩章，我們可以發現三次辯論的原因，與王學的分化及發展有密切的關係。第一次天泉證道，即代表王學內部對工夫論的爭議，而有龍溪的注重本體、緒山的注重工夫的分化。第二次辯論，敬菴對海門、四句教的批評，主要是從世道的角度，即從王門後學主張四句教，在道德實踐上所引生的弊病出發。第三次辯論，涇陽更從此角度批駁四句教，其激烈的態度遠甚於敬菴。第二、三次辯論已不純粹是理論上的問題，而是牽涉到更深、更廣的道德實踐及社會問題上，與王學的分化與發展有密切的關係，更確切的說，即是王學末流的弊病。

　　關於王學的分化，當代學者有許多的研究成果，筆者並不做全面性的詳細討論，只就各思想家所著眼的，可能引起非王門學者所說之弊病有關的部分來討論。並且筆者的討論並非要說明陽明思想發展到晚明，「惡化」到什麼程度，或尋繹出那些人、那些行爲即是我們所通稱的「王學末流」。筆者主要是就王學思想的內部發展，由思想的分化推導出在教法、工夫上所可能產生的不足，由此來對照敬菴等人的批評。

　　陽明生前的「天泉證道」，龍溪四無論、緒山四有論的爭論，即代表兩人在工夫論上的不同路向，即顯示王學分化的現象。陽明過世後，王學分化之勢更形劇烈，龍溪曾言：

　　　　先師首揭良知之教以覺天下，學者靡然宗之，此道似大明於世。凡

〔註14〕同註12。

在同門得於見聞之所及者，雖良知宗說不敢有違，未免各以其性之所近擬議攙和，紛成異見。有謂良知非覺照，須本於歸寂而始得，如鏡之照物，明體寂然而妍媸自辨，滯於照則明反眩矣。有謂良知無見成，由於修證而始全，如金之在礦，非火符鍊鍛，則金不可得而成也。有謂良知是從已發立教，非未發無知之本旨。有謂良知本來無欲，直心以動無不是道，不待復加銷欲之功。有謂學有主宰、有流行，主宰所以立性，流行所以立命，而以良知分體用。有謂學貴循序，求之有本末，得之無內外，而以致知別始終。（《王畿集·撫州擬峴臺會語》）

在此，龍溪將王門後學之分化分爲六派：一是良知得之於歸寂，主要是指江右王門的聶雙江和羅念菴。二是良知由修證而來，主要是指江右王門的劉師泉。三是良知從已發立教，主要以江右王門之歐陽南野爲代表。四是良知即是無欲，不用消欲工夫，主要是指北方王門之孟我疆（1525～1589）。五是主良知分主宰、流行，而分體用之說者，則江右王門之劉兩峰（1490～1572）、劉師泉，與浙中王門之季彭山（1485～1563）皆可爲代表。六是工夫有順序、有本末，以致知別終始，則指泰州之王心齋。龍溪以王門弟子對良知的解釋不同，而分爲六派。《明儒學案》則以地理位置及師承關係作爲分派的標準，分王門後學爲：浙中、江右、南中、楚中、北方、粵閩、泰州等派，以浙中、江右、泰州最爲重要。其中，梨洲認爲江右王門得王學之正傳，他說：

姚江之學，惟江右爲得其傳，東廓、念菴、兩峰、雙江其選也。再傳而爲塘南、思默，皆能推原陽明未盡之旨。是時越中流弊錯出，挾師說以杜學者之口，而江右獨能破之，陽明之道賴以不墜。蓋陽明一生精神，俱在江右，亦其感應之理宜也。（《明儒學案·江右王門學案一》）

他認爲陽明一生的精神，俱在江右，江右王門得其眞傳，而能推原陽明未盡之旨，並且能補救浙中王門的弊病。江右王門以東廓、雙江、念菴爲代表，東廓主戒懼，雙江主歸寂，念菴主靜，都強調良知不是現成的，強調「致良知」之「致」字工夫，強調工夫的重要。即良知的發用必須經過收斂與涵養的工夫，才可以避免虛空不實的弊病。江右王門是否得陽明之眞傳，是一值得討論的問題，〔註15〕然梨洲對江右王門的評價比其他兩派——浙中、泰州

〔註15〕關於這個問題的討論，可參考牟宗三，《從陸象山到劉蕺山》，第五章，頁 399

高，卻是不爭的事實。

　　梨洲認為王學的發展，弊病在浙中以及泰州王門上，他說：

　　　　陽明先生之學，有泰州、龍溪而風行天下，亦因泰州、龍溪而漸失
　　　　其傳。泰州、龍溪時時不滿其師說，益啓瞿曇之秘有歸之師，蓋躋
　　　　陽明而爲禪矣。然龍溪之後，力量無過於龍溪者，又得江右爲之救
　　　　正，故不至十分決裂。泰州之後，其人多能以赤手搏龍蛇，傳至顏
　　　　山農、何心隱一派，遂復非名教之所能羈絡矣。（《明儒學案・泰州
　　　　學案一》）

陽明學說因龍溪、泰州學派而風行天下，亦因龍溪、泰州而眞義漸失。泰州、
龍溪出入禪學，使學者認爲陽明涉禪，而龍溪有江右王門的補救，故不致於
太嚴重。泰州則在輾轉相傳下，與禪學涉入更深，在「以赤手搏龍蛇」的過
度自信其心下，產生了「非名教所能羈絡」的弊病。龍溪在天泉證道主張「四
無論」，然他在天泉證道後，謹遵陽明之囑咐，並未以四無爲教法，他與吳悟
齋的一封信即可證明。〔註16〕他雖未大張「四無論」之旗幟，然他主張的「先
天正心之學」與「現成良知」之說，卻與「四無論」有異曲同工之妙，皆是
強調先天本體的朗現，而忽略工夫的修持，即使有工夫，亦非人人可爲。而
他到處講學，到八十歲仍孜孜於此，所以他的學說風靡一時。

　　泰州學派是心齋所創立的，他主張「現成良知」，直下便見，與龍溪相同，
所不同者在於心齋把現成良知與「百姓日用」等同起來，提出「百姓日用即
道」的主張：

　　　　聖人之道，無異於百姓日用，凡有用者皆謂之異端。（《明儒學案・

　　　　　　～451。
〔註16〕龍溪在《王畿集・答吳悟齋》中敘述師門教旨：「心之虛靈明覺，所謂本然之
　　　　良知也。其虛靈明覺之良知，應感而動也，謂之意。有知而後有意，無知則
　　　　無意矣。意之感動，必有所用之物。有是意斯有是物，無意則無物矣。良知
　　　　者寂然之體，物者所感之用，意則寂感所乘之幾也。有物必有則，良知是天
　　　　然之則。格者正也，物者事也，格物者，致吾心良知之天則於事事物物之中
　　　　也。吾心之良知，所謂理也，物得其理之謂格，正感正應，不過其則，則物
　　　　得其理矣。故曰：『至善無惡者心之體也，有善有惡者意之動也，知善知惡者
　　　　良知也，爲善去惡者格物也。』」頁692～693。東廓〈青原贈處〉記載緒山言
　　　　四句教首句爲「至善無惡者心」，在此龍溪亦如此說明陽明教旨。二者與第二
　　　　章所提三條資料「無善無惡心之體」的記載，雖不相同，然其意義實可相通，
　　　　亦可證明兩人對「無善無惡心之體」的解釋是相同的，無善無惡與至善是不
　　　　相矛盾的，即無善無惡是謂至善。

泰州學案一・處士王心齋艮・心齋語錄》)

百姓日用條理處，即是聖人之條理處，聖人知便不失，百姓不知便
為失。(同上)

心齋視一般的生活實踐，即是聖人之道，強調只有百姓日用之道，才是聖人的
學問，聖人之道即在百姓日用之中。聖人與百姓之差別者，在於聖人知之，百
姓不知而已。「百姓日用即道」形成泰州學派的重要特色，以後的學者亦順此發
展而下，如羅近溪常常舉「捧茶童子」〔註17〕來說明良知現成，以及聖人之道
與捧茶童子無異的道理。而被梨洲視為異端的何心隱(1517～1579)更是在「百
姓日用即道」的理論基礎下，主張「育欲」，〔註18〕反對無欲之說，肯定物欲的
合理性。而未被列入《明儒學案》的李贄(1527～1602)，更被視為「異端之尤」。
〔註19〕而溝口雄三認為：「顧憲成・馮從吾等人之所以標榜反無善無惡，主要是
為摘發混入無善無惡思想中的『李卓吾』的要素；反過來說，正因為無善無惡

〔註17〕 《明儒學案・泰州學案三・參政羅近溪先生汝芳・語錄》中記載：「問：『吾
儕或言觀心，或言行己，或言博學，或言守靜，先生皆未見許，然則誰人方
可以言道耶？』曰：『此捧茶童子卻是道也。』一友率爾曰：『豈童子亦能戒
慎恐懼耶？』羅子曰：『茶房到此，幾層廳事？』眾曰：『三層。』曰：『童子
過許多門限階級，不曾打破一個茶甌。』其友省悟曰：『如此童子果知戒懼，
只是日用不知。』羅子難之曰：『他若不是知，如何會捧茶，捧茶又會戒懼？』
其友語塞。徐為解曰：『知有兩樣，童子日用捧茶是一個知，此則不慮而知，
其知屬之天也。覺得是知能捧茶，又是一個知，此則以慮而知，其知屬之人
也。天之知是順而出之，所謂順，則成人成物也。人之知卻是返而求之，所
謂逆，則成聖成神也。故曰以先知覺後知，以先覺覺後覺。人能以覺悟之竅，
而妙合不慮之良，使渾然為一方，是睿以通微，神明不測也。』」頁773。
〔註18〕 在《何心隱集・聚和老老文》中言：「欲貨色，欲也。欲聚和，欲也。……昔
公劉雖欲貨，然欲與百姓同欲，以篤前烈，以育欲也。太王雖欲色，亦欲與
百姓同欲，以基王績，以育欲也。育欲在是，又奚欲哉？仲尼欲明明德於天
下，欲治國、欲齊家、欲修身、欲正心、欲誠意、欲致知在格物，七十從其
所欲，而不踰乎天下之矩，以育欲也。」明・何心隱，《何心隱集》(北京：
中華書局，1981)頁72。
〔註19〕 顧炎武曾批評李贄：「愚按自古以來小人之無忌憚而敢於叛聖人者，莫甚於李
贄。然雖奉嚴旨，而其書之行於人間自若也。昔晉虞預論阮籍比之伊川被髮，
所以胡虜偏於中國，以為過衰周之時。試觀今日之事髡頭也，手持數珠也，男
婦賓旅同土床而宿也，有一非贄之所為者乎？蓋天將使斯人有裂冠左衽之禍，
而豫見其形者乎？殆亦五行志所謂人痾者矣。然推其作俑之繇，所以敢於詆毀
聖賢，而自標宗旨者，皆出於陽明龍溪禪悟之學。後之君子悲神州之陸沈，憤
五胡之竊據，而不能不追求於王何也。」見《日知錄卷二十・李贄》，清・顧
炎武，《原抄本顧亭林日知錄》(臺北：文史哲出版社，1979)，頁540～541。

思想中業已混入『李卓吾』的要素，故而他們挺身駁斥無善無惡。」〔註20〕所謂的「李卓吾的要素」，即是恣情縱欲，視道德如浮雲了。

　　王學的發展，至泰州學派，尤其是李卓吾，走向更形極端，王艮主張「百姓日用即道」，李卓吾進一步主張「穿衣吃飯，即是人倫物理」，強調在穿衣吃飯之間悟眞空，〔註21〕並進而肯定私欲的重要，主張「人必有私」。〔註22〕他主要的主張在「童心說」：

> 夫童心者眞心也，若以童心爲不可，是以眞心爲不可也。夫童心者，絕假純眞，最初一念之本心也。若失卻童心，便失卻眞心；失卻眞心，便失卻眞人。人而非眞，全不復有初矣。童子者，人之初也：童心者，心之初也。夫心之初曷可失也，然童心胡然而遽失也？蓋方其始也，有聞見從耳目而入，而以爲主于其內而童心失。其長也，有道理從聞見而入，而以爲主于其內而童心失。其久也，道理聞見日以益多，則所知所覺日以益廣，於是焉又知美名之可好也，而務欲以揚之而童心失；知不美之名之可醜也，而務欲以掩之而童心失。

　　（《焚書・雜述・童心說》）

與童心相對的見聞道理，是以義理爲本的，以義理主其內，強調的是普遍本質對個體的一種外在決定，而在李卓吾看來，童心的失落，即是見聞道理（義理）所造成的，因此他強調「穿衣吃飯，即人倫物理」、強調「人必有私」本眞之心，並反對「以孔子之是非爲是非」，〔註23〕徹底消解了普遍的義理對人

〔註20〕 見溝口雄三原著，林右崇翻譯，《中國前近代思想的演變》，頁142。

〔註21〕 李卓吾以爲：「穿衣吃飯，即是人倫物理；除卻穿衣吃飯，無倫物矣。世間種種皆衣與飯類耳，故舉衣與飯而世間種種自然在其中，非衣食之外更有所謂種種絕與百姓不相同者也。學者只宜於倫物上識眞空，不當於倫物上辨倫物。」見《焚書・書答・答鄧石陽》（臺北：河洛圖書公司，1974），頁4。

〔註22〕 李卓吾認爲：「夫私者人之心也。人必有私而後其心乃見。若無私則無心矣。如服田者，私有秋之獲而後治田必力。居家者，私積倉之獲而後治家必力。爲學者私進取之獲而後舉業之治也必力。故官人而不私以祿，則雖召之，必不來矣。苟無高爵，則雖勸之，必不至矣。雖有孔子之聖，苟無司寇之任，相事之攝，必不能一日安其身於魯也決矣。此自然之理，必至之符，非可以架空而臆說也。」見《藏書・德業儒臣・德業儒臣後論》（臺北：臺灣學生書局，1974），頁544。

〔註23〕 李卓吾言：「人之是非，初無定質。人之是非人也，亦無定論。無定質，則此是彼非，並育而不相害。無定論，則是此非彼，亦並行而不相悖矣。……咸以孔子之是非爲是非，故未嘗有是非耳。……昨日是而今日非矣，今日非而後日又是矣。」見《藏書・藏書世紀列傳總目前論》，頁7。

心的規定。

以上只是大略介紹王門後學的發展。龍溪主張「現成良知」，良知是當下現成的，良知的天賦性與主體自覺地意識到良知，是同步完成合一的，〔註24〕於是就解消了工夫的必要。而泰州學派將現成良知與「百姓日用」相合，將見在之知融入並體現於主體的具體行為之中，取消了先驗的良知由潛在到現實的展開，亦取消了工夫的意義。〔註25〕再加上逐步消解了普遍之理對心體的規範，於是認情識為良知，視道德如浮雲，蕩越禮法，形成狂蕩的風氣。以四句教的發展來看，亦是如此。陽明論「無善無惡心之體」，是想使有習心之人，體悟到心體是一循天理，而「無一毫人欲之私」的，是無惡且無善的，然經過龍溪、海門、東溟的輾轉疏解，他們對本體的重視，即形成工夫的入手處，在凡事會著於善的憂慮下，反而刻意規避仁義道德等禮教的規範，思想準則徹底開放，終而導致行為上的放縱恣意，而無所限制了。

二、各家疏解之衡定

四句教的三次辯論，首次是發生在王學內部，是王門弟子對工夫論的爭議，而不管龍溪四無論或緒山四有論，皆可在陽明思想中找到理論的根據。第二、三次辯論以及梨洲的衡定則主要放在首句「無善無惡心之體」上，討論的焦點已由工夫論轉向本體論了。就陽明思想而言，王門學者海門、東溟的疏解大抵符合陽明本意，而非陽明學者由於是透過王門後學來理解陽明，對陽明的理解已有錯誤。如果純粹站在每一思想家理論的內在邏輯而言，雙方立言「各有攸當」，皆可形成一套完整的理論系統。然而雙方仍舊爭論不已，以己說來非難對方的觀點，則與上述王學的分化有密切的關係。

第二、三次辯論主要在性善與無善無惡上，其實就雙方觀點而言，皆言之成理，一方從本體實有的角度，論證性善，一方從本體雖實有，然是虛無的，而言無善無惡。其實性善與無善無惡是可以相通的，兩者並非如同冰炭水火，完全相反。心體是實存的，天理下貫而成善性，然心體是虛無的，所以應事宰物，過而不留，也就是前面所說的，心體是萬善之總源，所以是至善的，又因為它是善惡判斷的來源，所以是無善無惡的，因此王門學者才會

〔註24〕見楊國榮，〈從現成良知說看王學的衍化〉，《哲學與文化》第 17 卷第 7 期（1990年 7 月），頁 596。
〔註25〕同上，頁 601～602。

將無善無惡疏解為至善，兩者並行不悖。然而就非王門學者而言，他們不容無善無惡與性善並存，只立性善，則是著眼於無善無惡論產生的弊病。由上一部分的論述，王學的分化，其理論到後來的確產生了無善可為、無惡可去的弊病，在「化成世界」的儒家本懷下，他們反對無善無惡論，以性善論來對治王學末流之弊。

　　其實就敬菴和涇陽而言，他們皆了解王門學者所言「無善」：不執著於善的意義。敬菴在說明心體實有而空無時，仍強調性善，涇陽亦言心體實有而空無，強調實有的性善面，然與敬菴不同的是，他在一定程度上引用王門虛無的看法，來解釋性善的意義。他將善提高到本體的地位，並強調其實有而空無，賦予善體虛無的一面。然他並不因此而贊成無善無惡論，相反的，他以善性實存，來反駁「不執著善」的觀點，強調善本實有，不能說不執著，而是要執著於善。他們站在「化成世界」的立場上反對無善無惡，因此就引發了如果以儒家本懷「化成世界」而言，是否需要說「無善無惡」的問題了。〔註26〕這牽涉到工夫論與立教的問題。

　　非王門學者認為主張無善無惡論，在無善可為，無惡可去的情況下，會抵消為善去惡的工夫，而且在憂慮會著於善的情況下，反而蕩越禮法，形成無忌憚之鄉愿。而王門學者雖然強調為善去惡工夫，然他們注重本體卻是不爭的事實。緒山雖贊成無善無惡心之體，然他強調人有習心，要做為善去惡的道德修養，以復心體。他強調工夫，所以梨洲稱他「不失儒者之矩矱」（《明儒學案・浙中王門學案一・員外錢緒山先生德洪》）。龍溪主張四無論，從心體上立根，使心、意、知、物四者一體化為無善無惡，沒有為善去惡的道德修養，只強調悟本體之工夫。雖然在「天泉證道」時，陽明肯定四無為上根人之教法，然仍以人有習心、上根人不易得為理由，以四句教為徹上徹下之教法。就現實世界而言，人會受外在事物的影響，產生種種習心，因此要時時去省察克治習心的妄動。龍溪的問題在於他忽略了人的現實性，著眼於先天超越意義的「意」，而忽略了在現實世界中，意是會歧出於心體的可能性，而且他所說的悟本體之工夫並不是人人可為、時時可為的，而且即使從本源上悟入心體，亦不能保證心體能時時明朗無雜。他常常將悟後境界與悟入工夫混為一體，〔註27〕因此如從

〔註26〕勞思光言：「『無善無惡』之說對於陽明之學或整個以成德及化成為中心之儒學講，是否必要？是否有不可替代之功能？」同註10，頁511。
〔註27〕勞思光以為：「龍溪之論工夫，……且屢屢將悟後境界與悟入工夫混而言之，

龍溪一路走去，將會產生工夫無法安立，形成蕩越工夫之弊。相同的，海門雖然重視爲善去惡的工夫，但他的前提是要先「明此無善無惡斯爲至善之心體」，工夫的入手才有意義。如何「明」？即在「悟」。他要人走龍溪四無一路，直接以明先天至善心體爲入手工夫，以期立時即頓，直達無善無惡之境，此則將悟本體看得太容易，而忽略爲學工夫的層次轉折。同樣的，東溟亦是如此。

中國歷代思想家，其提出的思想，並非僅僅做一理論上的思辨而已，而是就社會的實際狀況所提的對治之法，因此必須考慮其社會實踐之效果。相同的，四句教之辯，並非理論上的哲理爭論而已，而是就實際實行狀況而論的。第一次辯論是因龍溪、緒山才性不同，對道德實踐入路不同，而對相同的四句教有不同的看法。而第二、三次辯論則是就社會的實踐效果而言，即四句教作一教法，產生了什麼樣的社會狀況，而引發的辯論。因此就這三次辯論而言，皆是就四句教的實際實行狀況而論。上面我們說過，就各家理論而言，皆言之成理，可以形成一單獨的理論系統，然而如果就立教的角度來考察，王門學者包括陽明對晚明社會之弊是難辭其咎的。

當代學者對於王學對晚明造成的影響，大部分認爲是人病，而非法病，即從各家講學的內容皆可入僞，而非講學者之咎。〔註28〕這樣的說法雖然沒有錯，然而我們不能忽略上述所說立教的問題。既然作爲教法，就必須考慮到可能產生的問題，而不能只著眼於一時有利的一面，也就是講學家不能只考慮到理論的圓融與否，或是一時的社會效果，而要考慮到對後世可能產生的影響。因爲如果定位不明，階梯不立，躐等以進，則人病必演爲法病。〔註29〕就四句教的疏解而言，王門弟子對工夫的定位不明，導致後學疏略工夫，縱使其理論再完整，道德實踐性必會減低其理論效果。因此，雖然敬菴、涇陽、梨洲對四句教的理解，是透過王門後學的疏解而來的，忽略了陽明本身的解釋，對陽明思想無相應的理解，而他們著眼的是此一理論的實踐效果。

使人易生誤解，以爲『悟入』處即最高境界所在，由此而使工夫過程無法安立。龍溪後學墮入所謂『狂禪』一路，病根即在此一『混』處。」同註6，頁456。

〔註28〕唐君毅以爲：「王學之滿天下，而流弊亦隨之以起。然必溯其弊之源於陽明，固未必是：即溯其弊之源於王門諸子，亦未必是。大率天下之學術，既成風氣，則不免于人之僞襲而無不弊，不只王學爲然。……然僞襲王門之學者，亦自有其最易導致之弊：……然此皆不可說爲此諸人講學之本旨。……諸人之講學，不任咎也。」見《中國哲學原論——原教篇》，頁444。

〔註29〕見劉述先，《黃宗羲心學的定位》，頁155。

對王學而言，其理論的提出，並非僅僅只是做一哲理上的思辨而已，更重要的它是道德實踐，最終目的是作為教法，既然是教法，就必須與實際實踐結果結合，因此敬菴、涇陽、梨洲等人的著眼點是有意義的。

其實，就陽明而言，其學說的提出是為對治朱學務外遺內，向外窮理的弊病，然而過度強調自信本心，而缺乏事物的實心磨鍊，亦會產生「務內而遺外」之病。他諄諄告戒弟子：

> 聖賢論學，無不可用之功，只是致良知三字，尤簡易明白，有實下手處，更無走失。近時同志亦已無不知有致良知之說，然能於此實用功者絕少，皆緣見得良知未真，又將致字看太易了，是以多未有得力處。雖比往時支離之說稍有頭緒，然亦只是五十步百步之間耳。
> （《王陽明全集·文錄三·與陳惟濬》）

> 某于良知之說，從百死千難中得來，非是容易見得到此。此本是學者究竟話頭，可惜此理淪埋已久。學者苦于聞見障蔽，無入頭處，不得已與人一口說盡。但恐學者得之容易，只把作一種光景玩弄，孤負此知耳。（《王陽明全集·補錄》）

良知如果缺乏事物的實心磨鍊，只當作光景來玩弄，而不實落去「致」良知，會形成蹈空之病。同樣的，在「天泉證道」上，陽明告戒學者不要懸空去想本體，而要著實去做為善去惡工夫，待習心去盡，心體自會光明朗現。這也就是他反覆強調「致」字工夫、為善去惡道德修養的用意所在。然而一個學說、一個工夫，在轉手之間，因個人生命境遇、生命才情的不同，就會產生不同的面貌，甚至產生流弊，四句教「無善無惡心之體」，到最後產生蕩越禮法、肆情縱欲的弊病，應是陽明始料所未及的。

四句教的第二、三次辯論皆著眼於王學末流之弊，其間有一個很大的不同在於涇陽認為無善無惡心之體是佛家說法，而非儒家思想。在此，由於儒佛問題牽涉過廣，非筆者短期所能處理，所以本文並不全面去探討儒佛之別或是四句教是否與佛學相涉的問題，筆者只就陽明主觀的認定而論。陽明曾在《傳習錄》薛侃「去花間草」一段中言：

> 佛氏著在無善無惡上，便一切都不管，不可以治天下。聖人無善無惡，只是無有作好，無有作惡，不動於氣。然遵王之道，會其有極，使自一循天理，便有個裁成輔相。（《王陽明全集·語錄一·傳習錄上》）

佛家說無善無惡，只求識得真空性體，而不管一切現實世界的事物，所以陽明說「不可以治天下」。而陽明講無善無惡是不動於氣，無有作好作惡，一循天理的意思，所以「可以治天下」。儒、佛言無善無惡之別，不僅只在一可治天下，一不可治天下而已，其深層之差別，則在於陽明所說的「天理」。佛家性體真空，無所謂理則的存在，說無善無惡，是要從無善無惡中去識此真空性體。而儒家則要在人倫事物中，尋求理則，不論此理則是存在於性，或存在於心，然天理的存在是不可磨滅的。所以就陽明而言，他所說的無善無惡與佛家的不同。而涇陽所以反對無善無惡的理由，即在於王門後學混同儒釋，使無善無惡與真空思想結合（如東溟、李卓吾的主張），視天理為障礙，而消解了普遍之「理」。〔註30〕而東溟以佛家與儒家性論可以相通，而主張三教合一，就陽明而言，已非陽明本旨了。

三、四句教發展在思想史上之定位

四句教的三次辯論大抵上可以分為二階段，第一階段是在王學內部有關工夫論的爭議，即「天泉證道」之辯。第二階段是在理學內部，非王門學者與王門學者關於本體論上的爭辯，即「南都講會」、「惠泉講會」之辯。因此，以下筆者即分此兩部分，來探討四句教發展在思想史上的定位。

(一)四句教與王學

1.四句教與陽明

四句教為陽明思想，是一牢不可破的事實，其提出正代表陽明晚年臻至圓熟的境界，亦代表了陽明一生的學思歷程。梨洲在《明儒學案》中，曾對陽明的學思歷程有如下的介紹：

> 先生之學，始泛濫於詞章，繼而徧讀考亭之書，循序格物，顧物理吾心終判為二，無所得入。於是出入於佛、老者久之。及至居夷處困，動心忍性，因念聖人處此更有何道？忽悟格物致知之旨，聖人之道，吾性自足，不假外求。其學凡三變而始得其門。自此以後，

〔註30〕溝口雄三以為：「無善無惡容易流於與真空思想結合，而儒教勢必堅守的最後一道防線——天理的世界觀則有被視為理障而遭致破除的危險，甚至無善無惡與理的不同處也有被視為『空』的危險；而從李卓吾的立場來看，正因為這種危險性，至活的不容已之心——即直接以所欲為欲的赤裸裸之心＝童心——得以做為新而真正的天理，進而導出理的新義。」同註20，頁143。

　　盡去枝葉，一意本原，以默坐澄心為學的。有未發之中，始能有發
　　而中節之和，視聽言動，大率以收斂為主，發散是不得已。江右以
　　後，專提「致良知」三字，默不假坐，心不待澄，不習不慮，出之
　　自有天則。良知即是未發之中，此知之前更無未發；良知即是中節
　　之和，此知之後更無已發。此知自能收斂，不須更主於收斂；此知
　　自能發散，不須更期於發散。……居越以後，所操益熟，所得益化，
　　時時知是知非，時時無是無非，開口即得本心，更無假借湊泊，如
　　赤日當空而萬象畢照。是學成之後又有此三變也。（《明儒學案‧姚
　　江學案‧文成王陽明先生守仁》）

此即「前三變，後三變」之說，以「龍場悟道」為關鍵。陽明成學之前有「前
三變」，是指：（1）泛濫於詞章，（2）遍讀考亭之書，（3）出入佛、老。而「龍
場悟道」之後有「後三變」，是指：（1）龍場悟道後，以默坐澄心為學的，（2）
江右以後，專提「致良知」，（3）居越以後，所操益熟，所得益化，時時知是
知非，時時無是無非。與四句教對照，陽明後三變之第一變的工夫，在於存
天理、去人欲，即重四句教的第四句「為善去惡是格物」。第二變重在明未發
之中與已發之和之不二，此時並以致良知代替知行合一，此是重在四句教的
第三句「知善知惡是良知」。至於最後一變，重在說明當下心體之自見即是工
夫，此心體知善知惡而又無善無惡，則是重在四句教之第一句「無善無惡心
之體」。〔註31〕致良知是陽明最主要的思想，前面我們說過致良知與四句教相
符，四句教從心之體的無善無惡，到知善知惡與為善去惡，即是對致良知的
一個概括，致良知包括兩面工夫，一是內在自覺，去除私欲障蔽，二是向外
推擴至事事物物，因此四句教即代表致良知的過程。由此看來，四句教代表
了陽明一生學思演變，亦是他思想的總結。

　　2.四句教與王學分化

　　在「天泉證道」上，陽明兩大弟子，被稱為「教授師」的龍溪、緒山對
於四句教產生歧異的看法，一主四無、一主四有，其爭論的焦點在於工夫論
上。一從悟本體進入，而心、意、知、物化為無善無惡；一從意之有善有惡
進入，而做為善去惡的工夫，以復心體之無善無惡。陽明在天泉證道上雖肯
定二人的說法，然要二人相資相取，龍溪重本體，亦要不廢工夫，緒山重工

─────────────

〔註31〕見唐君毅，《中國哲學原論──原性篇》，頁469。

夫，亦要不廢本體。而在第二章我們說過，在「天泉證道」後，龍溪、緒山謹遵師教，互相取益，不偏廢工夫或本體。雖然如此，然兩人因才情之不同，所入工夫相異之事實，則是存在的。緒山資性沈毅，強調爲善去惡工夫，龍溪資性明朗，因此從頓悟心體進入，強調無工夫中眞工夫。所以兩人對工夫看法的不同，實已開啓王學分化之勢了。

　　四句教會產生龍溪四無論、緒山四有論，而引發王學的分化，許多學者（尤其是大陸學者）認爲是肇因於四句教本身義理矛盾，即本體論與工夫論上的矛盾。〔註32〕從本體論來看，心之體不但無善無惡而且知善知惡，如此一來，本體的發用流行必然是無善無惡的，本體無所謂惡，發用流行亦不會有惡。從工夫論來看，既然以爲善去惡的格物工夫是初學以至聖人窮究無盡的工夫，那很明顯的，從初學到聖人就不可能是無惡的，正因爲惡的存在，才爲工夫論的成立提供了先決的條件。因此從本體論來看，即消解了工夫論之必要，從工夫論來看，本體論亦無從成立。因此有學者順此而將王學之分化，分爲三派：因心體是超越善惡的至善，發爲意後有不善，因而需要爲善去惡的工夫，此即是緒山四有論，以及東廓「戒懼」、雙江之「守寂」、念菴之「主靜」工夫了。其次，既然利根之人一悟本體即是工夫，所以只要在先天心體上立根，則心、意、知、物一齊皆無善無惡，這樣的工夫就是頓悟了，即龍溪的四無論。第三，既然從心之體到爲善去惡的格物實踐是一個率性而不容已過程，這樣率性也就成了自然工夫，即泰州心齋、近溪所提示的工夫。〔註33〕

　　對於四句教本身義理的質疑，在四句教之辯時，龍溪、敬菴、涇陽、梨洲皆有同樣的懷疑。前面我們說過四句教本身的義理並不矛盾，心體的無善

〔註32〕如方國根在《王陽明評傳》中言：「王陽明所謂的『致良知』的過程，是建立在先驗的『良知』論基礎之上的，其學說包含著深刻的内在矛盾，表現爲：一方面，良知作爲先驗之知，内容是無善無惡，至善完美的，是通過天賦一次性完成的，具有終極和封閉的性質；另一方面，『致良知』的内容是『爲善去惡』、『存天理，去人欲』，要經歷一個『致』的無窮無盡的過程；良知的天賦性是排斥致良知的過程的。王陽明無論在『傳道』的過程中，還是在對錢、王兩弟子的『天泉證道』中，都已預感到這一内在矛盾存在及其發展的危害性，因此，他竭力調和，通過強調主體良知的自覺意識，使這一内在矛盾暫時隱而未彰。但是，隨著王陽明的去世，王學内部弟子之間由于對『四句教』理解不同，最終導致了王門後學的分化。」（南寧：廣西教育出版社，1996），頁 162。
〔註33〕見丁爲祥，〈「四句教」與王學三分〉，《陝西師大學報》（哲學社會科學版）第2期（1992），頁 46。

無惡，到發動爲意的有善有惡是陽明著眼於現實性，預設著人有習心的存在，這樣的預設是符合現實情況的，因此不能純就理論上來說四句教義理矛盾，而必須就其作爲立教準則來考量，因此四句教本身義理純就理論上或許有矛盾，然就教法而言，四句教何嘗不是一圓融的徹上徹下之教法。然由四句教的爭論，而開啓王學分化的契機卻是存在的事實。

(二)四句教發展與晚明理學之關係

　　四句教提出後引發後學許多討論，勞思光曾在《新編中國哲學史（三下）》中論述陽明後學所引發的哲學問題：

> 陽明後學，由於自身體驗之不同，及對陽明學說了解之差異，彼此間爭執頗多。然撮要言之，則所涉及之哲學問題，大致不外三點，此即：（一）心體問題──以「無善無惡」一觀念爲關鍵。（二）發用及工夫問題──當以「良知」之「知善知惡」與「好善惡惡」二義爲關鍵。（三）客觀化問題──此點所涉範圍較大，可說爲「道德心與文化秩序」間之問題。

其中第一、二問題，即是四句教引發的。心體無善無惡，即四句教第二、三次辯論之爭論焦點，發用及工夫問題，即蕺山、梨洲提出意體取代良知的觀點。四句教之辯的轉變，從王門內部工夫論的討論，演變爲晚明理學內部性善與無善無惡有關本體的討論，這樣的轉變痕跡，即標示著王學內在理路發展的缺失，即王學末流在晚明所產生的弊病。〔註34〕

　　對於王學末流，敬菴、涇陽重提孟子性善之說，而涇陽、梨洲又反對以無善無惡論性體，甚至重提性體來規範心體，以挽救無善無惡論所引起的弊病。同樣站在挽救時弊角度上，蕺山、梨洲不僅批評四句教，更從陽明學說內部改造四句教，提出意體取代良知，將工夫收攝在更內在的意根上，以對治王門後學疏略工夫之弊。相同的，在王門學者部分，海門、東溟亦有見於王學末流的弊病，然他們的作法，不像非王門學者否定四句教，而是站在肯

〔註34〕步近智以爲：「明代萬曆後期興起的這場『道性善』與心體爲『無善無惡』說的論辯，決不是文人間偶然的、無的放矢的筆頭游戰。它已不單純是不同學術見解的爭論，而是明末社會危機深重的產物，是當時以顧憲成、高攀龍爲首的『東林黨』人和魏忠賢爲首的『閹黨』之間的政治鬥爭在思想學術領域內的反映。」見〈明萬曆年間理學內部的一場論辯〉，頁81。這樣的看法對東林黨在政治上的作爲而言，是正確的，然就其內在的思想而論，這樣的看法已太過引申了。其實就雙方而言，其對象是王學末流。

定的立場，對容易引起爭議的「無善無惡心之體」，進行疏解，以確定其意義，使學者眞實了解「無善無惡心之體」之意義，而防止因誤解而生的弊端。因此，我們可以說四句教引發了晚明學者的哲學思考，亦影響著各家的思想。

　　總之，四句教與晚明理學發展的關係，爲對治王學末流，而產生性善與無善無惡之爭。其間性善論的重提、回歸性體的趨向，〔註35〕使陽明學說在後學的極端玄虛的發展下，逐步轉向明清之際實學的思潮發展。〔註36〕

〔註35〕見楊國榮，《心學之思──王陽明哲學的闡釋》（北京：生活讀書新知三聯書店，1997），頁265～286。陽明並不偏廢性體，只是在心性合一的情況下，強調本體的活動義，主張「心即理」。而晚明學者如顧涇陽等人則強調性善，主張以性爲矩來制心，以對治晚明王學心體無善無惡說所產生的弊病，因此稱爲「回歸性體的趨向」。

〔註36〕步近智以爲：「顧、高等人對『無善無惡』說的論辯，主要是針對當時泛濫于學術思想界的王學末流之士談空說玄的宗禪之風的抨擊，這無疑爲明清之際實學思潮的高漲，提供了思想條件。」同註34，頁82。

第七章　結　論

　　四句教在「天泉證道」正式被提出後，從明代中期，一直到晚明，甚至清初，引發了學者許多不同的討論。早期，四句教的討論僅限於王學內部，陽明第一代弟子因個人體悟的不同，以致對陽明學說，尤其是工夫論有不同的理解，這完全展現在四句教的爭論上。「四無論」強調本體現成，「四有論」重視工夫，王門弟子的討論即在四無、四有之間，有的主張四無、有的主張四有，有的則不取四句教爲教法。〔註1〕

　　後來，隨著陽明學說的風行天下，陽明生前所擔心的玄虛蹈空的弊病逐漸產生，因此產生了反王學的聲浪。其實早在陽明提出「心即理」、「知行合一」等學說時，反對的聲音一直不斷。〔註2〕而晚明的反王學不再是理論上的爭辯，或是正統與非正統〔註3〕的問題，而是著眼於王學實際的施行效果。這樣的聲音不僅發生在王學外部的其他學派，在王學內部，亦產生了修正的理論。〔註4〕同樣的，四句教在王門弟子間流傳，第一代弟子或許能謹守師教，

〔註1〕　如何善山是主四有論，而非難四無的，見《明儒學案‧江右王門學案四‧主事何善山先生廷仁》，頁453～454。黃洛村是不取四句教爲教法的，見《明儒學案‧江右王門學案四‧主事黃洛村先生弘綱》，頁449～450。

〔註2〕　由《傳習錄中‧答顧東橋書》以及〈答羅整庵少宰書〉即可看出當時反王學的觀點。見《王陽明全集‧語錄二‧傳習錄中》，頁41～57、75～78。

〔註3〕　明代官方思想是程朱理學，明代中期許多反王學者，即是站在朱學的立場反對王學。可參考鄭德熙著，《明嘉靖年間朱子學派批判王學思想研究》，中國文化大學史學研究所博士論文，1990。。

〔註4〕　如原來從學於鄒東廓的李見羅，另倡「止修」之學，以對治王學之弊。見《明儒學案‧止修學案》，頁668～669。

然在第二代，以至第三代、第四代弟子多有倡行無善無惡以為教法的。以無善無惡為教法，不只會產生蹈空不實的弊病，更會混淆是非善惡的標準，視道德如浮雲。不論王學內部〔註5〕或外部其他學派，紛紛反對無善無惡論，主張性善論，與王門學者產生了一場道性善與心體無善無惡的爭論，此時的焦點已非工夫論，而是在更根本的本體論上。

　　以上即是四句教到晚明大略的發展概況。我們可以將其分為兩個階段，前期主要討論工夫論，後期則討論本體論。四句教的爭論肇始於天泉證道，天泉證道亦是王門弟子工夫爭論的開始，因此筆者以天泉證道四無、四有之辯來概括此期王門第一代弟子因四句教而產生的工夫論爭。後期四句教的討論牽涉的學派、思想家非常多，有關四句教的討論則出現在「南都講會」上，是王門學者與非王門學者，著眼於世道，討論四句教的開始，即是敬菴〈九諦〉、海門〈九解〉之辯。而後延續的討論不斷，牽涉的問題亦愈來愈廣泛。「惠泉講會」上，產生了涇陽與東溟有關無善無惡心體的辯論，並牽涉到儒佛之辨的問題上，以及以性體取代心體的種種修正理論。因此，筆者以此二辯來概括這一期王門學者與非王門學者對四句教問題的回應與反省。

　　第一階段「天泉證道」——四無、四有之辯，龍溪認為四句教非定本而是權法。心體無善無惡，不可能產生有善有惡之意，因此另立「四無論」，即在「體用一源」的情況下，悟得心體是無善無惡，意、知、物順著心體下貫，亦是無善無惡的，強調在心體上立根基。緒山認為四句教為定本，心體雖是無善無惡，但人有習心，意會歧出於心體，而有善有惡，因此需要為善去惡的工夫，強調在有善有惡之意上立根基。後來陽明雙雙肯定四無、四有，但要兩人相資相取，而不偏廢工夫或本體，他以四句教為徹上徹下教法。龍溪、緒山二人皆肯定四句教首句「無善無惡心之體」，其意義是心體非善惡等相對概念所能限定，是不著於惡，亦不著於善，因此是無善無惡又是至善的。他們爭論的焦點在工夫論上，龍溪在「意是無善無惡」的情況下，強調悟本體的「無工夫中真工夫」，緒山則在「意是有善有惡」的前提下，強調為善去惡的工夫。兩人在工夫論上的歧異，開啟了王門弟子分化的契機。

〔註5〕 如北方王門的楊晉菴主張性善論，無善無惡是「陽明以之言心，不以之言性也」，並作〈論性臆言〉。見《明儒學案・北方王門學案・侍郎楊晉菴先生東明》，頁650。又如泰州學派方本菴亦主性善論，作〈性善繹〉。見《明儒學案・泰州學案四・明經方本菴先生學漸》，頁838～839。

　　第二階段的開始，即是第二次辯論的「南都講會」——非王門學者許敬菴〈九諦〉、王門學者周海門〈九解〉之辯。「天泉證道」中，龍溪雖主四無論，然他謹遵陽明「不要輕易望人」的囑咐，並未以四無立教。眞正以無善無惡論立教，乃至大張四無論的是海門，因此才會引發敬菴的反駁。敬菴主張太虛本體雖無一物可著，然是實有的，因此性體是至善的。又因人有習染，會使人流於惡，所以有爲善去惡的工夫。而無善無惡論，在無善可爲，無惡可去的情況下，會抵消工夫，產生蕩越之弊，有害世道。敬菴的批評著眼於世道，他的批評對象並非直指陽明，而是提倡無善無惡論的王學末流，尤其是龍溪，對於陽明反而多有迴護，甚至認爲四句教是龍溪僞托，排除四句教與陽明的關係。這樣的立場與其弟子蕺山、再傳弟子梨洲是不謀而合的。海門亦以太虛來解釋心體，太虛本體不著一物，不能以經驗之善惡來指涉，故無善無惡，而本體又是實有的，故是至善，因此心體是無善無惡，又是至善的。他又從工夫論上的修爲無跡，不執著於工夫，來說明心體之無善無惡。敬菴認爲無善無惡會抵消工夫，有礙世道。海門則認爲爲善去惡工夫以達到心體無善無惡爲究竟，兩者並不矛盾，而且無善無惡對於執著爲善的人，有點撥的作用，使其「無心爲善」，反而有益於世道。

　　接下來的是第三次辯論——「惠泉講會」，東林學者顧涇陽性善論與泰州學者管東溟無善無惡論的辯論，是延續第二次辯論而來的。涇陽以太極爲本體，是性，因此是至善的，並將善提高至本體的地位，強調性體的至善性，以性體來規範心體。他認爲無善無惡的本體與爲善去惡的工夫相矛盾，而且會抵消工夫，造成無工夫可爲，而助長鄉愿之習。無善無惡論更會造成儒佛的混淆，使天理的世界觀被視爲理障而一併去之，因此他嚴明儒佛之別，並認爲無善無惡即佛家之說，指陽明爲佛家。東溟亦認爲太極是本體，是性，然在「太極本無極」、「無極而太極」的情形下，心性之體是無善無惡又是至善的。涇陽以爲無善無惡會取消工夫，有害世道。東溟則認爲無善無惡不會取消工夫，無善無惡之境的達成，正需要工夫。在無善無惡與佛家關係上，他認爲儒佛心性理論是可以相通的，佛家眞空性體是無善無惡又是至善的，與陽明的說法是不謀而合的，然陽明不是佛家。涇陽將世道之責歸咎陽明，東溟則認爲世道非陽明一人所能鼓動，世道之弊，亦非無善無惡論所能造成的。

　　綜觀第二、三次辯論，雙方以同樣的太虛、太極爲本體，一方強調本體

的實有性，而主張性善，一方強調本體的虛無性，而主張無善無惡，為其理論提出本體論上的依據。雙方主要的著眼皆在世道，非王門學者強調無善無惡對世道的負面影響，反對無善無惡論，而以性善論來對治王學之弊。王門學者並不認為無善無惡論有害世道，他們站在後學可能誤解無善無惡論，造成弊病的角度上，進一步疏解四句教，以確定「無善無惡心之體」之意義。因此就「辯論」的意義而言，二、三次的辯論，使「無善無惡心之體」的意義愈辯愈明，然亦在層層深入的解釋中，衍生更多的問題。而且海門、東溟的理論是王門「無善無惡」本體論的極致發展，從他們的理論無法看到王門學者對王學的反思，甚至修正。四句教的義理修正，則有待於宗陽明的梨洲了。

　　梨洲《明儒學案》對於四句教採取兩種態度，一是從文獻上、義理上，證明四句教非陽明思想，而是龍溪偽托，將四句教排除在陽明思想體系之外，以止息晚明學者對陽明類禪及四句教有害世道的批評。另一方面，又將四句教定位為陽明思想，並重新予以疏解，以此批評王門後學對四句教的解釋，而將陽明的真義與後學的疏解隔開。梨洲反對王門後學將無善無惡解釋為性體，亦反對「無善無惡斯為至善」的說法。他認為所謂「無善無惡」即是心體處在寂然不動的狀態下，即是「無善念無惡念」的產生，並將意由發用提昇為「心之所存」的本體地位，是有善而無惡，有善有惡的則是「念」，如此一來，工夫收攝在對治具體的念上，以挽救王學末流蕩越工夫之弊。梨洲的疏解，就他而言，是帶有總結意味的，他以所認定的陽明思想來衡定各家，不論是議陽明者的批評或學陽明者的疏解，皆不得陽明真旨，只有他的疏解才符合陽明真義，並以此來止息長久以來有關四句教的爭辯。因此才會有一面肯定四句教，一面否定四句教的矛盾心態，顯現出他宗陽明學以及目睹王學末流，力圖挽救時弊的焦急心態。

　　陽明對於四句教並沒有解釋太多，在衡定時，亦採開放態度，同時肯定四無、四有，而遺留下許多問題，給予後人討論。陽明對四句教之看法如何，我們可從他的著作中找出明確的意義。四句教首句「無善無惡心之體」是指心體本無一物，不執著於善惡而又一循天理的狀態，因此心體是無善無惡又是至善的。然在現實世界中，人有習心，意會歧出於心體而有善有惡，隨之而起知善知惡的道德判斷，而有為善去惡的格物工夫。陽明正著眼於現實經驗，而預設著意的歧出。王門學者四句教的解釋大致符合陽明原義，非王門

學者透過後學的疏解，著眼世道教化，質疑、批評陽明的種種觀點，是偏離陽明本意的。而梨洲爲總結四句教之辯而作的疏解，亦是另一次的錯會，然而他的疏解，何嘗不是在宗陽明的立場下，另一種修正王學的看法。

雖然非王門學者的批評是錯解陽明原義，王門學者是符合的，然而站在以「成德」及「化成世界」爲中心的儒家本懷下，王門學者似乎忽略了「立教」的問題。作爲教法，必須考慮到實際的實行效果，不能只著眼少部分根器較高的人，而要著眼於大多數人，所以陽明才會在肯定四無後，要龍溪不要輕易示人，仍以人人普遍可行的四句教爲立教準則。龍溪、海門、東溟皆強調本體，直接以明至善又無善無惡的心體爲入手工夫，以直達無善無惡之境。他們將本體看得太容易，而不立層層轉進的道德修養工夫，忽略立教的問題，而使後學視本體爲工夫，而有種種弊病的產生。雖然就其理論而言是圓融無礙的，然作爲教法，原本被視爲「人病」的問題，最後必衍申爲「法病」了。

總之，由對四句教的三次辯論，我們可以總結四句教的發展在思想史上的定位如下：

1. 四句教代表陽明思想晚年臻至圓熟的境界，亦代表陽明一生學思歷程的成果。
2. 陽明弟子對四句教的不同理解，而有工夫論上的爭辯，是王學分化的開始。
3. 四句教在晚明引發道性善與心體無善無惡的辯論，即標示著王學內在理路發展上的缺失。
4. 由四句教的爭辯，非王門學者重提性善論，即代表晚明有逐漸回歸性體的趨向。

以下即以一簡單表格總結各家說法及梨洲、陽明的衡定。

講會及思想家 ＼ 四句教		本體論（無善無惡心之體）	工夫論（有善有惡意之動……）	四句教與世道	四句教與異端
天泉證道	龍溪	心體無善惡之對待，亦不著於善惡，故無善無惡	意是無善無惡，無爲善去惡工夫		
	緒山	心體無善惡之對待，亦不著於善惡，故無善無惡	人有習心，意爲有善有惡，故有爲善去惡工夫		

南都講會	敬菴	太虛實有，故性善	人有習心，故有為善去惡工夫	蕩越工夫，有害世道	
	海門	太虛實有而虛無，故無善無惡，亦是至善	修為無跡，不執著於工夫，為善去惡以無善無惡為究竟	無心為善，有益世道	
惠泉講會	涇陽	無極而太極，性為太極，故性善	無善無惡本體會取消為善去惡工夫	取消工夫，助長鄉愿氣息	無善無惡即是佛家、告子
	東溟	性為太極，故是至善，又為無極，故是無善無惡	為善去惡工夫以無善無惡本體為究竟	無心為善，有益世道	陽明非佛家、告子
衡定	陽明	心體不著於善惡，一循於理，故無善無惡，亦是至善	人有習心，意之動為有善有惡，故有為善去惡之工夫		
	梨洲	無善念無惡念	意為有善無惡，有善有惡為念		陽明非佛家，後學涉禪

　　走筆至此，我們可以發現四句教的發展雖然複雜，牽涉許多問題，然有其內在的脈絡可尋，筆者試圖尋繹出其中的脈絡，企圖從四句教的發展上，解釋王學的發展，並從中理解明代中、晚期理學的概況。雖然四句教牽涉的許多問題，如四句教與儒佛之辨、三教合一的關係，還有在王學內部，對四句教的義理修正，即王學修正派（如李見羅、方本菴等）對四句教如何修正的問題等，都是筆者在本論文集中論述的取向下，所難兼顧處理的。這些問題則有待筆者日後進一步的研究與探討了。

參考書目

一、古籍類（古籍按經史子集排列，近人著作按姓名筆劃順序排列）

1. 《毛詩正義》（臺北：藝文印書館，1997，《十三經注疏》本）。

2. 《周易正義》（臺北：藝文印書館，1997，《十三經注疏》本）。

3. 《孟子注疏》（臺北：藝文印書館，1997，《十三經注疏》本）。

4. 《尚書正義》（臺北：藝文印書館，1997，《十三經注疏》本）。

5. 《論語注疏》（臺北：藝文印書館，1997，《十三經注疏》本）。

6. 《禮記正義》（臺北：藝文印書館，1997，《十三經注疏》本）。

7. 宋・朱熹，《朝鮮古寫徽州本朱子語類》（京都：中文出版社，1982）。

8. 宋・朱熹集註、蔣伯潛廣解，《語釋廣解四書讀本・論語》（臺北：啓明書局，出版年不詳）。

9. 宋・周敦頤，《周子全書》（臺北：廣學社印書館，1975）。

10. 宋・程顥、程頤，《二程全書》（臺北：臺灣中華書局，1966，《四部備要》本）。

11. 宋・羅泌，《路史》（臺北：臺灣中華書局，1966，《四部備要》本）。

12. 明・王守仁，吳光等編校，《王陽明全集》（上海：上海古籍出版社，1995）。

13. 明・王畿，《王龍溪全集》（臺北：華文書局，1970，《叢書彙編》第一編）。

14. 明・王畿，《王龍溪語錄》（臺北：廣文書局，1986）。

15. 明・何心隱，《何心隱集》（北京：中華書局，1981）。

16. 明・李贄，《焚書》（臺北：河洛圖書公司，1974）。

17. 明・李贄，《藏書》（臺北：臺灣學生書局，1974）。

18. 明・周汝登，《東越證學錄》（臺北：文海出版社，1970，《明人文集叢刊》）。

19. 明・周汝登，《聖學宗傳》（濟南：山東友誼書社，1989，《孔子文化大全》

史誌類）。

20. 明‧高攀龍，《高子遺書》（臺北：臺灣商務印書館，1983，《景印文淵閣四庫全書》）。

21. 明‧許孚遠，《大學述與答問》（臺北：中國子學名著集成編印基金會，1978，《中國子學名著集成》珍本初編儒家子部《大學彙函》）。

22. 明‧許孚遠，《敬和堂集》，據日本內閣文庫藏明萬曆二十二年序刊本影印，國家圖書館漢學中心收藏影印本。

23. 明‧陶望齡，《陶文簡公集》（北京：北京出版社，2000，《四庫禁燬叢刊》）。

24. 明‧鄒元標，《願學集》（臺北：臺灣商務印書館，1983，《景印文淵閣四庫全書》）。

25. 明‧管志道，《問辨牘》（臺南：莊嚴出版社，1995，《四庫全書存目叢書》）。

26. 明‧管志道，《從先維俗議》（臺南：莊嚴出版社，1995，《四庫全書存目叢書》）。

27. 明‧管志道，《管子惕若齋集》，據日本內閣文庫藏明萬曆二十四年序刊本影印，國家圖書館漢學中心藏影印本。

28. 明‧管志道，《續問辨牘》（臺南：莊嚴出版社，1995，《四庫全書存目叢書》）。

29. 明‧劉宗周，《劉子全書及遺編》（京都：中文出版社，1981）。

30. 明‧羅洪先，《念菴文集》（臺北：臺灣商務印書館，1974，《四庫全書珍本五集》）。

31. 明‧顧憲成，《小心齋劄記》（臺北：廣文書局，1975）。

32. 明‧顧憲成，《涇皋藏稿》（臺北：臺灣商務印書館，1983，《景印文淵閣四庫全書》）。

33. 明‧顧憲成，《顧端文公遺書》（臺南：莊嚴出版社，1995，《四庫全書存目叢書》）。

34. 唐‧尹知章注，清‧戴望校正，《管子校正》（臺北：世界書局，1962）。

35. 清‧張廷玉，《正史全文標校讀本明史》（臺北：鼎文書局，1979）。

36. 清‧黃宗羲，《明儒學案》（臺北：里仁書局，1987，《黃宗羲全集》）。

37. 清‧顧炎武，《原抄本顧亭林日知錄》（臺北：文史哲出版社，1979）。

二、近人專著類

1. 于化民，《明中晚期理學的對峙與合流》（臺北：文津出版社，1993）。

2. 方祖猷，《王畿評傳》（南京：南京大學出版社，2001）。

3. 方國根，《王陽明評傳——心學巨擘》（南寧：廣西教育出版社，1996）。

4. 古清美，《明代理學論文集》（臺北：大安出版社，1990）。

5. 古清美,《顧涇陽、高景逸思想之比較研究》(臺北:大安出版社,2004,《慧菴存稿》二)。

6. 牟宗三,《心體與性體》(臺北:正中書局,1990年)。

7. 牟宗三,《從陸象山到劉蕺山》(臺北:臺灣學生書局,1993)。

8. 何俊、尹曉寧,《劉宗周與蕺山學派》(北京:中國人民大學出版社,2009)。

9. 佐野公治,《王心齋》(東京:明德出版社,1994)。

10. 余英時,《中國思想傳統的現代詮釋》(南京:江蘇人民出版社,1995)。

11. 余英時,《歷史與思想》(臺北:聯經圖書公司,1995)。

12. 吳乃恭,《宋明理學》(長春:吉林文史出版社,1994)。

13. 吳智和,《明代的儒學教官》(臺北:臺灣學生書局,1991)。

14. 吳震,《羅汝芳評傳》(南京:南京大學出版社,2005)。

15. 呂妙芬,《胡居仁與陳獻章》(臺北縣:花木蘭文化出版社,2009)。

16. 宋志罡,《明代思想與中國文化》(合肥:安徽人民出版社,1994)。

17. 李明友,《一本萬殊──黃宗羲的哲學與哲學史觀》(北京:人民出版社,1995)。

18. 杜保瑞,《劉蕺山的功夫理論與形上思想》(臺北縣:花木蘭文化出版社,2009)。

19. 步近智、張安奇,《顧憲成高攀龍評傳》(南京:南京大學出版社,1998)。

20. 東方朔,《劉蕺山哲學研究》(上海:上海人民出版社,1997)。

21. 林月惠,《良知學的轉折:聶雙江與羅念菴思想之研究》(臺北:國立臺灣大學出版中心,2005)。

22. 侯外廬、邱漢生、張豈之主編,《宋明理學史》(北京:人民出版社,1984)。

23. 姜國柱、朱葵菊,《中國人性論史》(鄭州:河南人民出版社,1997)。

24. 胡元玲,《劉宗周慎獨之學闡微》(臺北:臺灣學生書局,2009)。

25. 韋政通,《中國思想史》(臺北:水牛出版社,1994)。

26. 唐君毅,《中國哲學原論──原性篇》(臺北:臺灣學生書局,1989,《唐君毅全集》卷十三)。

27. 唐君毅,《中國哲學原論──原教篇》(臺北:臺灣學生書局,1990,《唐君毅全集》卷十七)。

28. 容肇祖,《中國歷代思想史伍(明代卷)》(臺北:文津出版社,1993)。

29. 秦家懿,《王陽明》(臺北:三民書局,1987)。

30. 高瑋謙,《王門天泉證道研究:從實踐的觀點衡定「四無」、「四有」與四句教》(臺北縣:花木蘭文化出版社,2009)。

31. 國立中央圖書館編,《明人傳記資料索引》(臺北:國立中央圖書館,1978)。

32. 張立文，《宋明理學研究》（北京：中國人民大學出版社，1985）。

33. 張立文主編，《中國哲學範疇精粹叢書：心》（北京：中國人民大學出版社，1996）。

34. 張立文主編，《中國哲學範疇精粹叢書：性》（北京：中國人民大學出版社，1996）。

35. 張岱年，《中國倫理思想研究》（臺北：貫雅文化公司，1991）。

36. 張岱年，《中國哲學大綱》（臺北：藍燈出版社，1992）。

37. 張運華，《陳獻章學術思想研究》（北京：人民出版社，2010）。

38. 張衛紅，《羅念庵的生命歷程與思想世界》（北京：生活‧讀書‧新知三聯書店，2009）。

39. 梁啓超，《中國近三百年學術史》（臺北：里仁書局，1995）。

40. 許宗興，《王龍谿學述》（臺北縣：花木蘭文化出版社，2008）。

41. 陳來，《有無之境——王陽明哲學的精神》（北京：人民出版社，1991）。

42. 陳來，《宋明理學》（台北：洪葉出版社，1993）。

43. 陳鼓應、辛冠洁、萬榮晉主編，《明清實學簡史》（北京：社會科學文獻出版社，1994）。

44. 陳榮捷，《王陽明傳習錄詳註集評》（臺北：臺灣學生書局，1992）。

45. 麥仲貴，《王門諸子致良知學之發展》（香港：香港中文大學，1973）。

46. 麥仲貴，《明清儒學家著述生卒年表》（臺北：台灣學生書局，1977）。

47. 勞思光，《新編中國哲學史》（臺北：三民書局，1992）。

48. 嵇文甫，《左派王學》（臺北：國文天地雜誌社，1990）。

49. 嵇文甫，《晚明思想史論》（北京：東方出版社，1996）。

50. 彭國翔，《良知學的展開：王龍溪與中晚明的陽明學》（臺北：臺灣學生書局，2003）。

51. 曾陽晴，《無善無惡的理想道德主義》（臺北：國立臺灣大學出版委員會，1992）。

52. 馮友蘭，《中國哲學史》（臺北：臺灣商務印書館，1993）。

53. 馮友蘭，《中國哲學史新編》（北京：人民出版社，2001）。

54. 楊國榮，《心學之思——王陽明哲學的闡釋》（北京：生活讀書新知三聯書店，1997）。

55. 溝口雄三著、林右崇譯，《中國前近代思想的演變》（臺北：國立編譯館，1994）。

56. 蒙培元，《理學的演變——從朱熹到王夫之、戴震》（臺北：文津出版社，1990）。

57. 劉又銘，《理在氣中：羅欽順、王廷相、顧炎武、戴震氣本論研究》（臺北：五南圖書公司，2000）。

58. 劉述先，《朱子哲學思想的發展與完成》（臺北：臺灣學生書局，1982）。

59. 劉述先，《黃宗羲心學的定位》（臺北：允晨文化公司，1984）。

60. 潘振泰，《湛若水與明代心學》（臺北縣：花木蘭文化出版社，2009）。

61. 蔡仁厚，《王陽明哲學》（臺北：三民書局，1979）。

62. 鄧克銘，《理氣與心性：明儒羅欽順研究》（臺北：里仁書局，2010）。

63. 蕭萐父、許蘇民，《明清啓蒙學術流變》（瀋陽：遼寧教育出版社，1995）。

64. 錢穆，《中國近三百年學術史》（臺北：聯經圖書公司，1995，《錢賓四先生全集》）。

65. 錢穆，《中國學術思想史論叢（七）》（臺北：聯經圖書公司，1995，《錢賓四先生全集》）。

66. 錢穆，《宋明理學概述》（臺北：聯經圖書公司，1995，《錢賓四先生全集》）。

67. 錢穆，《國史大綱》（臺北：臺灣商務印書館，1995）。

68. 錢穆，《陽明學述要》（臺北：聯經圖書公司，1995，《錢賓四先生全集》）。

三、期刊論文類

1. 丁爲祥，〈「四句教」與王學三分〉，《陝西師大學報》（哲學社會科學版）第 2 期（1992），頁 42～49。

2. 干春松，〈王畿的先天正心之學及其評介〉，《甘肅社會科學》第 3 期（1992），頁 28～31。

3. 王財貴，〈儒學判教之基型——有關王龍溪四無圓教義之探討〉，《鵝湖學誌》第 13 期（1994 年 12 月），頁 107～120。

4. 吳光，〈論黃梨洲對陽明心學的批判繼承與理論修正〉下，《鵝湖》第 19 卷第 7 期（1994 年 1 月），頁 28～33。

5. 吳光，〈論黃梨洲對陽明心學的批判繼承與理論修正〉上，《鵝湖》第 19 卷第 6 期（1993 年 12 月），頁 1～4。

6. 步近智，〈明末東林學派的思想特徵〉，《文史哲》第 5 期（1985），頁 17～24。

7. 步近智，〈明萬曆年間理學內部的一場論辯〉，《孔子研究》第 1 期（1987），頁 74～82。

8. 步近智，〈顧憲成理學思想述論〉，《學術月刊》第 3 期（1985），頁 17～23。

9. 周伯達，〈王龍溪與宋明理學〉，《幼獅學誌》第 8 卷第 4 期（1969 年 12 月），頁 1～44。

10. 林志欽，〈王龍溪四無說釋義〉，《鵝湖》16 卷 4 期（1990 年 10 月），頁 29～39。

11. 林國平，〈論林兆恩的三教合一思想〉。

12. 林麗眞，〈評述王學各派之短長〉，《孔孟月刊》第 15 卷第 3 期（1976 年 11 月），頁 29～30。

13. 柯兆利，〈「天泉證道」考實〉，《廈門大學學報》（哲學社會科學版）第 4 期（1987），頁 68～73。

14. 袁爾鉅，〈理學與心學考辨——兼論確認氣學〉，《甘肅社會科學院》第 49 期（1988 年 5 月）。

15. 馬琇芬，〈論黃梨洲對王陽明「四句教」的辯析〉，《中山中文學刊》第 2 期（1996 年 6 月），頁 145~-168。

16. 屠承先，〈陽明學派的本體功夫論〉，《中國社會科學》第 6 期（1990），頁 125～135。

17. 張如安，〈錢德洪佚文補輯〉，《中國文哲研究通訊》16 卷 3 期（2006 年 9 月），頁 77～101。

18. 張克偉，〈王門四句教評議〉下，《哲學與文化》第 14 卷第 4 期（1987 年 4 月），頁 32～44。

19. 張克偉，〈王門四句教評議〉上，《哲學與文化》第 14 卷第 3 期（1987 年 3 月），頁 48～56。

20. 張克偉，〈周汝登生平及其著述論略〉，《中國書目季刊》第 22 卷第 4 期（1989 年 3 月），頁 53～62。

21. 張克偉，〈陽明學研究論著目錄〉，《書目季刊》第 22 卷第 3 期（1988 年 12 月），頁 90～103。

22. 張學智，〈論王龍溪的「先天正心之學」〉，《孔子研究》第 4 期（1989），頁 93～98。

23. 陳熙遠，〈黃梨洲對陽明「心體無善無惡」說的疏解與其在思想史上的意涵〉，《鵝湖》第 15 卷第 9 期（1990 年 3 月），頁 11～26。

24. 傅武光，〈顧涇陽高景逸對王陽明四句教之諍辨〉，《孔孟月刊》第 17 卷第 4 期（1978 年 12 月），頁 31～35。

25. 勞思光，〈王門功夫論問題之爭議及儒學精神之特色〉，《新亞學術集刊》第 3 期（1982），頁 1～20。

26. 彭國翔，〈周海門的學派歸屬與《明儒學案》相關問題之檢討〉，《清華學報》31 卷 3 期（2002 年 9 月），頁 339～373。

27. 彭國翔，〈錢緒山語錄輯逸與校注〉，《中國文哲研究通訊》13 卷 2 期（2003 年 6 月），頁 13～56。

28. 黄尚信,〈黄梨洲思想淵源探索——明代王學對黃梨洲思想的影響〉,《新竹師院學報》第 4 期（1990 年 12 月）,頁 23～39。

29. 楊自平,〈黄梨洲對四句教的理解、批判與創造性詮釋〉,《孔孟月刊》第 34 卷第 2 期（1995 年 10 月）,頁 23～32。

30. 楊祖漢,〈王龍溪哲學與道德教育〉,《鵝湖》第 20 卷第 3 期（1994 年 9 月）,頁 28～33。

31. 楊祖漢,〈王龍溪對王陽明良知說的繼承與發展〉,《鵝湖學誌》第 11 期（1993 年 12 月）,頁 37～52。

32. 楊國榮,〈王畿與王學的衍化〉,《中州學刊》第 5 期（1990）,頁 55～58。

33. 楊國榮,〈從現成良知看王學的衍化〉,《哲學與文化》第 17 卷第 7 期（1990 年 7 月）,頁 595～604。

34. 葉偉平,〈王陽明的四有教與王龍溪的四無論〉,《鵝湖》第 2 卷第 11 期（1977 年 5 月）,頁 22～28。

35. 葉淳媛,〈略論王陽明的四句教〉,《孔孟月刊》第 27 卷第 3 期（1988 年 11 月）,頁 36～43。

36. 董平,〈王陽明「四句教」義蘊發微下〉,《孔孟月刊》第 28 卷第 5 期（1990 年 1 月）,頁 38～43。

37. 董平,〈王陽明「四句教」義蘊發微上〉,《孔孟月刊》第 28 卷第 4 期（1989 年 12 月）,頁 35～40。

38. 路新生,〈對王學學風的再認識〉,《孔孟學報》第 65 期（1993 年 3 月）,頁 157～177。

39. 蒙培元,〈從王畿看良知說的演變〉,《哲學研究》第 10 期（1986）,頁 53～59。

40. 劉勇,〈《李襄敏公遺思錄》所載陽明後學佚文輯——兼論陽明後學文獻的收集和整理〉,《中國文哲研究通訊》21 卷 3 期（2011 年 9 月）,頁 179～211。

41. 劉哲浩,〈劉蕺山之性有善無惡論〉下,《哲學與文化》第 11 卷第 10 期（1984 年 10 月）,頁 37～44。

42. 劉哲浩,〈劉蕺山之性有善無惡論〉上,《哲學與文化》第 11 卷第 9 期（1984 年 9 月）,頁 19～26。

43. 蔡仁厚,〈王門天泉「四無」宗旨之論辯——周海門「九諦九解之辯」的疏解下〉,《鵝湖》第 1 卷第 5 期（1975 年 11 月）,頁 20～26。

44. 蔡仁厚,〈王門天泉「四無」宗旨之論辯——周海門「九諦九解之辯」的疏解上〉,《鵝湖》第 1 卷第 4 期（1975 年 10 月）,頁 11～20。

45. 蔡仁厚,〈王陽明四句教與天泉證道〉,《哲學與文化》第 5 期（1974 年 7 月）,頁 39～45。

46. 錢明，〈十年來陽明學研究的狀況和進展〉，《孔子研究》第 2 期（1989），頁 113～120。

47. 錢明，〈陽明學派分化的思想基礎〉，《浙江學刊》第 4 期（1986），頁 102～108。

48. 錢明，〈關於錢德洪的文獻學調查與研究〉，《中國文哲研究通訊》18 卷 1 期（2008 年 3 月），頁 133～174。

49. 簡福興，〈王陽明心學之傳承與流行〉，《高雄工學報》第 21 期（1991 年 12 月），頁 503～519。

50. 龐萬里，〈王陽明『四句教法』及其後學之分化〉，《河北大學學報》（哲學社會科學版）第 4 期（1994），頁 100～110。

四、學位論文類

1. 王玉華，《王陽明致良知學說思想演化之研究》，私立輔仁大學哲學研究所碩士論文，1995。

2. 王俊彥，《理學家劉蕺山研究》，中國文化大學中國文學研究所碩士論文，1985。

3. 王財貴，《王龍溪良知四無說析論》，國立臺灣師範大學國文研究所碩士論文，1991。

4. 江宜芳，《明儒耿定向對王學的批評與修正研究》，國立中山大學中國文學研究所碩士論文，1993。

5. 李慶龍，《羅汝芳思想研究》，國立臺灣大學歷史學研究所博士論文，1999。

6. 林久絡，《四句教與天泉證道研究》，國立臺灣大學哲學研究所碩士論文，1994。

7. 林日盛，《王陽明心學之發展及其影響》，中國文化大學哲學研究所碩士論文，1982。

8. 林志欽，《陽明學派工夫理論之探究——兩個路向之爭議的衡定》，中國文化大學哲學研究所碩士論文，1990。

9. 林炳文，《劉蕺山的慎獨之學之研究》，中國文化大學哲學研究所碩士論文，1990。

10. 林啟聰，《王龍溪哲學思想之研究》，中國文化大學哲學研究所碩士論文，1995。

11. 孫中曾，《劉宗周的道德世界：從經世道德命題到道德內省的實踐歷程》，國立清華大學歷史研究所碩士論文，1991。

12. 莊湞芬，《王陽明與劉蕺山工夫論之比較》，國立臺灣師範大學國文研究所碩士論文，1993。

13. 陳幼慧，《王陽明工夫進路的省察》，私立東海大學哲學研究所碩士論文，1993。

14. 陳民裕，《顧涇陽及其理學》，國立高雄師範大學國文研究所碩士論文，1978。

15. 曾文瑩，《劉蕺山心性學研究》，國立中央大學中國文學研究所碩士論文，1996。

16. 曾光正，《東林學派的性善論與工夫論》，國立清華大學歷史研究所碩士論文，1989。

17. 曾陽晴，《王龍溪思想研究》，國立臺灣大學中國文學研究所碩士論文，1989。

18. 曾錦坤，《劉蕺山思想研究》，國立臺灣師範大學國文研究所碩士論文，1983。

19. 湯志敏，《明代嘉、隆、萬三朝的反王學議論》，中國文化大學哲學研究所碩士論文，1991。

20. 楊自平，《梨洲歷史性儒學之建立》，國立中央大學中國文學研究所碩士論文，1995。

21. 劉哲浩，《周海門哲學思想研究》，私立輔仁大學哲學研究所博士論文，1991。

22. 劉桂光，《王龍溪與聶雙江、羅念菴論辯之研究：以陽明學為判準》，中國文化大學哲學研究所碩士論文，1995。

23. 潘玉愛，《王心齋與中晚明儒學的轉折——兼論道德自我與社會人倫的衝突與和諧》，私立輔仁大學哲學研究所博士論文，2006。

24. 鄭德熙，《明嘉靖年間朱子學派批判王學思想研究》，中國文化大學史學研究所博士論文，1990。